AF570438

DE GIRAUD À DE GAULLE

Les Corps francs d'Afrique

Collection ***Histoire et Perspectives Méditerranéennes***
dirigée par Jean-Paul Chagnollaud

Dans le cadre de cette collection, créée en 1985, les éditions L'Harmattan se proposent de publier un ensemble de travaux concernant le monde méditerranéen des origines à nos jours.

Dernières parutions

Abderrahim LAMCHICHI, *Le Maghreb face à l'islamisme*, 1998.
Paul SEBAG, *Tunis, histoire d'une ville*, 1998.
Grégor MATHIAS, *Les SAS en Algérie*, 1998.
Michel Cornaton, *Les camps de regroupement de la guerre d'Algérie*, 1998.
Zoubir CHATTOU, *Migrations marocaines en Europe ou le paradoxe des itinéraires*, 1998.
Boualem BOUROUIBA, *Les syndicalistes algériens*, 1998.
André MICALEFF, *Petite histoire de l'Algérie*, 1998.
Samy HADAD, *Algérie, autopsie d'une crise*, 1998.

ISBN : 2-7384-7485-3

Romain Durand

DE GIRAUD À DE GAULLE

Les Corps francs d'Afrique

L'Harmattan
5-7, rue de l'École Polytechnique
75005 Paris - FRANCE

L'Harmattan Inc.
55, rue Saint-Jacques
Montréal (Qc) - CANADA H2Y 1K9

En couverture :
En haut, le général Giraud, le général de Monsabert et le commandant Bouvet passent en revue les Commandos d'Afrique. Droits réservés.
En bas, le général de Gaulle, le général Koenig et le général Juin passent en revue la 9e compagnie du RMT, le 26 août 1944. Mémorial Leclerc et Libération de Paris. Musée Jean Moulin. Ville de Paris.

SOMMAIRE

REMERCIEMENTS

Cet ouvrage a été réalisé grâce à l'appui, la sympathie et les témoignages des personnes dont les noms suivent :

MM. P. Puech-Sanson, R.P. R. Duvollet (père blanc), G. Marchal, J. Falleur (fils du colonel Falleur), G. von Dorpp (fils de J. von Dorpp).

Résistants du 8 novembre

MM. Y. Arguillère, M. Faivre, B. Pauphilet, P. Reynaud, J. Zermati.

Anciens du Special Detachment

M. le ministre M. Maurice-Bokanowsky, M. Robert-Garouel, Sir Brooks Richards, H. Rosencher.

Anciens du groupe des commandos d'Afrique

MM. P. Bonnard, G. Bouteau du Bellocq, R. Charlat, E. Cipriano, H. Chiusano, A. Daverne, C. Deschamps, A. Drié, P. Maccotta, M. Massa, P. Mazilier, M. Médina, Mme Payno-Pons, J.-C. Ségaux.

Anciens du régiment de marche du Tchad

MM. J. Amar, P. Antoni, A. Assémat, J. Bassous, G. Benyamine, A. Grimbert, A. Lacroix, P. Poullard, J. Salbaing, J. Soultan, A. Van Baumberghen, J. Vinciguerra, A. Weissemberg.

Anciens de la 2e DB

MM. J. Capon (40e RANA), L. Hennequin (64e RAA), P. Zecri (3e RAC).

Anciens de la 1re DFL

MM. P. Bauthamy, P. Buisson, J. Chanfreau, E. Samuel.

REMERCIEMENTS

À la participation des témoins, il convient d'ajouter les appuis reçus de :

M. le général Delmas, président de la Commission Française de l'Institut d'Histoire Militaire Comparée,

M. Merle, président des anciens du RMT et M. Borochovitch, président des anciens du III/RMT,

M. Delvigne, vice-président des anciens du groupe des commandos d'Afrique,

M. le colonel Pinelli, des anciens de la 9e division d'infanterie coloniale,

M. le général Botella et M. le colonel Delorme, des anciens de la 3e division d'infanterie algérienne,

Mme Humblot , M. Padovani, des Amis de la France Libre.

M. R. Muelle, écrivain.

La part essentielle de l'étude repose sur les fonds du Service Historique de l'Armée de Terre qui était dirigé, au moment où nous avons effectué nos recherches, par le général Mourrut dont le chef du service des archives est le lieutenant-colonel Bodinier. Monsieur Jacques de Monsabert a bien voulu nous laisser accéder au fond privé de son oncle, le général de Monsabert.

Nous avons une dette particulière à l'égard de madame C. Levisse-Touzé et de mademoiselle A. Besnard, de la Commission Française d'Histoire Militaire, qui nous ont aidé de leurs conseils dans l'élaboration de l'ouvrage.

ABRÉVIATIONS

BCRA	Bureau central de renseignement et d'action
BM	Bataillon de marche
CAF	Corps d'armée français
CAUS	Corps d'armée américain
CAW	Corps d'armée britannique
CFA	Corps franc d'Afrique
DB	Division blindée
DBUS	Division blindée américaine
DBW	Division blindée britannique
DFL	Division française libre
DI	Division d'infanterie
DIA	Division d'infanterie algérienne
DIM	Division d'infanterie marocaine
DIUS	Division d'infanterie américaine
DIW	Division d'infanterie britannique
DLFL	Division légère française libre
EM	État-major
EMGG	État-Major Général " Guerre"
FA	Field Artillery (artillerie de campagne)
FLAK	Artillerie antiaérienne
GCA	Groupe des commandos d'Afrique
GJR	Chasseurs de montagne allemands
OSS	Office of Strategic Services
PWB	Political Warfare Branch
PZA	Panzerarmee (armée blindée allemande)
PZB	Panzerbrigade (brigade blindée allemande)
PZD	Panzerdivision (division blindée allemande)
PZG	Panzergrenadier (infanterie portée allemande)
RAA	Régiment d'artillerie d'Afrique
RI	Régiment d'infanterie
RCA	Régiment de chasseurs d'Afrique
RICM	Régiment d'infanterie coloniale du Maroc
RIUS	Régiment d'infanterie américaine
RMSM	Régiment de marche des spahis marocains
RMT	Régiment de marche du Tchad
RTA	Régiment de tirailleurs algériens
RTM	Régiment de tirailleurs marocains
RTS	Régiment de tirailleurs sénégalais
RTT	Régiment de tirailleurs tunisiens
SD	Special Detachment
SHAEF	Supreme HQ of Allied Expeditionnary Forces
SOE	Special Operations Executive
TD	Tank Destroyers (chasseurs de chars)

Je ne sais quand l'heure sonnera où, grâce à nos Alliés, nous pourrons reprendre en main nos propres destinées. Verrons-nous alors des fractions du territoire se libérer les unes après les autres ? Se former, vague après vague, des armées de volontaires, empressées à suivre le nouvel appel de la Patrie en danger ? Un gouvernement autonome poindre quelque part puis faire tache d'huile ? Ou bien un nouvel élan total nous soulèvera-t-il soudain ? Un vieil historien roule ces images dans sa tête. Entre elles, sa pauvre science ne peut choisir.

Marc Bloch, juillet-septembre 1940 [1].

1

Prologue

Une vive lumière...

Le Corps franc d'Afrique a vécu huit mois, du 25 novembre 1942 au 25 juillet 1943. Sa 1ère demi-brigade a séjourné quatre mois en Tunisie, dont un au repos. En si peu de temps il a beaucoup fait parler de lui. Après 1943, son image s'est rapidement affaiblie, mais son existence a été évoquée à plusieurs reprises, de façon indirecte, à propos d'événements déterminés. En 1985, une publication du Service Historique de l'Armée de Terre, *Les Forces Françaises dans la lutte contre l'Axe en Tunisie* [2], montre son rôle dans la campagne.

S'en tenant aux sources imprimées, un lecteur curieux aura de la peine à se faire une opinion sur la composition de cette troupe et sur ces hommes aux parcours singuliers, issus d'horizons politiques et de nationalités divers. De fait, les origines du CFA sont extrêmement confuses ; elles donnent lieu à diverses interprétations et diverses erreurs qui sont reprises dans plusieurs ouvrages se fondant sur des affirmations antérieures.

Si les opérations militaires du CFA sont correctement cernées grâce à un appareil documentaire étoffé [3], le souvenir qu'il laisse, déjà affecté par la dissolution de l'unité en juillet 1943, subira une autre atteinte après la perte de l'Afrique du Nord. Nous avons cependant constaté que "l'esprit Corps franc" était toujours vivant chez les anciens qui ont répondu à notre appel. On est surpris de noter que ces hommes, que nous verrons ensuite combattre au sein des meilleures unités de l'armée de la Libération, gardent un souvenir très vif de la spontanéité, de l'ardeur, de la générosité, de la sincérité qui animaient cette troupe éphémère. L'armée française n'avait rien connu de tel depuis les volontaires de l'An II et les mobiles de 1871.

Le CFA est monté en ligne sans avoir bénéficié d'aucune préparation capable de communiquer à ses volontaires cohésion et confiance mutuelle. Chaque compagnie a sa personnalité, l'échelon bataillon est peu perçu, l'échelon demi-brigade l'est encore moins, l'échelon brigade est presque ignoré. Et pourtant il se crée un esprit particulier, ostensible à la fin de la campagne. Pour le déchiffrer nous avons dû recourir au témoignage des acteurs.

En définitive, l'existence du Corps franc est peut-être l'un des faits les plus significatifs et les plus originaux de l'étrange période qui commence le 8 novembre 1942 pour se terminer seulement à la fin de 1943, période que l'on aurait tort de réduire à un simple débat de Gaulle-Giraud. Conséquences d'un enchaînement implacable, les avatars vécus par le CFA jettent une lumière vive sur les obscurités d'un psychodrame aux multiples facettes dont les volontaires sont des témoins fidèles et précis. Ce sont des métropolitains, des Européens d'Afrique du Nord, des juifs, des musulmans, des étrangers qui ont cherché par eux-mêmes, sans aide ni conseils, "où était le devoir".

Leur histoire nous fait sortir d'un contexte qui serait totalement défini par des politiques élaborées à Londres et à Vichy. La France de 1942, c'est aussi une suite de proconsulats largement autonomes. Comme la France occupée, l'Afrique du Nord, l'Afrique occidentale française, l'Indochine, les Antilles, Madagascar constituent des ensembles où les péripéties de la guerre sont vécues en fonction d'une géographie qui induit des comportements spécifiques, et évolutifs.

L'histoire de cette troupe singulière va aussi nous renseigner sur les modalités de la reconstruction de nos armées. L'affaire a déjà été étudiée en ce qui concerne ses aspects politiques, matériels et organisationnels [4].

L'aspect moral est évoqué dans de nombreux souvenirs, mémoires et commentaires qui, traduisant l'humeur ou la réserve des auteurs, ne nous aident pas vraiment à avoir une idée des difficultés qui existaient dans ce domaine. Par bonheur, le Corps franc a disparu assez tôt de l'ordre de bataille pour ne faire l'objet d'aucune légende. Ses anciens en gardent un souvenir très vif et ne se gênent pas pour le décrire tel qu'il était dans un contexte politico-militaire qu'ils voient tel qu'il était. Par ce biais, l'Afrique du Nord nous adresse un message qui comble une lacune relative à la mentalité des Français en guerre et, plus particulièrement, de ceux qui furent libérés par surprise en novembre 1942.

Afrique du Nord 1941-1942

Il serait impossible de comprendre les motivations des hommes du Corps franc sans évoquer le climat politique existant en Afrique du Nord en 1941 et 1942 [5].

Le général Weygand avait été désigné en octobre 1940 pour assumer le pouvoir civil et militaire dans les trois pays. Son prestige personnel contribuait fortement à maintenir l'ordre et le calme. On imaginait qu'il souhaitait reprendre le combat aux côtés des Alliés. Les accords économiques passés en février 1941 avec les autorités américaines entretenaient ce sentiment. La presse était soumise à une censure stricte dont l'objet était de conforter la présence française, dissiper les sentiments défaitistes et écarter l'hypothèse d'une victoire de l'Allemagne. Elle suivait volontiers ces consignes.

La propagande officielle s'appuyait sur un ensemble de démonstrations théâtrales. Le 18 octobre 1941, les Chantiers de la Jeunesse avaient donné au stade municipal d'Alger une fête magnifiquement organisée - pour la partie sportive - par le "chef" Géo André. Alger avait fêté avec émotion, du 6 au 9 novembre, un fastueux centenaire des Tirailleurs et des Spahis organisé par le général de Monsabert, commandant de la 5e brigade d'infanterie de Blida. Une grande prise d'armes avait eu lieu avec le concours de délégations de tous les vieux régiments auxquels la population était attachée. Les journées se terminaient par une grande fantasia à l'hippodrome du Caroubier. La population européenne d'Afrique du Nord était-elle vichyste ? Il est impossible de donner une réponse claire quand on connaît la complexité de cette population. On ne peut pas prêter les mêmes comportements politiques aux "Français de France" qui dirigeaient les administrations, aux

Corses qui les noyautaient, aux Français de souche qui contrôlaient les activités des villes et des campagnes, aux juifs qui tenaient une place importante dans les activités commerciales, libérales et intellectuelles, aux Français d'origine espagnole, italienne, maltaise. S'ils avaient en commun un patriotisme volontiers ombrageux, ils l'exprimaient de manière différente.

Il faut encore tenir compte des différences d'environnement. Les Européens de Tunisie et du Maroc n'étaient pas astreints aux enjeux politiques qui s'imposaient, depuis 1871, aux Européens d'Algérie. Les populations des villes d'Oran, Alger, Philippeville et Bône étaient en grande partie européennes. La concurrence entre dreyfusards et antidreyfusards était encore vivace. On trouvait aussi un petit peuple de gauche assez indifférent aux mots d'ordre officiels. Ces "petits blancs" étaient par principe hostiles à l'arrogance des fonctionnaires du régime, arrivés en grand nombre après l'armistice. Les mesures prises contre les francs-maçons et les juifs avaient été diversement accueillies, en soi et aussi dans la mesure où elles pouvaient présager d'autres bannissements. En outre, l'Afrique du Nord avait recueilli environ 200 000 réfugiés ou apatrides, ce qui est considérable. Une bonne partie d'entre eux étaient des antifascistes de toutes origines [6]. Il y en avait quelques dizaines de milliers dans les camps d'internement et les autres attendaient ouvertement que la guerre prenne une autre tournure. Dans l'ensemble, ces populations vivaient en dehors des contestations et des adhésions de la France métropolitaine.

Le général Weygand était donc parvenu à maintenir un équilibre instable ; on s'en rendit compte dès son départ, en novembre 1941. Désormais l'AFN serait dirigée par deux Résidents et un Gouverneur Général recevant leurs ordres de Vichy. Le retour de Pierre Laval, en avril 1942, entraîna un durcissement. Les municipalités mal pensantes et les notabilités marquées par leur passé républicain furent remplacées, la Légion des Combattants institutionnalisée comme porte-parole de la nouvelle idéologie, le Service d'Ordre Légionnaire (SOL) constitué. L'armée d'Afrique, jusque-là considérée comme le flambeau d'une certaine forme de résistance, perdit ce rôle aux yeux de la population.

Elle était dans un triste état à la fin de 1940. La moitié de ses formations avaient été envoyées en métropole à partir de mai. Celles qui restaient étaient désorganisées. Un travail intense, effectué en 1941, avait permis de reconstituer les corps de troupe et de les encadrer avec des officiers et des sous-officiers venus de France puis de Syrie. Les états-majors avaient procédé à des dissimulations de matériel limitées à leurs maigres possibilités, mais avaient surtout jeté les bases d'une mobilisation portant sur des effectifs élevés compte tenu des conditions locales [7].

Nommé commandant des forces terrestres, le général Juin devait faire face à une situation très inconfortable. Ses pouvoirs réels étaient restreints, les Troupes de Tunisie et du Maroc lui échappaient en partie, la Marine dépendait directement de l'Amiral de la Flotte [8] et l'Aviation s'attribuait une large indépendance. Les plans de défense de l'AFN, dont Juin était chargé, se ressentaient de l'ambiguïté des positions de l'Amiral et du mode de gouvernement très particulier dont il usait [9]. Notre Haut Commandement pouvait difficilement évaluer les capacités d'intervention des Alliés, les délais nécessaires à leur mise en œuvre, les caractéristiques de la guerre moderne, la forme de rationalité très particulière du Premier ministre Winston Churchill et du président Franklin D. Roosevelt [10].

Dans ces conditions, Juin s'employait à préserver l'avenir en agissant très confidentiellement, sans fixer officiellement d'autre objectif que l'impossible "contre quiconque", ce qui n'était pas de nature à mettre les officiers en confiance. D'ailleurs les succès allemands, la misère des moyens, le malaise engendré par les affaires de Syrie et de Madagascar, la gêne psychologique résultant du serment au Maréchal, l'éloignement des officiers compromis par leur sympathie mal cachée à l'égard des Alliés, les brimades exercées à l'encontre de ceux qui avaient fait l'objet d'une quelconque dénonciation, un certain manque de convivialité entre les vieux africains et les nouveaux venus concouraient à alourdir le climat. Le silence et l'esprit de revanche de 1941 avaient fait place à une forme de neutralisme. La guerre ne nous concernait pas. Il fallait conserver l'Empire et tirer notre épingle du jeu en attendant que les belligérants se soient mutuellement épuisés. Les officiers et sous-officiers qui n'avaient pas accepté la défaite se sentaient isolés dans l'armée mais l'armée se coupait du monde extérieur.

Un aspect important de cet état de fait concerne les relations entre l'armée et la jeunesse. Le gouvernement de Vichy, estimant que la jeunesse devait être virilisée, l'avait embrigadée dans une multitude de mouvements : Éclaireurs et Scouts, Cœurs-Vaillants, clubs sportifs, Compagnons de France, Jeunesse et Montagne, etc. Le système culminait avec les Chantiers de la Jeunesse. On inculquait les joies de la nature, l'esprit de sacrifice, les bienfaits de l'effort. La jeunesse d'AFN, assez bien disposée, assez portée vers la pratique sportive sinon vers l'affrontement physique, assez cocardière, avait répondu avec entrain. Naturellement turbulente, elle n'aurait pas compris que cet élan se convertisse en résignation.

L'armée s'inquiétait donc de certaines tendances apparemment incontrôlables et l'on se demandait s'il ne fallait pas suspecter certains dirigeants des mouvements de jeunes. À vrai dire, ces soupçons n'étaient pas dénués de fondement.

Les Chantiers de la Jeunesse, de leur côté, faisaient l'objet d'une certaine jalousie. Leur style moderne et dynamique, leurs uniformes très dans la note du temps, leur désinvolture politique et la vantardise de certains de leurs dirigeants indisposaient l'autorité militaire. Les cadres des Chantiers donnaient l'impression de vouloir supplanter une armée déconsidérée à leurs yeux [11]. Et ce n'était pas tout. Les écoles de montagne, les écoles de cadres français et musulmans, les écoles de formation d'élèves-pilotes, etc. cultivaient presque ouvertement l'esprit de résistance à la barbe d'une police délibérément aveugle.

Ces préliminaires doivent aider le lecteur à mieux comprendre le contexte dans lequel, après le débarquement, des hommes impatients de reprendre les armes voudront échapper à une administration militaire qui ne veut pas d'eux et qui, d'ailleurs, a perdu leur confiance. Ils expliqueront aussi les immenses difficultés auxquelles les volontaires de la campagne de Tunisie se heurteront lorsque, après cette première victoire, ils manifesteront la volonté de faire plus et mieux.

Notes du chapitre 1

1. Bloch M. (1957) *L'étrange défaite*. Albin-Michel, p. 219.

2. Par M. Spivak et le Cl Léoni, préface du Gl Delmas. Vincennes, SHAT.

3. Bien que le Corps franc d'Afrique n'ait encore jamais fait l'objet d'un historique, son existence a été retracée avec quelques détails par le Gl Bouvet dans "Le Corps franc d'Afrique marche sur Bizerte, 22 avril-9 mai 1943", *RHA*, N°1951/2 ; *Les ouvriers de la première heure*, Berger-Levrault, 1954 et *Nous étions alors capitaines*, de Pierre Daillier, aux Nouvelles éditions latines, 1978. Le capitaine de Gouberville a le premier exploité les archives du Service Historique de l'Armée de Terre pour rédiger un article intitulé "Le Corps franc d'Afrique", *RHA*, N°1971/4. Patrick de Gmeline a réuni des témoignages d'anciens volontaires de Tunisie au début de ses *Commandos d'Afrique*, aux Presses de la Cité, 1980. Nous avons eu peu après, par Georges Elgozy, *La vérité sur mon Corps franc d'Afrique* aux Éditions du Rocher, 1985.

4. Kaspi A. (1971) *La mission Jean Monnet à Alger. Mars-octobre 1943*. Éditions Richelieu ; Vernet J. (1980) *Le réarmement et la réorganisation de l'armée de terre française (1943-1946)*. Vincennes, Service historique de l'armée de terre ; Gaujac P. (1985) *L'Armée de la victoire*. Lavauzelle. Ces analyses tenaient le plus grand compte de deux références antérieures : Marey G. (1947) "Le réarmement français en Afrique du Nord, 1942-1943", *Revue Politique et Parlementaire*, 49e année, n° 571 et 572, octobre et novembre 1947 et Vigneras M. (1957) *"Rearming the French, in US Army in World War II"*, Gvt Print. Office, Washington D.C.

5. Le climat de l'Afrique du Nord pendant l'armistice ne peut être retracé qu'au moyen des témoignages personnels et de la presse de l'époque. Nous retiendrons spécialement : Beaufre A. (1965) *Mémoires*, Presses de la Cité ; Danan Y.M. (1963) *La vie politique à Alger de 1940 à 1944*, Pichon-Durand-Auzias ; Ordioni P. (1972) *Tout commence à Alger*, Stock ; Richard R. et Sérigny P. (1945) *La bissectrice de la guerre*, Alger, La Maison du livre ; Roulleaux-Dugage J. (1945)

Deux ans d'histoire secrète en AFN, Éditions du Milieu du Monde. Mme Christine Levisse-Touzé a traité de cette question dans sa thèse de doctorat soutenue à Paris I en 1991 : "L'Afrique du Nord, recours ou secours".

6. Michel H. (1993) *Darlan*, Hachette, p. 332.

7. Voir SHAT série 1P.

8. L'Amiral était aussi ministre de la Défense nationale et Commandant en chef des armées.

9. Lire à ce propos Coutau-Bégarie H. et Huan C. (1989) *Darlan*, Fayard.

10. Pour en juger, les meilleurs témoins auront été le général Eisenhower et le général Allan Brooke.

11. Se reporter à Van Hecke A.S. (1970) *Les chantiers de jeunesse au secours de la France*, Nouvelles Éditions latines.

2

Le Corps franc : pourquoi ? comment ?

Le coup du 8 novembre

Les Alliés ont débarqué à Alger le 8 novembre 1942. Il n'entre pas dans nos intentions de narrer les prolégomènes et le déroulement de l'opération Torch[1] à laquelle Robert Murphy, consul des États-Unis à Alger, se consacrait depuis deux ans. Nous nous limiterons à ce qui concerne notre sujet[2].

Des résistants français, très jeunes pour la plupart, ont neutralisé les centres nerveux d'Alger jusqu'au petit matin. Ce jour-là, d'une heure à 17 heures, la ville a été le théâtre de divers coups d'audace, de malentendus et de contretemps qui se terminent heureusement par le résultat recherché : un débarquement allié réussi avec le minimum de pertes. Mais il y a eu plusieurs incidents tragiques. L'un d'eux s'est produit boulevard Baudin où Pillafort et le colonel Jacquin ont échangé des coups de feu. Ce dernier a été tué, l'autre a été sérieusement blessé.

Il y avait donc une résistance en Afrique du nord. Elle était multiple, multiforme, mal coordonnée sur le terrain et ne brillait pas par la discrétion. Pour tout cela son efficacité semblait limitée et les services chargés de contrôler les “Menées antinationales”, noyautés par les résistants, entretenaient cette impression auprès des autorités[3]. En effet, le commissaire André Achiary était en rapport avec les services anglais depuis septembre 1940. Il détournait les coups et amoindrissait les risques. À Oran, le père Théry avait monté un réseau dont Henri d'Astier de la Vigerie deviendra la figure de proue. Déjà en relation avec l'Intelligence Service et le réseau polonais Rygor (très implanté en AFN), le chef d'Astier a rassemblé graduellement sous son égide différents groupes décidés à favoriser l'action des Anglo-Américains. Une équipe consistante d'officiers d'état-major renseigne les Alliés. Le lieutenant-colonel Jousse coordonne ce travail avec le lieutenant-colonel Vette ; il actualise aussi le projet Beaufre de réarmement de l'armée d'Afrique[4].

À Alger, l'opération a été menée par plusieurs groupements respectivement entraînés par José Aboulker, le Dr Morali-Daninos, Bernard Pauphilet et un noyau dur, constitué par les jeunes Israélites de la salle de gymnastique Géo Gras, qui était dirigé par le capitaine Pillafort. Parlons seulement des conjurés que nous retrouverons. Le général de Monsabert, commandant de la 5e brigade d'infanterie, doit prendre le contrôle de l'aérodrome de Blida-Joinville où va arriver le général Giraud ; le colonel d'aviation Montrelay (dit : Chiche !) fait échouer temporairement la tentative. L'aspirant Tilly a plus de chance. Le groupe des étudiants bretons qu'il dirige doit neutraliser le bâtiment du Gouvernement Général ; malheureusement la grille est fermée et personne ne sait l'ouvrir. On contourne le bâtiment et l'on rentre sans difficulté dans les locaux de Radio Alger ; le groupe s'y installe, fait 35 prisonniers et diffuse un certain nombre de messages qui ont semé la confusion. L'aspirant Pauphilet a retenu Darlan et Juin à la Villa des Oliviers. Le sergent-chef Sabatier était chargé de neutraliser le général Mendigal, commandant de l'Armée de l'Air. Au matin du dimanche 8 novembre les autorités avaient jugulé la tentative des insurgés. Les gardes mobiles ont libéré Darlan et Juin qui ont atteint le fort l'Empereur. Ils se rendent au général américain Ryder à 17 h 45 [5].

La première querelle des généraux

Le général Giraud arrive le lendemain. Les autorités en place lui tournent le dos. L'amiral Darlan, désavoué par le Maréchal, est muet. Giraud et le général Juin s'expliquent "à cœur ouvert" dans la nuit du 9 au 10 et Juin prend au matin la décision d'empêcher l'accès de la Tunisie aux forces de l'Axe. Le général Noguès, momentanément investi par le Maréchal, veut imposer la neutralité et punir les généraux rebelles. Il fixe ses intentions dans un télégramme envoyé à Vichy le 11 novembre : "séparer nettement les forces françaises qui restent celles du Maréchal des forces à tendances dissidentes dont le général Giraud veut prendre le commandement (...) pour reprendre le combat à côté des Américains" [6].

Noguès et Darlan sont encore tentés par l'esprit de géométrie. Pour eux, l'armée française se contenterait de défendre le Maroc et l'Algérie tandis que les forces de Tunisie coopéreraient avec l'Axe. Ce serait peut-être le moyen de maintenir la cohérence impériale ! D'ailleurs les généraux Koeltz et Mendigal ont fait savoir à Juin, dans la nuit du 11 au 12, qu'ils n'exécuteraient pas ses ordres. Clark tempête, Juin passe en force, Noguès plie, rend compte au Maréchal qu'un premier accord a été conclu le 12 en faisant comprendre "qu'il s'agit d'écarter Giraud" [7]. Clark a de la peine à suivre :

"Il me semblait impossible de comprendre pourquoi le général A. condamnait le général B. pour avoir participé à une action pour laquelle le général A. avait lui-même pris part. Cependant, c'est un fait que les ex-"vichystes" de Darlan, après s'être joints à nous, considéraient encore Giraud et de Gaulle comme des traîtres" [8].

Clark, Darlan, Juin, Noguès, Giraud tiennent une réunion dans la soirée du 12, à l'hôtel Saint-Georges. Voyant les hésitations de ses compatriotes, Giraud a déclaré qu'il partirait seul pour la Tunisie à la tête d'un corps de volontaires. Noguès y consent, il fait savoir qu'il convient de ne pas procéder à des mesures brutales de mobilisation qui "inquiéteraient" la population, désorganiseraient l'armée et serviraient mal nos alliés américains. Dans cette optique, il propose de "faire au maximum appel aux volontaires" [9]. Darlan et Clark donnent leur accord pour que soit levée une armée de volontaires français. Clark dit de son côté : "Nous n'équiperions que les unités françaises combattant avec nous ; le reste de l'armée serait inactif ou serait disponible pour la défense de l'Afrique du nord si l'Espagne attaquait. Les représentants français me demandent de leur donner jusqu'au lendemain" [10]. S'ensuivent des discussions sévères au cours desquelles Beaufre, Mast, Van Hecke, Juin ont vertement pris à partie Giraud. Tous l'ont véhémentement adjuré de ne pas commettre une erreur politique qui aurait pour effet de diviser encore les forces françaises. En fait, on aboutirait à un "Vichy d'Afrique qui équilibrerait l'autre" avec, auprès des Américains, une Légion Tricolore commandée par le général Giraud [11]. Pour s'opposer à cette calamité, et après un deuxième ultimatum de Clark, les "Cinq" [12] et Juin obtiennent des Américains l'abandon de toute neutralité en échange de la reconnaissance de l'amiral Darlan comme chef suprême agissant au nom du Maréchal.

Entre le 9 et le 12 (tout se passe très vite), on prétend que Juin avait aussi imaginé une procédure conduisant Giraud à recruter des volontaires pour combattre au côté des Américains sans engager l'armée d'Afrique. Après quoi, le moment venu, Giraud pourrait être nommé commandant en chef au nom du Maréchal sous l'autorité de l'amiral Darlan [13]. Selon Beaufre l'idée viendrait plutôt du capitaine Dorange [14]. Le général Juin conserve sa lucidité coutumière dans ce tourbillon et cherche désespérément une issue. Il se soucie avant tout de mettre un terme au trouble de l'armée. Elle est traumatisée par les durs combats des derniers jours. Les officiers de haut rang sont généralement maréchalistes, mais les jeunes veulent en découdre.

Pour éviter une scission dont les effets seraient dramatiques, il faut placer au plus vite l'armée dans des conditions de belligérance active sous les ordres de Giraud qui a la confiance des Américains. Chamine, Kammerer et Beaufre confirment que Juin est fermement opposé à la formation d'un corps de volontaires indépendant. "Il lui faudra des instructeurs, des cadres, avec pour conséquence la désorganisation de l'armée régulière, de nouveaux débats de conscience, la frustration de ceux qui ne sont pas au front. D'ailleurs, que vaudront ces volontaires ? "[15]

Il est probable qu'ils ne vaudront pas grand chose tant que l'armée d'Afrique garde toutes ses cartes. Elle peut interdire le recrutement des mobilisables, des cadres, des juifs (fixés dans les groupements de travailleurs). Que reste-t-il après cela ? Des personnels non-instruits d'origine mal définie, encadrés par des réservistes âgés ou rejetés pour des motifs disciplinaires ou exclus pour des motifs politiques. L'histoire du Corps franc dément dans une certaine mesure la rigueur de ce raisonnement. Il existait bien quelques ressources, cachées ici et là.

Les Chantiers de la jeunesse

Les Chantiers de la Jeunesse ont joué un rôle visible dans les préparatifs du débarquement. Van Hecke formait, de longue date, ses jeunes en vue de la Revanche. C'était un ancien légionnaire, obstinément patriote. Son état-major servait de refuge à Henri d'Astier et à d'autres résistants. Comme l'organisation des Chantiers s'étendait à toute l'Afrique du Nord et bénéficiait de quelques moyens matériels, il était possible d'effectuer des liaisons par son canal. Le groupement 103 de Blida avait été préparé pour agir au moment du débarquement. Van Hecke pensait pouvoir armer au total 40 000 hommes dont 10 000, des dernières classes, seraient rapidement disponibles.

Prenant acte du mauvais accueil des généraux de l'armée d'Afrique, Giraud estime que les 10 000 hommes de Van Hecke lui suffiraient pour faire campagne et fait savoir, le 13, qu'il va les mener au feu [16]. Pressé de couper court à une telle éventualité, Juin fait passer dès le 16 novembre les Chantiers de la Jeunesse sous le régime militaire ; ils sont convoqués le 17[17]. Les Juifs sont dispensés de rejoindre[18].

Les jeunes des Chantiers ne sont pas tous enchantés de leur sort. L'autorité militaire les confine dans leurs camps, mais elle n'est pas en mesure de les utiliser à court terme alors que la rumeur publique parle de "corps francs" pour la Tunisie. On nage en pleine équivoque. En effet, le 14 novembre, Van Hecke a confirmé à Giraud son intention de créer des corps francs capables de mener une sorte de guerre révolutionnaire. Il maintient ce point de vue à l'encontre de Juin et du général Prioux, Major-Général chargé de la réorganisation de l'armée.

Les services de Juin, perplexes, rédigent une fiche qui fait apparaître que : 1/ Les Chantiers vont utiliser tout leur personnel pour la mise sur pied de corps francs aux ordres directs du général Giraud ; 2/ Les Chantiers, par décision du général Giraud, vont constituer une réserve pour l'encadrement d'unités blindées ; 3/ Les jeunes réfugiés alsaciens-lorrains de la Mission catholique sont accaparés par "Fort-de-l'Eau" pour être constitués en corps francs avec Croix-de-Lorraine, lettre "V", etc. De son côté, le 2e bureau a fait savoir à Juin que, lors de l'enterrement de Pillafort, les honneurs étaient rendus par douze soldats britanniques et que les cent jeunes des Chantiers de Blida qui étaient à Alger depuis le 8 novembre faisaient office de service d'ordre. Le rapport signale en outre que Mast était là en civil et Monsabert en uniforme.

Van Hecke confirme à Juin son intention de marcher pour son propre compte au côté des Alliés. Dans une lettre du 16 il refuse de se dessaisir de son personnel "à moins d'ordres contraires du général Giraud" et fait connaître les grandes lignes de son plan de constitution des corps francs. L'État-Major général "Guerre" riposte rapidement et fait savoir que les Chantiers doivent céder 5 000 hommes à l'Armée de l'Air (dont 1 000 volontaires parachutistes[19]), et 10 000 à l'Armée de Terre ; il en restera 9 000 pour d'éventuels corps francs. Mais les Chantiers ne fourniront jamais autant de monde parce que certains ne vont pas répondre à l'appel et parce que d'autres passeront ailleurs, comme nous le verrons plus loin[20].

La main des services spéciaux anglais

À la suite du cesser-le-feu du 8 novembre, Darlan, Juin et Ryder avaient signé un arrangement qui contrariait les intentions des conjurés. Dès le 9, Henri d'Astier aurait demandé à ceux qui l'avaient aidé de rester mobilisés pendant qu'il prenait contact avec des représentants plus qualifiés des forces Anglo-Américaines [21]. Le 26 de la rue Michelet, quartier général des résistants d'Alger, est barricadé. Mario Faivre se rend à la clinique Solal pour prendre des nouvelles de Pillafort, dont l'état est apparemment stationnaire, et le capitaine lui parle de créer un commando pour combattre en Tunisie [22]. Bernard Pauphilet, membre du mouvement Combat, s'était déjà préoccupé de regrouper ses compagnons en vue de constituer un groupe franc, ou un commando, qui adhérerait à la France Libre [23]. Le 11 novembre, il affecte à cette entreprise ses locaux du service de répartition des carburants, 7 rue Charras, et s'emploie avec son ami Yves Arguillière à réaliser le projet. Les volontaires arrivent, mais pas toujours ceux du 8 novembre. Il en vient d'autres en compensation : élèves de l'école de la marine marchande, jeunes des Chantiers de la Marine, étudiants, hommes venus des alentours à l'annonce du débarquement, oisifs qui s'attardent au "Coq Hardi" ou au "Laf" dans l'attente des événements [24].

Mais encore faudrait-il recevoir l'agrément des Alliés. Rigault et Van Hecke n'ont obtenu aucun résultat. Robert Murphy est au courant, il se sent responsable de la pénible situation des volontaires du 8 novembre. Dans les mois qui ont précédé le débarquement il les a utilisés mais n'a pas obtenu du commandement allié qu'il leur fasse confiance. Prévenus quatre jours à l'avance, les résistants d'Afrique du Nord n'avaient pas le temps matériel d'effectuer une mobilisation et une mise en place efficace. Ceux de Blida, désignés pour recueillir les armes promises à Mast lors de la réunion de Cherchell [25], ont attendu en vain. Le Britannique qui devait les pourvoir, le lieutenant Brooks Richards (Royal Navy), n'avait trouvé les récipiendaires ni à Messelmoun (près de Cherchell), ni à Alma-Marine (près de Cap Matifou) [26]. Les Français sont rentrés à Blida et les Anglais à Gibraltar. Maintenant, les partisans des Alliés sont condamnés à se cacher pour éviter les foudres des autorités et certains sont déjà arrêtés ! Finalement le vice-consul américain Springs va mettre les volontaires en contact avec les services spéciaux britanniques et, aussitôt, les autorités militaires alliées dirigeront vers la rue Charras tous les hommes qui se présenteront pour combattre [27].

Les Anglais n'ont pas joué les premiers rôles dans la libération de l'Afrique du Nord mais il était entendu qu'ils se chargeraient des opérations à l'est d'Alger. La présence anglaise fût rapidement sensible à Alger même. Le 9 novembre les Algérois écarquillaient les yeux devant les richesses américaines. Chaque GI était vêtu et équipé comme un milord sanglé pour une partie de chasse, il n'était jamais venu à l'idée de personne qu'un soldat put être traité aussi luxueusement. Bientôt, ces hommes venus d'une autre planète s'étaient retirés dans leurs cantonnements aseptisés. On vit alors les Tommies descendre du Telemly et monter du port, marchant d'un pas allègre en sifflant *La Marseillaise* ou *La Madelon*.. Ils s'installaient dans les hôtels, les cafés, les appartements vides. Souriants et courtois, ils se fondaient dans le paysage.

Le jeune OSS Américain [28] s'appuyait franchement sur les services spéciaux britanniques et particulièrement sur le *Special Operations Executive* (SOE), service créé pour diriger les activités de sabotage, de subversion et de soutien aux noyaux de résistance dans les pays occupés par l'Axe. Dans le cadre de l'opération Torch, la mission *Brandon* du SOE devait faciliter l'avance des éléments de la 1ère armée britannique dans sa marche vers Tunis [29]. Arrivée le 9, elle se compose du lieutenant-colonel Anstruther, du major Torrance, de l'américain Knox (OSS), d'un officier de transmission et du lieutenant Richards qui revient avec sa cargaison d'armes.

Pour cet état-major sans troupe, l'existence d'un groupe de jeunes gens décidés et d'un niveau intellectuel satisfaisant est une aubaine. Anstruther, qui en a les pouvoirs, reconnaît tacitement le "French Commando" de Pauphilet et lui remet, dès le 12, une première livraison d'armes légères qui encombre les locaux exigus de la rue Charras [30]. Le même jour, Torrance et Pauphilet descendent au port chercher des uniformes britanniques.

Le lendemain, Torrance remet à Pauphilet une demi-feuille de papier ordinaire, écrite à la main, par laquelle il demande à l'*Ordnance Depot* de délivrer au porteur 1 000 pistolets-mitrailleurs Sten, 500 fusils 303, leurs munitions et 4 000 grenades. Ce matériel est débarqué de l'*Ocean Veteran*. Les jeunes résistants exécutent sans bien comprendre. Ils pensent que les armes vont servir à leur propre défense ou à une "contre-attaque" contre les vichystes. On est assez nerveux. On ne pourra pas tout entreposer rue Charras. Pierre Raynaud est donc chargé de prendre la cargaison le 14, et de la transporter à Mourlaïn, une ferme de Cap Matifou [31]. La ferme appartient à Gilbert Demangeat qui vient de la mettre à la disposition d'Henri d'Astier et Van Hecke. On organise une sorte de Fort-Chabrol. Les sympathisants apportent de la literie, du ravitaillement, etc [32]. On coopte l'encadrement et l'on fait exercer telle fonction par qui l'accepte. C'est ainsi que Gilbert Sabatier, sous-officier de réserve et ex-chef de la Propagande des Compagnons de France[33], désigné pour commander le camp, est nommé capitaine à titre provisoire...[34] Raynaud tient la feuille de paye ; la première compte 25 noms dont ceux de Sabatier, Arguillière, Gendron, Gave, Bonnier de la Chapelle. Le cantonnement, qui peut héberger cent hommes, sera baptisé "Camp Pillafort" car le capitaine vient de mourir.

Anstruther arrive et recrute. La mission *Brandon* doit opérer, en uniforme ou en civil, derrière les lignes ennemies, pour chercher des renseignements et effectuer des sabotages. Il faut que les volontaires français possèdent les qualités physiques et psychiques voulues, soient rapidement instruits, possèdent de préférence l'anglais, l'arabe, l'italien ou l'allemand.

La sélection est sévère. Avec les 40 premiers volontaires retenus, Anstruther constitue un *Special Detachment (SD)*. Il doit faire vite car une autre équipe du SOE, chargée de la mission *Massingham*, arrive à Alger en vue de préparer d'autres opérations concernant le théâtre méditerranéen. Cette deuxième mission comprend le lieutenant-colonel Keswick. *Brandon* doit céder la place et rejoindre d'urgence la 78e division d'infanterie britannique qui se concentre à Tabarka. Le 16 novembre, une partie des volontaires français du SD embarque sur le *HMS Minna* en direction de Bône. De là, ils seront transférés à Guelma où Anstruther prépare le camp de La Mahouna qui va recevoir d'autres volontaires du Constantinois et de Tunisie[35].

Le 16 novembre aussi, le chef Van Hecke a demandé à Pauphilet de faire parvenir des armes et des munitions au Groupement 106 (Musulman) des Chantiers de Jeunesse de Sbeitla pour qu'il résiste aux forces de l'Axe. Avec l'accord des Anglais, Pauphilet prépare 500 Sten, 200 fusils et leurs munitions tandis que l'on réquisitionne des véhicules pour les transporter. Le convoi part immédiatement sous la responsabilité du lieutenant Goeau-Brissonière, les voitures tombent en panne à Menerville et le détachement arrive à Constantine après l'arrivée des Italiens à Sbeitla. Il n'y a pas eu de résistance du Chantier car le chef du groupement, Tartarin, a pris position en faveur de l'Axe et Sbeitla sera occupé sans encombre, mais provisoirement, par une compagnie italienne[36]. Les Anglais dirigent Goeau-Brissonière et ses hommes sur Tabarka où ils se joignent aux SD qui y sont rassemblés. Ils effectuent leur première mission le 20 novembre[37].

La naissance du corps des volontaires français

Pour l'essentiel, les événements dont nous venons de parler se déroulent dans la semaine du dimanche 8 au samedi 14 novembre. Finalement nommé commandant en chef des forces terrestres et aériennes le 14, Giraud s'installe au Palais d'Été, rencontre aussitôt - au Palais d'Hiver - les généraux d'Afrique du Nord, lance des directives d'ordre général, signe les mesures de mobilisation établies par l'état-major de Juin et se préoccupe de la question de ce fameux corps de volontaires qui a donné lieu à plusieurs initiatives d'origines diverses. Les jeunes résistants sont toujours disposés à partir au front, mais les Anglais sont les seuls à avoir mis quelque chose en route. Ils n'ont sélectionné que quelques dizaines d'hommes sur des critères précis. D'ailleurs la plupart des jeunes Français entendent servir dans l'armée française mais pas celle "de Vichy". Les généraux Mast et Monsabert vivent avec eux dans une semi-clandestinité. Si Mast est peu connu, Monsabert est extrêmement populaire.

Monsabert est un indestructible jeune. Il a maintenu les jeunes, Français et Musulmans, dans l'esprit de la revanche, il s'est intéressé à leur formation physique et morale, à la formation en montagne. Par des voies comparables à celles du général de Lattre il a combattu toutes les formes d'encroûtement. Il est toujours prêt à défendre les grandes causes patriotiques ou sociales. C'est ainsi qu'il a transformé un événement historique de portée limitée, le centenaire des Tirailleurs et des Spahis, en une énorme manifestation de solidarité Franco-Musulmane de trois jours, du 6 au 9 novembre 1941. Certes, il a suivi les mots d'ordre de la Révolution Nationale dans la mesure où ils étaient conformes à des vues qui lui étaient chères du fait de sa formation et de sa carrière africaine, mais il n'a pas hésité à prendre ses responsabilités quand Mast a fait appel à lui. Après l'échec de Blida il s'est caché à Sidi-Ferruch et a trouvé refuge à la villa Mahieddine - avec Giraud, Beaufre - sous la protection des volontaires des Chantiers de la jeunesse. Actuellement, il est déchu de la nationalité française, considéré comme traître et l'on discute de la sanction qui lui sera appliquée.

"Nous pensons au général de Monsabert, dit Faivre, et le général de Monsabert accepte de prendre la tête des volontaires à condition que les effectifs soient compatibles avec son grade et que la dénomination soit française. Après mure discussion la dénomination retenue est "Corps franc d'Afrique" [38].

Évidemment, Mario Faivre ne peut parler que de ce qu'il a vu et nous allons compléter ce témoignage. Comme Henri d'Astier et Van Hecke, Monsabert estime qu'il n'est pas judicieux qu'Anglais et Américains se donnent la possibilité d'attirer les meilleurs éléments parmi les Français qui souhaitent combattre. Un autre militaire est de leur avis, le lieutenant-colonel Flipo. Lucien Flipo est un camarade de promotion de Mast et Monsabert. Il a été attaché militaire à Prague et en a tiré certaines conclusions sur la politique extérieure de la France. Chef de corps du 3e spahis algérien dans l'armée d'armistice, il a adhéré au réseau polonais Rygor qui est très actif en Afrique du Nord [39]. Henri d'Astier lui confie la responsabilité d'un groupe d'action en juillet 1942 [40]. En contact avec les gaullistes, les services anglais, les résistants locaux, il est vraisemblablement, dans la semaine qui suit le débarquement, l'un des hommes les plus capables de s'orienter. Il va joindre ses efforts à ceux de son vieux camarade pour organiser les volontaires français.

L'Amiral veut aussi trouver une solution. Les Alliés auront certainement un nombre croissant de partisans qu'il convient de maintenir à distance. Clark n'en finit pas de donner des leçons, d'expliquer à nos hautes autorités militaires que les Anglo-Américains se battent pour la Démocratie et qu'il ne laissera pas maltraiter les militants démocrates. Sans nul doute, les généraux et les amiraux français doivent trouver ce langage bien naïf, mais ils ne parviennent pas à faire sortir Clark de son obstination. Darlan est maintenant à même d'évaluer la situation. Il voit bien qu'une partie de la population a choisi son camp et, par tempérament, il comprend fort bien qu'il ne faut plus laisser traîner une situation qui s'envenime. En accord avec Giraud, il choisit de confier à Monsabert le soin de régler cette affaire. Depuis le 17 novembre, la question des officiers rebelles est officieusement réglée. Darlan a décidé que les personnes ayant favorisé le débarquement allié seront amnistiées et que "les militaires qui ont contrevenu aux ordres seront changés de commandement ou de corps et employés jusqu'à nouvel ordre à la liaison auprès des états-majors des forces alliées".

Comme on craint toute publicité, la décision "n'est à communiquer qu'aux seuls intéressés". Monsabert pourra approcher le commandement allié pour résoudre le problème des volontaires français.

Le général Juin, à qui rien n'échappe, n'est pas hostile à ce choix. Il aime bien le vieux tirailleur, mais il tient beaucoup à ce que les généraux désobéissants soient punis de quelque manière.

La constitution du corps de volontaires est une mission impossible. Cette formation va recueillir tout ce que l'Algérie et le Maroc comptent d'exaltés ou de personnages douteux et elle a peu de chance de pouvoir combattre avant longtemps. D'ici là, la nouvelle armée aura pris forme et on ne parlera plus des volontaires.

En pleine équivoque

Groupes francs, *French commandos*, corps francs des Chantiers, *Special Detachment*, Corps franc d'Afrique. Comment reprocher les confusions involontaires de certains acteurs, les appropriations osées de certains commentateurs et les erreurs excusables de plusieurs auteurs. Cette confusion est le reflet même de celle qui a régné sans partage en novembre et décembre 1942. Le véritable Corps franc d'Afrique prend naissance le 25 novembre dans des circonstances qu'il nous est maintenant plus facile de cerner.

Après le départ du *Special Detachment* pour le Constantinois, le Camp Pillafort s'enrichit constamment de recrues que *Brandon* ne peut pas utiliser dans l'immédiat et dont *Massingham* n'a pas l'emploi. Monsabert se rend le 22 novembre au bureau de la rue Charras et écoute Pauphilet qui lui fait part de ses projets. Ce dernier estime que l'on doit maintenant envisager la constitution d'un *Commando Français* faisant partie intégrante de l'armée française. Pauphilet et de Monsabert se rendent aussitôt à Cap Matifou. Au cours de sa visite, le général a remarqué l'efficacité des instructeurs du lieutenant-colonel Keswick et pense qu'une collaboration Franco-Anglaise s'impose à bref délai. Giraud est d'accord. L'Amiral de la Flotte est tenu au courant des développements qui précèdent par l'amiral Moreau, préfet maritime qui n'a pas accepté l'insubordination des conjurés, qui a bien vu les Anglais se répandre à leur guise, qui est convaincu qu'ils ont l'intention d'établir le gaullisme en AFN et en AOF.

"Cette invasion devait s'accentuer de jour en jour. On commençait à pousser nos soldats et nos marins à déserter et à passer dans les corps francs formés par les Anglais : on leur promettait des avantages de solde, un armement moderne et un habillement qui paraissait somptueux par rapport à l'habillement des plus modestes que pouvait leur fournir le gouvernement français. Il était certain qu'il devait y avoir tout un plan de recrutement établi en escomptant que notre armée serait désorganisée par la révolution qu'on avait espéré faire en Afrique du Nord.

On cherchait encore à la mettre en œuvre..." [41].

Le lieutenant-colonel Flipo de son côté ne voit aucun inconvénient à ce que le gaullisme s'établisse sur les territoires libérés mais il n'est pas très satisfait de l'emprise des Britanniques sur les jeunes Français. Il essaie de les retenir et détermine avec Monsabert et Giraud les conditions politiques et militaires susceptibles d'y parvenir.

Le Corps franc d'Afrique est donc officiellement institué le 25 novembre par la note n°2 du Commandant en Chef. Un centre de recrutement est installé le 28, au 22 rue Mogador [42]. Curieux détail, la Légion Française des Combattants était autorisée le même jour à reprendre ses activités, mais comme simple association d'anciens combattants. Le même jour encore, les autorités ont convoqué les Israélites mobilisables pour les faire servir dans des compagnies de travailleurs et les priver ainsi du droit d'accéder à la qualité d'anciens combattants et à la nationalité française [43]. Ils seront rassemblés dans des centres de Pionniers à Chéragas, Bedeau, El Guerra [44]. Le régime de Vichy est toujours en place.

Il est précisé que le corps dépend directement du général Giraud. Il sera engagé hors de la zone de contact de l'armée française. Il comprend un état-major et des services pour un ou plusieurs groupements de commandos, ces derniers en principe du type allié [45]. La presse fait mention, le 29, de la création d'un "Corps franc d'Afrique" qui sera composé d'engagés volontaires pour la durée de la guerre, sans distinction de race ni de religion. Il y aura une prime de départ en campagne de 1 000 francs et une prime journalière de 10 francs [46].

Au terme de la visite de Matifou, Monsabert et Pauphilet avaient convenu de faire une tournée en Tunisie avec Flipo et le capitaine de Boishéraud [47]. Ils arrivent le 30 à Souk-El-Khemis et se rendent au camp du SD à Bir-El-Hallouf. Le général de Monsabert a l'intention de traiter avec Anstruther de l'articulation entre le SD et le nouveau CFA et du statut des volontaires du SD qui sont en situation irrégulière vis-à-vis des autorités militaires. Il serait souhaitable qu'une solution soit trouvée. Le Corps franc pourrait les porter sur ses contrôles "pro forma". Ce serait peut-être un moyen de ramener dans nos rangs ceux dont on a besoin.

Mais Anstruther est dur en affaires et les jeunes SD sont en alerte. A leur avis Monsabert est un vichyste venu pour commettre une mauvaise action. A Tabarka, ils s'alignent sur un seul rang pour être passés en revue. Monsabert s'arrête devant chacun d'eux et chacun énonce les services rendus à la cause gaulliste et les peines ou punitions encourues de ce fait. Le palmarès est éloquent et le général en est surpris.

Le grand Claude Marchal, dont le regard plane à vingt centimètres au dessus du képi du général, déclare : “Nous ne sommes pas des militaires couche-toi-là et nous ne voulons être commandés que par des officiers gaullistes” [48]. Le lieutenant Ragueneau conclut en disant que ses camarades et lui-même sont des gaullistes et qu'ils n'accepteront à aucun prix de servir sous Darlan [49]. Cet épisode est une station de plus au calvaire du *général Mon Sabre* qui est très affecté et même déconcerté. Il avait cru que ces jeunes gens n'étaient guidés que par la passion patriotique et était prêt à les en féliciter. Il découvrait une détermination froide qui allait être, pour lui, la première manifestation d'un conflit entre Français qui irait s'exaspérant pendant de longs mois.

Pour Anstruther, il n'est pas question de contraindre les volontaires à réintégrer l'armée française, il n'est pas question de les empêcher de servir sur un autre théâtre (on songe à *Massingham*), il n'est pas question de livrer à la police ceux qui sont menacés, de les empêcher de porter l'uniforme britannique, de verser automatiquement au CFA ceux dont *Brandon* n'aurait plus l'emploi. Mais Anstruther est prêt à faire un effort pour aider Monsabert. Il propose de former des spécialistes et verrait d'un bon œil que l'armée française lui adresse des cadres d'active [50], évidemment, il compte bien garder ces nouveaux venus et utiliser le CFA comme vivier. Ainsi chacun cherche à “plumer” l'autre. Pour ce qui est hors du champ de ses responsabilités comme l'équipement, l'instruction générale, les cantonnements et l'organisation du Corps franc, Anstruther offre ses bons offices. Il insiste toutefois pour que le CFA soit rassemblé assez loin du SD et en tout cas ni à Tabarka, ni à Guelma. Par suite et dans l'immédiat, les hommes du SD ne passent pas sur nos contrôles, leur situation n'est pas régularisée, leurs grades - conférés par les Britanniques - ne seront pas validés jusqu'à leur retour au sein de l'armée française en juillet 1943. La qualité d'unité combattante ne leur sera pas conférée avant... 1972 !

Comme nous verrons plus loin, l'assassinat de l'Amiral entraînera l'arrestation des hommes du débarquement et l'épuration du Corps franc. Ceux du SD pourront alors se féliciter d'être resté sous protection britannique. En la circonstance, les autorités anglaises feront savoir sans ambages qu'elles ne toléreraient aucune poursuite contre leurs volontaires français.

Seul et abandonné...

Monsabert doit penser que les supérieurs britanniques d'Anstruther seront moins intransigeants et il ne renonce pas à reprendre les cadres français du SD. En revenant de Tabarka il passe par Sétif pour discuter avec le général Clark, adjoint du général Anderson, de l'équipement et de l'emploi du CFA [51]. Impressionné par la rapidité et la qualité de l'instruction dispensée par les Anglais, il envoie Flipo demander au lieutenant-colonel Keswick, qui contrôle l'entraînement des SOE à Matifou, de donner la même formation aux engagés du Corps franc [52].

Et puis la machine s'ébranle en cahotant. Le bureau de recrutement d'Oran est ouvert par le capitaine Audras, d'autres centres sont créés à Casablanca, Fez et Oujda. Les initiatives se multipliant on constatera que, dans telle ville, il y a deux centres qui se concurrencent. L'état-major du Corps franc est constitué le 15 décembre. Il comprend le lieutenant-colonel Jamilloux, le lieutenant-colonel Paris, "Inspecteur des camps et dépôts" [53], les capitaines Collomb, Castaing, de Boishéraud, Morange, Deitweiller, Christy, les lieutenants Vrillon, Pauphilet, Angeletti, Couderc, Vallières, le sous-lieutenant Reichmann, les aspirants Poli, Gave et Castaing. Parmi eux de nombreux fidèles.

Jamilloux connaît le général depuis août 1918. Il était capitaine au 9e zouaves où Monsabert commandait un bataillon. Il était au 5e tirailleurs algériens quand Monsabert commandait le 9e. Il a été, sous la présidence de Monsabert, l'organisateur des festivités du centenaire des troupes d'Afrique. Ce jour-là, au champ de course du Caroubier, Jamilloux arborait le costume du maréchal Bugeaud - et sa casquette - qu'on avait sorti du musée Franchet d'Esperey [54]. La réussite de cette manifestation avait été suivie de la promotion de Jamilloux au grade de lieutenant-colonel. Monsabert lui avait fait attribuer les services sociaux de la division d'Alger, fonction particulièrement utile dans ces temps difficiles. Les enfants d'officiers se rappelleront peut-être la colonie de vacances qu'il avait organisée à Chréa [55]. Il était inévitable que, confronté à une situation socialement ardue, le général fit appel à ses services [56].

Le capitaine Castaing suivait à l'état-major de la 5e brigade d'infanterie les questions concernant le moral des populations européennes et indigènes, questions auxquelles le général était, par goût, remarquablement attentif [57]. C'est Castaing que le colonel Conne, commandant du 1er tirailleur, avait désigné pour faire savoir à Monsabert que sa présence était indésirable à Blida et Castaing avait décidé de partager le sort de son général.

Le capitaine Mosnay de Boishéraud était chef des 2e et 3e bureaux de la 5e brigade. Pour lui, la journée du 8 novembre 1942 avait été singulièrement longue. Alors que le général était enfermé dans la base de Joinville sous la surveillance courtoise du colonel Montrelay (à l'abri des légionnaires du Maréchal qui vociféraient devant les grilles), il avait couru à la recherche des Alliés et avait heureusement trouvé une compagnie d'infanterie portée britannique qu'il avait guidée jusqu'à l'aérodrome[58].

Le petit groupe se rassemble autour de Monsabert, isolé de l'armée d'Afrique à laquelle il est profondément lié, rattaché à une armée britannique dont il ne connait rien, responsable de volontaires qui ne lui ressemblent pas. Mais le général jouit d'un capital moral considérable. Les témoignages d'approbation affluent, venant d'anciens combattants, de retraités ou de militaires en activité. Discrètement, certains officiers généraux et certains officiers supérieurs facilitent le démarrage du Corps franc[59]. Mais la mission est écrasante sinon impossible car, en définitive, le CFA est créé à partir d'intentions qui ne contribuent pas à garantir son succès.

Au lendemain du débarquement, l'armée française n'est pas prête, moralement, à reprendre les armes au côté des Alliés. L'anglophobie, la propagande des six derniers mois, les combats des 8 et 9 novembre, l'attitude butée de la plupart des responsables militaires, la division des esprits constituent autant d'obstacles. L'armée n'est pas prête, matériellement, à soutenir une guerre moderne, elle a besoin du matériel allié, mais les Alliés ne sont pas disposés à donner des armes à une armée dont les chefs sont mal disposés et dont l'attitude est bruyamment dénoncée par la presse de langue anglaise[60].

Il existe par ailleurs des hommes, Français ou autres, qui sont fermement décidés à combattre. Il n'est pas humainement possible et politiquement prudent de les repousser ; le général Eisenhower s'est manifesté à ce propos ; le général Juin a senti la menace et ses réactions seront désormais largement influencées par la nécessité impérieuse de mettre l'armée d'Afrique en position de combattre sans arrière-pensées pour éviter qu'on ne lui substitue des milices sans valeur militaire.

Les généraux Giraud et Juin se sont rapidement entendus sur les voies et moyens susceptibles d'apaiser les Alliés et de remettre les forces françaises dans la lutte. Dans ce cadre, la création d'un corps de volontaires distinct de l'armée d'Afrique était opportune.

Elle aurait pour objet d'en éloigner les éléments qui ne répondaient pas aux critères élaborés depuis 1940 et sur lesquels on ne comptait pas revenir pour maintenir une certaine cohérence politique et la cohésion des armées.

Le Corps franc était bien destiné à être un abcès de fixation, rien dans la réglementation du 25 novembre ne garantissait sa réussite et puis, selon une formule du temps,... “s'ils veulent se faire tuer...”.

APPEL aux VOLONTAIRES 25 Novembre 1942

CORPS FRANC D'AFRIQUE

■

Avec l'aide de nos Alliés, l'**Empire Français** doit libérer la Mère-Patrie ; avec eux encore, il doit sauver d'une odieuse tyrannie, tous les Peuples que l'Allemagne opprime.

C'est une bataille gigantesque **pour la Liberté du Monde.** Pour atteindre ce but, l'Afrique du Nord doit avoir **la plus forte Armée possible ;** cette Armée, dotée par nos Alliés d'un matétériel moderne et puissant, va prendre une place de plus en plus grande dans la lutte glorieuse.

A côté des troupes endivisionnées, et dans le cadre de l'armée régulière, le **Corps Franc d'Afrique constitue essentiellement une troupe de choc.**

Le **Corps Franc** fait appel aux Volontaires courageux, ayant une compréhension parfaite du devoir militaire et sans distinction de nationalité, de race ni de religion, pour constituer des unités solides, au moral bien trempé, animées de la volonté de vaincre.

Que tous s'unissent pour servir et contribuer à la Victoire totale !

Placard annonçant la création du CFA tel qu'il se définit aux yeux de ses fondateurs

Notes du chapitre 2

1. Torch était le nom de code du débarquement allié en Afrique du Nord.

2. Le “coup” du 8 novembre à Alger a été longuement décrit et commenté dans un numéro spécial de la revue *Les Cahiers français* consacré à “La part de la Résistance française dans les événements de l’Afrique du nord”, Londres, n° 47 d’août 1943. Aussi Aboulker M. (1945) *Alger et ses complots*, Les documents nuit et jours ; Clark M. (1952) *Les Alliés jouent et gagnent*, Berger-Levrault ; Esquer G. (1946) *8 novembre 1942*, Tunis, Charlot ; Gosset R. (1944) *Le coup d’Alger*, Montréal ; Kammerer A. (1949) *Du débarquement africain au meurtre de Darlan* ; Karsenty B. “Les compagnons du 8 novembre”, *Les Nouveaux Cahiers*, N°31, Hiver 1972-1973 ; Mast C. (1960) *Alger, 8 novembre 1942*, Plon ; Pendar K. (1967) *Alger 1942*, La Table ronde, etc.

3. La résistance nord-africaine rendait pourtant les plus grands services à... l’Intelligence Service qui réunissait, à l’insu des résistants, l’ensemble des informations destinées au général de Gaulle pour ne pas les lui communiquer.

4. Le capitaine Beaufre s’est employé à partir de 1941 à bâtir des plans de libération de l’Afrique du nord et de libération de la métropole avec la participation d’une forte armée française. Il a été condamné et incarcéré.

5. Le Gl Ryder, commandant de la 34e division d’infanterie, dirigeait les forces terrestres débarquées à Alger.

6. Dhers P. (1958) *Regards nouveaux sur les années 1940*, Flammarion, p.156. Voir aussi Beaufre A. (1965) *Mémoires*, Presses de la Cité, p. 379.

7. Schmitt Gl (1961) “Le général Juin et le débarquement en AFN”, *Revue d’histoire de la deuxième guerre mondiale*, octobre 1961, p. 62.

8. Clark M. (1952) *Les Alliés jouent et gagnent*, Berger-Levrault, p. 104.

9. Il le répétera par écrit au Haut-Commissaire dans les jours qui suivent (SHAT, 5P51, note Noguès à Darlan du 15.11.1942).

10. Clark (1952) op. cit., p. 107.

11. Dhers (1958) op. cit., p. 165.

12. On a désigné (a posteriori) sous le terme de “groupe des cinq” les instigateurs de la conjuration du 8 novembre : Henri d'Astier, Lemaigre-Dubreuil, Rigault, Saint-Hardouin, Van Hecke.

13. Coutau-Bégarie-Huan (1989) op. cit., p. 616.

14. Beaufre (1965) op. cit., p. 375.

15. Chamine (1952) op. cit., p. 154.

16. C'est dans ce contexte que Van Hecke s'attribuera la constitution du Corps franc et s'inquiétera de savoir si d'autres chefs allaient pouvoir prendre en charge ses garçons (Van Hecke, 1970, *Les chantiers de jeunesse au service de la France*. Nlles Éditions latines, pp. 227 et 252).

17. *La Dépêche Algérienne* ,16 et 17 novembre 1942.

18. Il y a peu de Juifs aux Chantiers car on a cessé de les appeler en 1942 sous le prétexte qu'ils étaient trop nombreux en AFN. Voir à ce propos Abitbol M. (1983) *Les juifs d'Afrique du Nord sous Vichy*, Maisonneuve et Larose, p. 17.

19. Les volontaires parachutistes seront pris en main par Jacques Faure, responsable de *Jeunesse et Montagne*.

20. Le 17 décembre encore, Van Hecke s'adresse à ses hommes pour les exhorter à la patience et le surlendemain Giraud lui annonce qu'il devra se contenter de 1 000 hommes pour une formation de reconnaissance motorisée. Acceptant ce coup du sort, Van Hecke continue à travailler ferme, combat avec ardeur une bureaucratie militaire hostile, paiera de sa personne pour protéger les jeunes gens poursuivis par les généraux Giraud et Bergeret après l'assassinat de l'Amiral, s'opposera

au putsch de l'amiral Muselier contre de Gaulle avec son 7e RCA. Par ailleurs, les Chantiers continueront à assurer la préparation militaire des recrues jusqu'en 1944. Mais leurs relations avec le Corps franc d'Afrique seront limitées jusqu'à fin décembre et nulles par la suite (SHAT, 7P76).

21. Chamine (1952) *La querelle des généraux*, Albin-Michel, p.477.

22. Faivre M. (1982) *Les chemins du Palais d'Été*, Régirex France, p.151.

21. Pauphilet B. (1945) *Compte-rendu sur l'activité de B. Pauphilet*. Manuscrit.

24. Le Coq Hardi et le Laférrière sont deux brasseries très fréquentées du centre d'Alger.

25. Le général Clark était venu en sous-marin en octobre sous le prétexte de coordonner l'action des forces alliées avec l'action des résistants. En réalité les dispositions de détail étaient déjà prises et cette périlleuse réunion fût sans effet réel.

26. Témoignage de Sir Brooks Richards (1996).

27. Pauphilet (1945) et témoignage de M. Arnold Grimbert (1995).

28. Office of Strategic Services.

29. Quels étaient les plans des services spéciaux en cas d'échec partiel du débarquement ? Nous n'avons pas trouvé de réponse.

30. Pauphilet (1945) et témoignage de M. Alexandre Weissemberg (1995).

31. Compte rendu de M. Pierre Raynaud, reproduit par J.B. d'Astier de Lavigerie (1991) *Qui a tué Darlan ?* Éditions de l'Atlanthrope, Versailles, pp. 80-87.

32. Note anonyme figurant dans les papiers du SHAT.

33. Chamine (1952) op. cit., p. 474.

34. Faivre (1982) op. cit., p 164-174.

35. SHAT, 11P258.

36. Pellegrin R. (1973) *La Phalange africaine - La LVF en Tunisie*, Manuscrit, p. 77.

37. L'activité du *Special Detachment* a fait l'objet d'un rapport classé au SHAT dans le carton 11P258 concernant le Corps franc d'Afrique. Le président des anciens du SD, M. Robert-Garouel, a également rédigé une synthèse très complète.

38. Faivre (1982) *Les chemins du Palais d'été*, Regirex France, p. 173.

39. Flipo figurait - comme le Commissaire Achiary, le Gl Tubert et le docteur Alcay - sur les listes du Réseau polonais Rygor (Slowikoski R. *In the secret service, the lighting of the torch*, Windrush Press, London, 1988).

40. Esquer G. (1946) *8 novembre 1942*, Charlot, Tunis, p. 111.

41. Moreau J. (1985) *Les derniers jours de Darlan*, Pygmalion, p. 229-230.

42. SHAT, 11P257.

43. Kaspi A. (1971) *La mission Jean Monnet à Alger, mars-octobre 1943*, Éditions Richelieu, p. 63.

44. Abitbol (1983) op. cit., p. 28.

45. SHAT, 11P257.

46. *La Dépêche Algérienne*, 29 novembre 1942.

47. Le capitaine de Boishéraud, de l'état-major de la 5e brigade, a suivi le Gl de Monsabert dans sa disgrâce.

48. Témoignage de M. Henri Rosencher (1995).

49. Témoignage de M. Philippe Ragueneau (1995).

50. SHAT 11P257. Commentaires du Cl Anstruther suite aux propositions du général commandant le CFA.

51. Le Gl Anderson commande la 1ère armée britannique.

52. SHAT, 11P257.

53. Le Lt Cl Paris avait cédé depuis peu le commandement du 7e RTM de Meknès au Cl Carpentier. Nous verrons plus loin que Meknès est une ville où le gaullisme était bien implanté.

54. Musée de l'armée d'Afrique.

55. Station de ski proche de Blida.

56. *Hommage au général Goislard de Monsabert* (1978), p. 65 et 68.

57. Le Gl de Monsabert commandait la 5e brigade de Blida depuis juillet 1940. Elle comprenait les 1er, 9e et (plus tard) 29e RTA.

58. *Hommages* (1978) op. cit., p. 73-86. Le Gl de Boishéraud est mort en mai 1996 alors que nous venions de lui adresser une épreuve à laquelle le destin n'a pas permis qu'il réponde. Le témoignage qu'il porte dans cet Hommage au Gl Goislard de Monsabert nous a permis de contrôler nos hypothèses.

59. SHAT, 1K380.

60. Les correspondants de guerre, auxquels l'accès de la zone des combats était limité, vivaient des rumeurs algéroises et critiquaient volontiers la politique de collaboration entre Darlan et Eisenhower. Le président Roosevelt, très sensible aux positions de la presse, s'en préoccupait.

3

Le Corps franc : avec qui ?

Donc, Vive le Corps Franc d'Afrique ! Il reste à espérer qu'il obtienne suffisamment de succès auprès de la population pour que son général obtienne un effectif digne de lui. On s'est fixé 6 000 hommes, une belle brigade. L'objectif sera légèrement dépassé avec 6 188 immatriculations. Cela ne s'est pas fait tout seul. L'affichage et les communiqués de presse ont eu rapidement un franc succès, mais de sérieux obstacles se sont dressés aussitôt. Quels furent les oppositions, les opportunités, les résultats ? C'est ce que nous allons voir maintenant.

Les oppositions

Au moment de sa création le Corps franc est présenté comme une troupe de choc appelée à agir immédiatement aux côtés des troupes endivisionnées de l'armée française et des Alliés. L'invasion de la Tunisie par les troupes de l'Axe à partir du 9 novembre et le spectacle de la puissance des Anglo-Américains ont secoué le patriotisme. Fin décembre, le CFA a déjà inscrit 2 000 candidats ; des Français de l'étranger restés à distance du gaullisme demandent à s'engager pour servir sous les ordres de Giraud.

Mais les critiques vont bon train. Les premières viennent de l'armée. Au moment où il entérinait la création du Corps franc, le général Giraud se fixait comme priorité la formation de "l'armée nouvelle". Intellectuellement, pas d'opposition entre la mise en route des divisions de marche vers la Tunisie, la préparation d'une armée moderne et la constitution d'un corps irrégulier. Malheureusement les ressources sont limitées. L'armée a ses plans d'intervention et de protection du territoire ; ils font appel à la totalité des personnels d'active, des matériels disponibles, des spécialistes. L'armée d'Afrique est riche en généraux, en officiers supérieurs et en brevetés d'état-major car on est arrivé à convaincre les Allemands que leur présence était nécessaire pour protéger l'Empire. Les indigènes fourniront la troupe. Par contre, les ressources en officiers subalternes, sous-officiers et spécialistes ne sont pas excessives et il faut s'attendre à des pertes pendant la campagne. La construction de la nouvelle armée impose donc une gestion stricte des personnels d'active et des mobilisables, instruits ou pas.

Nous avons déjà évoqué le cas des Chantiers. Les jeunes sont tentés par le Corps franc ou se laissent prendre. On les fait attendre et les chefs leur promettent la constitution de "corps francs". Les journaux passent des annonces pour le Corps franc d'Afrique. Les jeunes confondent, les chefs s'usent à expliquer. Les chefs peuvent dire ce qu'ils veulent mais il y a un Corps franc d'Afrique qui lance des appels aux volontaires pour constituer une troupe de choc et des unités solides, au moral bien trempé, animées de la volonté de vaincre... alors mieux vaut tenir que courir.

Les états-majors de Giraud et Prioux ont pris l'affaire en main et le premier résultat connu de leur réflexion concerne l'utilisation des jeunes des Chantiers dans les états-majors et les services[1]. La même sollicitude vise les jeunes d'une autre organisation, les *Compagnons de France*. Leur chef régional, Laprade, les a mis à la disposition de Giraud dès le 17 novembre, Prioux lui fait savoir le 8 décembre qu'ils seront employés, ainsi que le personnel féminin, dans les bureaux... et le général Giraud d'en embaucher trente pour les menus services du Palais d'Été[2]. Tant de psychologie ne pouvait manquer d'orienter les jeunes gens de bonne volonté vers le Corps franc.

De nombreux volontaires souhaitent quitter leur entreprise ou leur administration pour se joindre aux Alliés ; leur impatience est considérée comme une forme d'indiscipline. Depuis juillet 1940, le régime a sécrété un code moral qui implique un respect inconditionnel à l'égard du "chef" et des institutions ; s'engager semble déplacé et déloyal. Les responsables sont inquiets de la tournure des événements. Dans un pays où l'encadrement européen n'est pas excessif, ils craignent des difficultés nouvelles liées à la coupure avec la métropole. De ce fait, ils accablent leur hiérarchie de plaintes pour se mettre à l'abri des conséquences des abandons de postes. De leur point de vue, il y aura bien assez de mobilisés pour qu'on s'épargne les engagements intempestifs.

L'amiral Darlan s'inquiète des désordres que cause le CFA. Ulcérés par l'attitude de leurs chefs, des marins échappés de Bizerte se sont présentés au Corps franc : la marine exige de les récupérer, de Monsabert s'y oppose, Giraud le prie de céder[3]. Des ouvriers de la marine et de l'aviation se présentent, leurs armées respectives exigent - et obtiennent - leur retour. L'amiral Moreau s'inquiète aussi. Il peut imaginer les sentiments de la jeunesse car son fils a rejoint la France Libre dès 1940. Cette fois, il surveille les néo-dissidents. Cantonnés à Cap Matifou, ayant établi leur quartier général au restaurant *"Les Ondines"*, ils vont sûrement faire des adeptes parmi les jeunes des Chantiers de la Marine, les cadres du Centre Sirocco, les élèves de l'école des cadres de la marine marchande de Fort-de-l'Eau[4]. Moreau rend compte à l'Amiral Haut-Commissaire le 3 décembre, avec ses commentaires[5]. Il est convaincu que les "anglo-gaullistes" peuvent influencer les élèves-officiers de la marine marchande qui doutent de leur avenir alors que les amiraux en ont spécialement besoin pour assurer le retour de la Marine nationale dans la guerre. Voulant en savoir plus, l'Amiral envoie deux de ses proches, Gandin et Maroger, pour faire une meilleure évaluation du péril. À Oran, le général Boissau leur dit que les jeunes des Chantiers sont méfiants à l'égard d'une armée qu'ils ne jugent pas digne d'eux ; ils sont neutralistes ou hébétés mais certains sont tentés par le Corps franc[6]. Des instructions sont données pour contrôler l'accès au CFA.

Un obstacle inattendu vient s'ajouter à ceux qui précèdent : l'hostilité de certains milieux résistants ou gaullistes à l'égard du Corps franc. L'afflux des volontaires incommode quelques conjurés du 8 novembre qui se sentent débordés par une foule hétéroclite dans laquelle ils ne se reconnaissent pas. La réaction des milieux gaullistes est dictée par d'autres considérations. Certains ont été sélectionnés par le *Special Detachment*, beaucoup - à l'incitation de Flipo - vont s'engager au Corps franc, d'autres hésitent sur la conduite à suivre. Le mouvement *Combat* et le *Political Warfare Branch*[7] les incitent à rester à Alger en vue d'actions politiques futures. Marcel Aboulker donne ses raisons de fonctionnaire du PWB.

"Darlan (...) fait créer le CFA par le général Giraud et le général de Monsabert. On acceptait dans le Corps franc qui voulait. Les plus jeunes et les plus enthousiastes parmi les patriotes du 8 novembre s'y engagèrent, malgré les conseils répétés dont les miens. Une fois sous l'uniforme on expédiait tout le monde en Tunisie. Le tour était joué. La résistance perdit une bonne partie de ses effectifs car l'amiral Darlan fit courir le bruit que le CFA était d'inspiration gaulliste, et beaucoup s'engagèrent, espérant rejoindre, par ce détour, le général de Gaulle"[8].

Ajoutons qu'agissant ainsi ils furent moins déçus que ne suppose Marcel Aboulker. Mais la logique un peu subtile de ce chroniqueur confortera les médisances dont les jaloux accableront le Corps franc.

Les opportunités

La presse et la rumeur reproduisent les inquiétudes des autorités. Il se formerait près d'Alger un "Corps juif" renforcé par des légionnaires en rupture de ban et autres sortes de déserteurs [9]. Effectivement tout convie les Israélites à servir au Corps franc. Ils ont une revanche à prendre. Mais, dans l'Afrique du Nord de 1942, il y a différentes sortes de juifs et chaque catégorie a un statut militaire particulier. Il y a des Français, des Tunisiens, des Marocains et, depuis la dénonciation du décret Crémieux, des Juifs algériens. Les Français et les Algériens ont été exclus de la fonction publique et de l'armée. Les officiers de réserve ont été radiés. Des *groupements de travailleurs juifs* ont été formés à Bedeau et Telergma pour incorporer les mobilisables des classes 1939 et suivantes.

Les sous-officiers juifs des régiments de zouaves, de chasseurs d'Afrique et de gendarmerie mobile ont été rejetés de l'armée au motif qu'ils avaient une influence néfaste et que, par leur manque de sens national, ils nuisaient au bon moral des unités [10]. On aurait pu les affecter à l'encadrement des GTJ, mais on a décidé qu'il ne convenait pas de faire encadrer des juifs par des coreligionnaires [11]. Pressé de se débarrasser de ceux dont les contrats n'étaient pas expirés, le général Koeltz avait proposé en février 1941 de garder les Juifs algériens dans les *groupements de travailleurs étrangers* et de renvoyer les Juifs français en métropole.

Respectueux des thèses qui sont à la base de la politique officielle et obligé de tenir compte de l'état d'esprit des officiers qui, selon Prioux, ont la conviction profonde qu'en suivant Giraud ils suivent le Maréchal [12], Giraud accepte d'exclure les Juifs des unités combattantes régulières [13]. Ils pourraient alors se porter volontaires pour le Corps franc ? Mais non ! On préfère les garder comme travailleurs en les assimilant aux travailleurs étrangers [14]. On réalise ainsi un double objectif : leur isolement est assuré et on les affecte à d'importants travaux d'infrastructure imposés par les combats de Tunisie, l'élargissement des voies de communication et les implantations militaires alliées en Algérie et au Maroc. L'armée d'Afrique, d'ailleurs, tenait à ses pionniers israélites. Elle a fait préciser que le CFA ne pouvait engager de volontaires issus des troupes régulières ; comme les pionniers juifs des groupements de travailleurs étrangers étaient plus "réguliers" que le Corps franc, il leur était interdit de contracter un engagement dans les rangs de celui-ci [15]. Pourtant, ces interdictions seront sans effet. Personne ne s'opposera à la candidature des volontaires juifs et les contrôles du CFA prouvent que ni de Monsabert ni plus tard le colonel Magnan n'appliquèrent sur ce point les directives du commandement.

Mais il faut trouver d'autres ressources. Le 11 décembre, Monsabert s'oriente vers les étrangers. En 1939, la France a accueilli largement les volontaires venus d'Espagne ou d'Europe centrale. Après l'armistice, elle les a internés. Malgré les efforts du colonel Lorillard [16], ils ont été déportés à Méchéria, Berrouaghia et autres sites pendant vingt-huit mois. Ils ont fait l'expérience de la sous-nutrition et des travaux forcés [17]. Le témoignage du légionnaire Kurt Werner Schaechter est éloquent [18]. En août 1940 les volontaires allemands, italiens, espagnols, russes de la Légion sont séparés de leurs camarades, constitués en groupements de travailleurs étrangers, transférés dans les camps et passablement mal traités. Cependant leurs officiers ont refusé de livrer les ressortissants de l'Axe. Des officiers allemands et italiens rendent visite aux internés, font des commentaires sur le traitement que les Français leur infligent et promettent le pardon à ceux qui sont prêts à rejoindre le camp des vainqueurs. Les internés leur tournent le dos, ils sont envoyés aux travaux du chemin de fer Méditerranée-Niger. Schaechter ajoute qu'il a été témoin d'une révolte des Espagnols, réprimée sans ménagement. Les coupables, que l'on avait enchaînés, hurlaient "Voyez comme on nous traite ! Nous, les vainqueurs de Narvik !" [19].

Il n'y avait pas moins de trente camps d'internement au Maroc et en Algérie. Jacques Roulleaux-Dugage donne une version curieuse de la formation de certains de ces camps. Il prétend que Weygand avait pris prétexte de la construction du transsaharien pour concentrer près de 30 000 républicains antifranquistes sous une forme para-militaire le plus près possible de la frontière du Maroc espagnol afin de décourager les ambitions marocaines du Caudillo [20]. *Se non è vero...*

Le Gouverneur Général Châtel est tout à fait disposé à coopérer avec Monsabert pour lui fournir les anciens combattants internés. Son collaborateur Pierre Ordioni a été touché par l'état des internés espagnols, indigné des mesures d'internement prises contre les Russes le 30 juin 1941, hostile au récent projet de l'État-

Major général guerre consistant à interner des résidents italiens parfaitement loyaux, sensible aux remontrances présentées par le lieutenant-colonel Crapski - au nom de la Croix-Rouge - en ce qui concerne les conditions d'internement scandaleuses faites aux officiers polonais qui avaient combattu pour la France[21].

Châtel pense que l'on peut verser rapidement au Corps franc, après interrogatoire et visite médicale, certains déportés. Il donne même des conseils. Ceux de Méchéria sont suspects du point de vue national ; ce sont des Allemands, des Italiens, des Japonais. Par contre, ceux de Berrouaghia sont "intéressants"[22]. Il y a là, en effet des Espagnols de la Fédération anarchiste, des apatrides des brigades internationales, des Italiens antifascistes.

Cette prise de position mérite qu'on s'y attarde. Le président Roosevelt déclare, dans une conférence de presse qui s'est tenue le 16 novembre, qu'il a demandé "la libération des personnes emprisonnées parce qu'elles s'opposaient aux efforts nazis pour dominer le monde"[23]. L'Amiral s'est fait tirer l'oreille. Contraint de respecter la clause XI de l'accord Clark-Darlan du 22 novembre (elle concernait le cas des personnes ayant été l'objet de restrictions, détentions ou condamnations du fait de leur attitude en faveur des Alliés) il avait prononcé une amnistie très formelle le 1er décembre. Renée Gosset raconte la blague d'un goût douteux qui circulait alors : "Libérer les prisonniers politiques ? Mais on ne peut pas, voyons. Et la crise du logement ! Où voulez-vous que ces malheureux s'abritent à Alger"[24].

Six semaines plus tard, lors de la conférence d'Anfa, les journalistes du monde libre ont l'occasion de visiter les camps du Maroc, toujours bondés, et sont impressionnés d'y voir des milliers de républicains espagnols. Ils notent aussi la présence de centaines de Polonais, juifs et gaullistes [25]. L'Association des Brigades Internationales de Londres se manifeste d'ailleurs le 22 janvier[26]. La plupart des auteurs estiment que les libérations commencent en février et s'intensifient jusqu'à fin avril avec un temps d'arrêt après l'assassinat de l'Amiral. On voit alors que la libération des internés et leur engagement au CFA dès le mois de décembre était une réponse élégante et gratuite aux desiderata anglo-américains. Le Corps franc avait bénéficié d'un privilège qui profitait aux anciens combattants, français ou étrangers, et aux ex-légionnaires. On peut considérer que le Corps franc comptera 15 % d'étrangers qui contribueront beaucoup à fixer son image. Ce seront de bons soldats mis à part quelques gredins qui disparaîtront immédiatement après avoir touché prime et paquetage.

Mais, nous l'avons vu, chaque opportunité entraîne un

problème. Le problème, cette fois encore, est imprévu. Le professeur R. Brunschvig, qui avait contrecarré les lois de Vichy en créant un enseignement privé juif vigoureux, se consacre maintenant à la cause sioniste. Il écrit à Taylor, du PWB, pour lui dire qu'il règne au CFA un antisémitisme et un climat moral qui risquent de ne pas être favorable aux juifs d'origine allemande ou autrichienne. Il vaudrait donc beaucoup mieux qu'ils servent "comme des hommes libres, sous drapeau américain ou britannique, dans un corps juif". C'est ainsi que le colonel F.M. Brister créa un régiment des pionniers étrangers de Sa Majesté (6 compagnies, 1100 hommes) qui, à notre connaissance, ne nuisit en rien au recrutement du Corps franc[27].

Les Musulmans constitueront un apport très significatif avec 25 % de l'effectif environ. La plupart sont d'anciens tirailleurs, mobilisables en principe. Mais les registres du recrutement, les états-civils et les patronymes des Arabes étant ce qu'ils sont, les charges pesant sur la gendarmerie et les centres mobilisateurs étant ce qu'elles étaient, il était bien difficile d'empêcher un tirailleur habile d'aller se battre où il voulait. Cette liberté causera quelques éclats. Monsabert aime les indigènes[28], apprécie leurs qualités militaires et souhaite les voir participer nombreux à la reprise des combats. Le général Noguès aime les Marocains et spécialement les vieux tirailleurs, mais il sait à quel point ils sont sensibles à l'odeur de la poudre et à l'attrait de la prime ; il lui déplaît souverainement de les voir se joindre à des éléments douteux qui ne correspondent en rien à l'idée qu'il se fait de la coopération franco-marocaine.

Les résultats

Et pourtant, les candidats ne cessent d'affluer et les interdits restent lettre morte. Le CFA comprend ceux que l'on attendait, ceux que l'on ne voulait pas y voir et ceux que l'on n'attendait pas. Tout d'abord il y a des résistants animés de convictions gaullistes ou activistes. Les juifs sont nombreux, les musulmans aussi. Les mauvaises langues disent que les rempilés indigènes sont venus pour le baroud et pour la prime. En réalité la plupart sont animés d'une grande fierté forgée à l'ombre des drapeaux de l'armée d'Afrique. Certains combattent sans doute pour une autre France qui favorisera l'éclosion d'une autre Afrique du nord. Enfin, venus de partout, mais surtout de l'Espagne et de la Légion, les étrangers. Leur expérience des combats et leur hargne antifasciste seront pour beaucoup dans l'idée que l'on se fera du Corps franc.

Socialement les volontaires sont des hommes issus des mouvements de jeunesse, des vieux soldats, des fonctionnaires, des membres des professions libérales, des employés, des ouvriers, des sous-officiers d'active et des officiers de réserve plus ou moins âgés.

Les jeunes - qui venaient des Chantiers, des Scouts, des Compagnons - prenaient au pied de la lettre les intentions un peu trop compliquées de Vichy, les vieux soldats voulaient encore de la bagarre et de l'aventure, les fonctionnaires, les médecins, les avocats - républicains ou francs-maçons - voulaient retrouver leur place dans la communauté nationale, les ouvriers - sans le chanter sur les toits - étaient plutôt socialistes ou communistes, les Espagnols avaient des comptes à régler avec le boche et le macaroni. En réalité tout le monde était un peu gaulliste, ardent et pressé d'oublier les tristes expériences des trente derniers mois.

L'appel du général de Monsabert a donc suscité beaucoup de sympathie et, bien qu'ils se déroulent dans un certain désordre, ses efforts donnent des résultats sensibles et visibles. Aussi, le 7 décembre, tandis que Moreau lui remet un paquet de tracts gaullistes dirigés contre lui, Darlan demande à Giraud d'éloigner au plus vite le CFA. Giraud répond que ce sera fait le 14, en réalité le premier mouvement aura lieu le 19[29].

L'amiral Moreau "ne lâche pas le morceau" pour autant. Il est convaincu que le CFA est une arme entre les mains des Anglais, en attendant pire. À l'occasion d'une visite rendue à l'amiral Cunningham il lui a semblé que le gouvernement de Sa Majesté n'était pas décidé à placer l'amiral Darlan et le général de Gaulle sur le même pied[30].

"En attendant, les Anglais continuaient à créer des dissensions chez nous et à fomenter des désertions dans notre marine. Je fus avisé qu'ils essayaient de créer un corps franc dans la région de Matifou en débauchant les jeunes gens des Chantiers de Jeunesse de la Marine, installés dans le voisinage du Centre Sirocco. Ils leur offraient un équipement complet et moderne, et leur propagande cherchait à les persuader qu'en restant chez nous ils ne feraient jamais rien d'intéressant, car nous n'avions, disaient-ils, ni bateaux, ni désir de nous battre. Il me paraissait que ces corps de Français sous l'uniforme anglais et sous le commandement anglais étaient des plus inquiétants au moment où, dans la même région, je faisais former un bataillon pour assurer la garde de l'Amiral de la Flotte[31]. Je protestais vivement contre ces agissements britanniques et, à la suite des précisions que j'apportais, Darlan pria les

Anglais d'éloigner leur corps franc de la région de Matifou et de l'envoyer du côté de Sidi-Ferruch avant de l'envoyer au front".

Les premiers témoins

Dans les deux livres qu'il a publiés, Mario Faivre a porté témoignage des premiers jours de ce qui n'était encore ni le Special Detachment ni le Corps franc[32]. Bernard Pauphilet a rédigé dès 1945 un compte-rendu tout à fait précis sur le même sujet. À côté d'eux, de nombreux volontaires ont vécu des aventures qui nous permettent d'évoquer concrètement ces moments hors du commun.

Alexandre Weissemberg a trouvé le moyen de s'échapper d'un camp du Sud-Oranais - où il avait attrapé le typhus - et se cache à Alger. Le lendemain du débarquement, il se rend à la caserne d'Orléans pour s'engager. On lui demande d'attendre. On l'appellera. Il va ensuite à l'Hôtel d'Angleterre où s'est installé, fort à propos, un bureau britannique et renouvelle sa requête. On lui répond courtoisement que les "French Commandos" recrutent des volontaires. Il faut s'inscrire au 7 de la rue Charras. Weissemberg s'engage, on le dirige vers le camp d'instruction de Fort-de-l'Eau. Il finira à la 2e compagnie du 1er Commando que l'on transporte le 19 décembre à Oued-Zenati dans des cars de la gendarmerie. Au cantonnement d'Aïn-Taya il avait fait la connaissance de Bonnier de la Chapelle et sera assez surpris lorsque son chef de section, Bietti, lui apprendra pendant la nuit de Noël que Bonnier a assassiné Darlan[33].

Arnold Grimbert est ouvrier agricole à Jemmapes (département de Constantine). En réalité, Grimbert, appelé en 1940, a fait d'abord ses six mois de Chantiers dans les Pyrénées. Comme bien d'autres, il a entendu dire qu'il y avait à Alger des bateaux en partance pour Londres, tout simplement. Arrivé en Afrique du Nord, il a dû reconnaître sa naïveté et a trouvé du travail dans une ferme. À l'annonce du débarquement il part à Alger et trouve le chemin de la rue Charras. Il y a là un attroupement où il remarque des élèves-officiers de la marine, gens de tendances réactionnaires et d'allure décidée. On couche sur place. Grimbert est un garçon paisible, un peu gêné des propos agressifs de ses compagnons. On distribue des brassards verts, le local est bourré d'armes et de munitions dont on sait à peine se servir. Il faut être prêt, dit-on, à effectuer des missions dangereuses, éliminer tel ou tel s'il le faut. Fort heureusement rien de tel ne se produisit. Le 1er décembre, les volontaires sont priés de s'inscrire rue Mogador. Grimbert fait la queue entre un clochard (clochard mythique qui tient une grande place dans les récits) et un garçon fort bien mis, Michel Maurice-Bokanowsky, futur ministre et pour l'heure candidat-commando. Une partie des compagnons de la rue Charras a disparu[34].

Gislaine Payno est un joli brin de fille de 17 ans. On lui dit que le général de Monsabert a besoin d'une secrétaire. Première arrivée dans les locaux de la rue Mogador elle est aussitôt engagée. Il règne une franche pagaille. Le général, Jamilloux, Cravero, Bérault, Goutermanoff se débattent dans le vide. Chacun n'en fait qu'à sa tête. Il n'y a rien pour travailler. Gislaine achète de ses deniers un cahier, un crayon, une gomme. Un officier de réserve ayant soustrait à son entreprise une machine à écrire d'un autre âge, mademoiselle Payno va pouvoir dactylographier de longues demandes d'armement et d'équipement que le général envoie au général Clark, l'intendant du général Anderson. Gislaine suit le Corps franc quand il déplace ses locaux rue de Joinville et boulevard Gambetta[35].

Auguste Assémat , engagé en 1938, est ajusteur-mécanicien à l'Atelier de l'Aviation de Maison-Blanche. Avec plusieurs camarades il s'inscrit au Corps Franc le 6 décembre[36].

Jean-Claude Ségaux, engagé volontaire en 1939, a été démobilisé à Blida en avril 1942 et résidait à Zéralda au moment du débarquement. Il se dirige aussitôt vers Alger, se joint aux premiers volontaires de novembre et peut finalement signer son engagement le 7 décembre. Il se souvient aussi du départ pour Oued-Zenati sous l'escorte des gardes mobiles[37].

Félix Cote est un blidéen. Il a fait la guerre sur le sous-marin *Thétis*. Sa mère le sort du lit le matin du 8 novembre : “Viens voir ! viens voir !”. Il entend d'abord un bruit infernal, va à la fenêtre et voit une nuée d'avions qui viennent de la mer et vont se poser à Blida-Joinville. Cote descend vers le boulevard et voit des SOL[38] très excités, en quête d'armes pour barrer la route aux Américains. À la fin du mois, Cote apprend que le Corps franc demande des volontaires. Il se rend chez sa sœur qui vit à Alger et s'inscrit le 11 décembre. Les secrétaires remplissent des listes et des listes et, chaque fois, disent aux engagés de revenir dans quelques jours.

À la fin on leur donne un sac. Dans celui de Cote il y a une tenue bleu-horizon, des molletières et une ceinture de flanelle. Le beau-frère de Félix - qui a fait son service dans les zouaves - lui montre comment enrouler les bandes molletières, mais ses compagnons n'ont pas cette bonne fortune. Leurs bandes se déroulent quand ils marchent ou quand ils montent dans le tramway. Les passants s'esclaffent, les Américains sortent leurs appareils photos pour prendre un cliché de leurs valeureux alliés. D'un commun accord, et avec le consentement des cadres du bureau de recrutement, nos poilus vont vendre leurs oripeaux au marché. Vers la fin du mois, Cote et ses amis sont conduits à Aïn-Taya où ils reçoivent leurs tenues anglaises[39].

Jacques Amar a passé la ligne de démarcation en septembre 1940. Il a été embauché aux mines de Saint-Etienne et a obtenu de se rendre aux mines de Kénadsa pour six mois. Il a ensuite fait un an aux tirailleurs et cherché un emploi à Oran. Après le débarquement il s'engage au Corps franc. Toujours en civil, avec d'autres recrues, il croit prendre le train pour Alger et débarque à La Calle. À peine descendu du train il est conduit au magasin britannique et croule bientôt sous la masse des vêtements, des pièces d'équipement et des brimborions. L'adjudant français distribue les petits drapeaux tricolores qu'il faut coudre sur l'heure à la manche gauche du blouson. Amar, Sanchez, Perez, Montosa et Mas se sont, d'un commun accord, mis dans le même groupe. Sanchez (dit "le vieux" parce qu'il a 32 ans) coud soigneusement deux galons de laine sur son blouson et déclare à ses compagnons, sceptiques, "Je suis caporal de réserve" ; ils croient plutôt qu'il s'agit d'un truc pour couper aux corvées et toucher la grosse paye. Le capitaine Larribère arrive. Petit, gros, sympathique, il fait un bref discours et promet la bagarre[40]. À la distribution des armes, Sanchez, toujours sûr de lui, s'attribue une mitraillette. Il prend la responsabilité de distribuer les victuailles de la caisse 14/10 et le regrettera. Personne ne parle l'anglais et tout est en boites ou en sachets opaques : biscuits, bonbons, chocolat, jam, pudding, thé, citronnade, margarine, fromage, cigarettes, haricots, soupe, corned-beef, marmelade... Le groupe d'Amar est ensuite placé sous les ordres d'un sergent qui a cinq ans de Légion ; il sera tué dans la bataille d'hiver et remplacé par Sanchez, lui-même tué le 1er mai devant Bizerte[41].

Roger Charlat a fait la campagne de France avec la 1re division légère mécanique, il a été cité, fait prisonnier, humilié par un jeune sergent SS qui a déchiré sa citation et la photo de sa mère. Il s'est évadé car il est patriote par tradition familiale et antifasciste par choix politique. Il faut préciser qu'il est mineur à Saint-Etienne. Tenu pour suspect par les autorités vichystes, il a été envoyé aux mines de Kenadsa. A l'annonce du débarquement les internés se sont libérés eux-mêmes. Charlat s'est engagé le 3 janvier[42].

Henri Chiusano a lu le petit entrefilet qui fait appel aux bonnes volontés pour combattre en Tunisie. Il signe rue Mogador et empoche les mille francs de prime, comme tout le monde (mais les autres ont oublié). *Pierre Maccotta*, de nationalité italienne, doit passer par le Corps franc pour servir la France[43].

Lucien Hennequin est un autre combattant de la campagne de France. Il s'est présenté rue Mogador le 3 décembre venant des environs de Philippeville. On lui a dit que les engagements étaient arrêtés. Hennequin est têtu, il veut s'engager. Le lendemain, il trouve à l'Hôtel Saint-Georges un bureau anglais où on lui déclare que ce sont les Américains qui commandent. Il va voir les Américains et demande à partir pour l'Angleterre servir le général de Gaulle. Les Américains répondent qu'ils ne connaissent pas ce général-là et l'envoient à l'officier de liaison français. Le Français lui dit, qu'il y a quelque chose de changé et qu'il peut retourner rue Mogador. En arrivant, Hennequin entend un sergent crier : "Enlevez la pancarte ! Les engagements reprennent !", il signe. De là, il passe à l'école de la rue Gambetta où on lui fait tenir le cahier des engagements. Le 10 on l'habille avec une vieille tenue française et on l'affecte à la 2e compagnie (section Bietti). La compagnie part à Aïn-Taya où des instructeurs anglais distribuent des armes, en enseignent succinctement le maniement et les reprennent. Quelques jours plus tard le 1er Commando embarque, sans armes, par un froid de loup, dans des cars de la garde mobile. Quelques inquiets se demandent si la destination n'est pas le camp d'internement. On arrive finalement à Oued-Zenati où l'on reçoit cette fois des armes anglaises que l'on gardera et que l'on utilisera pour un entraînement sérieux jusqu'au 30 décembre. Ce jour-là, le détachement est embarqué sur des wagons à bestiaux. À la gare de débarquement, départ en camions britanniques pour Tabarka. Hennequin sera ensuite affecté à la 3e compagnie (Raoux)[44].

Le caporal-chef *Georges Bouteau du Bellocq* est déjà un combattant chevronné. Pendant la campagne de France, il a servi au 310e RI avec le capitaine Bouvet. Fait prisonnier à Saint-

Mihiel, il s'évade et passe en Afrique du Nord. On le nomme moniteur pour la formation physique des pilotes au Djebel-Diss. Cette organisation, dirigée par Jacques Duchesne-Marulaz, sert aussi de refuge aux jeunes gens en position politiquement difficile. Après le débarquement, du Bellocq est affecté à une formation de réserve à Bouïra, trouve le climat insupportable et s'engage aux "Commandos". Il fait donc partie du premier contingent envoyé à Oued-Zenati pour être armé à l'anglaise et recevoir un début d'instruction militaire. Ses antécédents lui valent d'être chargé de la formation de base des jeunes engagés. Aucun ne sait ce qu'est une arme automatique, une grenade ou un explosif. Aucun ne distingue la graisse d'armement de la graisse à chaussure[45].

Le docteur *Georges Benyamine* était informé des tractations qui devaient aboutir à la constitution du CFA par ses collègues médecins-militaires Meunier et Alcay, tous deux impliqués dans des réseaux de résistance. Il a rejoint et a été chargé de l'incorporation et de la formation du 1er Commando. On ne sera pas surpris de constater que de telles prérogatives aient été confiées à un toubib : celui-là porte deux galons au bas des manches et émerge de la cohue des sans-grades[46].

D'ailleurs, le rôle joué par ses médecins et ses prêtres est une autre originalité du Corps franc. Ils n'ont oublié, ni les uns, ni les autres, les devoirs de leur charge mais nous verrons qu'ils ne se gênaient pas pour les outrepasser. Le CFA a eu quatre prêtres catholiques (dont un faux) et un pasteur luthérien (Métayer). Le père *Roger Duvollet* (père blanc) a été choisi par le général de Monsabert comme aumônier du corps. Le père parlait bien l'arabe et connaissait bien les musulmans, deux qualités auxquelles Monsabert était sensible. Il venait d'organiser la troupe des scouts musulmans de la Kasbah pour ouvrir aux milieux populaires une activité jusqu'alors limitée aux jeunes bourgeois arabes du groupe Baden-Powell.

Sa participation à la reprise des combats a commencé le 8 novembre. Étant à 14 heures devant la caserne d'Orléans il voit arriver une troupe disparate d'hommes kakis au visage noir. Les uns, armés, sont des tirailleurs du 13e RTS, les autres, le visage noirci au cirage, sont des commandos britanniques capturés sur le port. Le père Duvollet et le père Cuchet sont convoqués au Fort l'Empereur où Darlan et Juin font leur baroud d'honneur. Les deux pères blancs voudraient bien savoir pourquoi on les a appelés par téléphone. En arrivant au fort, ils rencontrent le père Houdayer, aumônier de la marine, qui ne le sait pas plus et leur conseille de déguerpir. S'exécutant, les bons pères vont au devant du danger et rencontrent en chemin le maire, Jacques Chevalier, ceint de son écharpe tricolore. Tous trois s'interrogent sur le sens de leur présence au centre de ce guêpier car des voltigeurs commencent à leur tirer dessus. Ils décident de rompre. Apprenant quelques jours plus tard que le général Giraud est arrivé pour conduire les Français au combat, le père trouve normal de le suivre[47].

L'aspirant de l'Armée de l'Air *Pierre Bauthamy* a raconté ses aventures de guerre dans une publication personnelle, *La Baraka*[48]. À l'école de la rue Gambetta, où l'on procède à la visite médicale et à l'habillement des recrues du CFA, il rencontre une foule hétérogène qui le surprend. Par chance il rencontre aussi un officier, le lieutenant Puech-Sanson qui lui remonte le moral : “un grand gaillard sympathique, très jeune. Une voix grave. Un chef-né, un type que l'on suivra partout sans discuter”. Le portrait est fidèle.

Le lieutenant Puech-Sanson

Pierre Puech-Sanson, originaire de Mostaganem, a passé sa licence de droit avant de suivre les cours d'élève officier de réserve de l'infanterie à Saint-Maixent. En 1937, il a choisi de servir au 1er régiment de tirailleurs algériens dont la portion centrale et le 2e bataillon sont à Blida. Le chef de corps est le colonel Delay[49], son adjoint est le capitaine Durand[50]. La photo officielle des officiers du régiment nous les montre tous trois posant comme il convient dans les jardins de la célèbre“Blidéenne”, haut-lieu de tradition des tirailleurs algériens.

À la mobilisation, le sous-lieutenant Puech-Sanson suit le régiment sur la ligne de Mareth comme commandant de la section motocycliste. Cette nomination - due vraisemblablement à Durand, maintenant chef d'état-major - gêne le colonel Peyronnet qui a succédé à Delay. La section moto est composée de réservistes “marqués à gauche”, cheminots pour la plupart, et le colonel se demande s'il n'est pas imprudent de les placer sous le contrôle d'un officier de réserve. À la vérité aucun des hommes de la section n'a mauvais esprit et tous s'entendront parfaitement avec leur lieutenant.

Lassé du vide désespérant de l'existence sur la ligne de Mareth, Puech-Sanson obtient de faire un stage d'observateur en avion et se trouve donc à Casablanca en juin 1940. Sa promotion comprend plusieurs Polonais que leur gouvernement en exil rappelle en Angleterre. Puech-Sanson et son ami Bazaucourt se glissent parmi eux et arrivent à Gibraltar en même temps que le *Capo di Olmo*, détourné par le commandant Hubert Vuillemain. Sur le navire qui fait route vers Londres il rencontre Jean Simon et Pierre Messmer. Le voyage ne manque pas de distractions : on regarde les manœuvres du convoi, on participe aux exercices de tir contre-avions. De plus Puech-Sanson, yachtman confirmé, se complaît à monter aux mâts et aux cheminées pour peindre le rafiot aux couleurs de guerre. Arrivé à Londres, et défavorablement impressionné par la tristesse ambiante, il demande à retourner en Algérie pour monter un réseau de résistance.

En octobre, il part donc avec le lieutenant Bazaucourt, le quartier-maître radio Papin et un poste de TSF. Un avion les dépose près de Mostaganem. Ils installent un PC à l'usine des cigarettes Jobert - affaire de famille des Puech-Sanson - et rayonnent dans les trois départements pour rassembler les bonnes volontés. Mais il s'en trouve bien moins que prévu. La plupart des officiers qui voulaient continuer la lutte en juin 40 font maintenant très largement confiance à Weygand. Bazaucourt estime qu'il n'y a pas lieu de s'éterniser et incite ses camarades à retourner à Gibraltar sans suivre la procédure établie pour obtenir un sous-marin anglais. Il connaît un Belge qui assurera la traversée. À peine embarqués sur sa chaloupe, les jeunes gens sont ceinturés par les agents de la sécurité qui constituent l'équipage. On les conduit menottes aux mains à Achiary. Pour une raison inconnue, Bringard et Achiary n'ont pas été avertis. Les agents de Londres, inculpés d'intelligence avec l'ennemi sont déférés au parquet[51]. Achiary se console en faisant main basse sur le poste radio que Mme Peyret va remettre au libraire Baconnier. Grâce aux compétences de l'ingénieur L'Hostis, le poste sera réparé et servira à assurer les liaisons avec Londres jusqu'au 8 novembre 1942[52].

Le bâtonnier Auguste Jobert, oncle de Pierre, confie la défense des prévenus à une équipe sûre : Colonna, Goutermanoff, Sansonnetti[53] et Weiss. Le sort des accusés est entre les mains du commandant Grossin dont on feint encore d'ignorer les attaches gaullistes. Puech-Sanson est condamné à cinq ans de travaux forcés avec sursis, on le libère aussitôt, mais il a déjà fait un séjour d'un an environ dans les locaux repoussants de la prison militaire d'Alger. Placé en résidence surveillée il reprend contact avec plusieurs dissidents virtuels, parmi lesquels Flipo et le capitaine Argout. Il fait aussi un stage chez Duchesne-Marulaz. Faute de pouvoir jouer un rôle actif, il exerce ses fonctions à l'usine familiale et sera aussi surpris que tout-un-chacun en entendant la canonnade du 8 novembre. Duchesne-Marulaz passe le prendre à Mostaganem pour le conduire à Alger dans une grosse voiture américaine un peu fatiguée. Puech-Sanson fournit l'essence.

L'ancien officier du 1er tirailleurs se présente à Monsabert qu'il connait depuis 1937 alors que, sous-lieutenant PDL[54] sans défense, il devait participer aux bridges de la colonelle du 9e tirailleurs, le régiment frère. Le commandement d'une compagnie du Corps franc lui est confié ; dans les premiers jours, il sera l'un des rares officiers que les volontaires d'Alger auront l'occasion de voir.

Notes du chapitre 3

1. SHAT, 7P76, note Giraud à Darlan, 2.12.1942.

2. SHAT, 5P18, note Giraud du 11.12.1942.

3. SHAT, 11P257, lettre Moreau en date du 10 décembre 1942.

4. SHAT, 11P257, lettre du Lt de vaisseau Thérène, chef du Centre de la Jeunesse de la Marine en date du 1.01.1942.

5. SHAT, 11P257, lettre Moreau à Darlan en date du 3 décembre 1942.

6. SHAT, rapport Boissau du 4.12.1942.

7. Organe de propagande allié qui employait largement les sympathisants gaullistes.

8. Aboulker M. (1945) op. cit., p. 221.

9. Gouberville A. de (1971) "Le Corps franc d'Afrique. 1942-1943", *Revue historique de l'Armée*, n°1971-4, p. 53 ; Elgozy G. (1985) *La vérité sur mon Corps franc d'Afrique*, Monaco, Éd. du Rocher, p. 70.

10. SHAT, 1P216, lettre Huntziger à Weygand du 28.02.1942.

11. SHAT, 1P216, lettre Koeltz à Darlan du 5.02.1042.

12. Prioux Gl (1947), *Souvenirs de guerre 1939-1945*, Flammarion, p. 221.

13. Le professeur Henri Aboulker avait adressé des protestations violentes à l'Amiral puis au Gl Giraud (Abitbol, 1983, op. cit., p. 151).

14. Indépendamment des considérations raciales et sociales qui gouvernaient sa politique antisémite, le gouvernement de Vichy estimait que les Israélites étaient les alliés objectifs des Anglo-Américains et il rejetait ainsi dans leur camp ceux (peu nombreux) qui ne songeaient pas à s'y placer.

15. SHAT, 5P51, note Juin du 10.02.1943, rappel de dispositions antérieures. Pour être complet, ajoutons que le Gl Juin a demandé dès le 16 mai 1943 que l'on dissolve ces unités pour incorporer rapidement les Juifs aux formations combattantes du Corps expéditionnaire.

16. Mis à la retraite par Vichy et demeurant à Marrakech, le colonel Lorillard, âgé de 62 ans, avait demandé à combattre en Tunisie avec Monsabert (SHAT, 1K380).

17. Voir Levisse-Touzé C. "L'Afrique du Nord, recours ou secours", pp.800 et suiv.

18. Témoignage personnel (1995) et article paru dans *Les Dernières Nouvelles d'Alsace* du 15 février 1995.

19. Après Narvik, tous les éléments de la 13e demi-brigade de la Légion étrangère n'avaient pas été transportés en Angleterre.

20. Roulleaux-Dugage J. (1945) *Deux ans d'histoire secrète en AFN*, Éditions du Milieu du Monde, p. 136-137.

21. Fait confirmé par le Gl Beaufre (1965) op. cit. p. 304.

22. SHAT, 11P257.

23. Kaspi (1971) op. cit., p. 36.

24. Gosset R. (1944) op. cit., p. 183.

25. Kaspi (1971) op. cit, p. 59.

26. Moine (1972), p. 261-263.

27. Abitbol (1983) op. cit., p. 157-158.

28. Les indigènes appelaient Monsabert "général Belle Figure".

29. SHAT, 11P257.

30. Moreau (1985) op. cit., p. 239-240.

31. Ce bataillon de fusiliers-marins sera commandé par le commandant Maggiar. Il sera un compagnon d'armes des anciens du Corps franc à la 2e DB du Gl Leclerc.

32. Voir Bibliographie jointe.

33. Témoignage écrit Weissemberg (1995).

34. Les uns ont déjà été retenus par le SD, les autres sont recherchés par la Marine nationale.

35. Témoignage écrit Payno-Pons (1995).

36. Témoignage écrit Assémat (1995).

37. Témoignage écrit Ségaux (1995).

38. Service d'ordre légionnaire, milice maréchaliste.

39. Témoignage Cote (1997).

40. Larribère est un militant communiste.

41. Témoignage écrit Amar (1995).

42. Témoignage écrit Charlat (1995).

43. Témoignages écrits Chiusano et Maccotta (1995).

44. Témoignage écrit Hennequin (1995).

45. Témoignage du Bellocq (1995).

46. Témoignage écrit Benyamine (1995).

47. Duvollet R. (1983) "Tunisie 1942-1943 avec Monsabert", *Afrique du nord*, Imp. vésulienne, Vesoul.

48. Bauthamy P. (1952 et 1984) *"La Baraka. Du Corps franc d'Afrique à la 1re DFL"*, L'auteur.

49. Le général Delay commandera les troupes du Sud-Saharien pendant la campagne de Tunisie.

50. Le capitaine Durand dessine à ce moment-là l'insigne du 1er RTA, l'un des plus décoratifs de l'Armée à l'époque.

51. Témoignage Puech-Sanson (1995). Maurice Aboulker donne une version légèrement différente (voir infra).

52. Aboulker M. (1945), *Alger et ses complots*, Les documents nuits et jours, pp. 58-61.

53. Me Sansonnetti sera le défenseur impuissant de Bonnier de la Chapelle.

54. PDL : Pendant la durée légale.

4

Les désillusions du général de Monsabert

Le projet de décembre

Depuis le 1er décembre on travaille d'arrache-pied autour du général de Monsabert. Une note du 7 décembre résume la situation. Les Anglais ont formé 200 hommes dont 80 opèrent déjà dans le cadre du SD. Le général souhaiterait que les Britanniques instruisent aussi les corps francs mais le problème est d'une autre nature. On s'attend à recevoir 6 000 volontaires dans un délai de 6 semaines. Monsabert a été impressionné par les méthodes commando et souhaite imiter ce modèle, sans mesurer vraiment ce que cela implique. En la forme, on opte donc pour la création d'un premier commando composé de trois unités d'assaut de 60 hommes et de trois compagnies de fusiliers-voltigeurs de 150 hommes. Avec la compagnie de QG cela fait 713 hommes. On pense pouvoir organiser à court terme un groupement de trois commandos semblables puis une brigade disposant de soutiens et même d'une aviation d'assaut !

Ayant fait le tour des possibilités de recrutement, le général songe à créer des formations homogènes : unités françaises "dont certaines pourraient comporter quelques israélites", unités d'étrangers, unités indigènes "fortement encadrées par des Français". Pour renforcer l'encadrement on compte bien, nous le savons, faire revenir les brebis égarées au SD. Pour former le personnel on espère utiliser le camp établi par Anstruther près de Guelma. C'est Flipo et Jamilloux qui vont régler tout cela.

À l'évidence, le général sous-estime les difficultés. Giraud veut que le CFA soit autonome vis-à-vis des Anglais et de Juin. Avec les Anglais, Monsabert a manifestement quelques problèmes culturels ; avec l'armée d'Afrique il a d'autres problèmes. Une fiche sans date et sans attache résume l'opinion de l'état-major des forces terrestres à l'égard de ses "irréguliers".

Le Corps franc, lit-on, est actuellement inapte à mener des opérations de commando. On doit supprimer la prime de 10 francs.

On doit supprimer le recrutement français, éviter le recrutement étranger et bannir le recrutement des indigènes qui "peuvent être contaminés", car "il est exact que tout élément indésirable ou taré, ne voulant pas se soumettre à la discipline de l'Armée Française cherche à s'engager au Corps franc". Il est inutile de confier au CFA une mission de troupe légère qui sera mieux assurée par les tabors. La seule solution saine consiste à constituer un bataillon opérationnel qui sera endivisionné dans l'armée régulière... Voilà qui manque de chaleur[1].

Le commando n°1 est constitué le 12 décembre, au moins sur le papier[2]. Il est dirigé par le capitaine Bier - qui sera rapidement exclu - et le capitaine Balensi, un ami de Monsabert et Flipo qui a été emprisonné pour ses activités gaullistes. Mais le commandement décide bien vite que le terme "commando" sonne mal à ses oreilles. Dans le vocabulaire de l'armée française de 1942, un commando est une unité se livrant à des opérations de petite envergure, généralement vouées à l'échec. Les Anglais, qui voient la chose autrement, doivent sourire en regardant les commandos français, vêtus d'oripeaux mités des années vingt, s'escrimer avec les pistolets-mitrailleurs Sten. Monsabert transforme *commando* en *bataillon léger* et le commando n°1 devient donc le 1er bataillon léger.

Mais il faut aussi changer la dénomination de l'homme du rang qui se trouvait fort bien de la qualification de "commando". Le général sort de ses réminiscences historiques le mot *vélite*. Comme personne, hormis le général, ne doit comprendre cette allusion aux fastes de la jeune garde du Ier Empire, on explique que "Vélite" est la contraction de "Volontaire d'Élite", explication jugée satisfaisante. Enfin, il était bien entendu à l'origine que le CFA garderait la tenue française.

CFA - L'ORGANISATION INITIALE

Commandant du Corps Franc d'Afrique :

Général de brigade Goislard de Monsabert (Muté au XIXe CA en février)

Adjoints :
Lt Cl PARIS, Inspecteur des camps et dépôts
Lt Cl FLIPO, Commandant des éléments avancés (rejoint la France Libre en mars)

État-major

Lt Cl JAMILLOUX, Chef d'état-major
Cne COLLOMB, Lt VRILLON, Lt PAUPHILET (rejoint le XIXe CA en janvier, à la demande du mouvement Combat), S/Lt REICHMANN

1er Bureau :
Lt ANGELETTI, Lt BISCARRE, Aspt POLI,
Aspt GAVE

2ème Bureau :
Cne CASTAING, Lt COUDERC, Aspt CASTAING

3ème Bureau :
Cne de BOISHÉRAUD (suit le Gl de Monsabert au XIXe CA en février), Cne MORANGE

4ème Bureau :
Cne DEITWEILLER, Lt VALLIÈRES,
Cne CHRISTY

1er Commando

Chef du commando : Cne BIER (relevé, rejoint la France Libre)
Officier adjoint : Cne BALENSI (rejoint la France Libre en mars)
Lt BOYER, Adj. Chef NAPOLI, Aspt VANHERSECKE

Service de Santé :
Médecin-Lt BENYAMINE, Médecin-Aux. MÉREAU,
Pharmacien RIBÈRE

1ère Compagnie :
Lt RAOUX
Chefs de section :
S/Lt BOKANOWSKY Olivier (rejoint le SD en janvier)
Aspt BUZENET
Adj. SCHWARTZ

2ème Compagnie :
Lt PUECH-SANSON
Chefs de section :
Aspt DODELIGER
Aspt EUSTACHE (au SD depuis novembre)
Sgt LASCOUR

3ème Compagnie :
Lt GENDRON (rejoint la France Libre en janvier)
Chefs de section :
Aspt GOUTERMANOFF
Aspt RAGUENEAU (au SD depuis novembre)
S/Lt ROSE

1ère Unité d'Assaut : Aspt TILLY
2ème Unité d'Assaut : Aspt BAUTHAMY
3ème Unité d'Assaut : Aspt BLAYERFAIDER

La situation en Tunisie du Nord

Il nous a été, jusque-là, difficile de nous détacher des péripéties politiques qui préludaient à la formation du Corps franc et nous avons passablement négligé les événements militaires. En cela nous nous sommes comportés comme la plupart des Algérois qui ne percevaient qu'un écho étouffé des batailles sous la forme de quelques articles de journaux et de quelques raids aériens, plus fréquents et bruyants qu'efficaces. Rattrapons le temps perdu et voyons ce qui se passait sur le futur théâtre d'opérations du Corps franc, la Tunisie du nord.

La Tunisie intéressait les militaires de l'Axe depuis la défaite. Les Italiens la revendiquaient et les Allemands ne voulaient pas donner droit à leurs ambitions pour ménager le gouvernement de Vichy. Mais les nécessités militaires accentuaient les pressions et il avait été convenu, le 6 novembre, que l'on allait imposer au gouvernement de Vichy un contrôle des côtes tunisiennes[3]. Le débarquement du 8 novembre faisait donc obstacle à un projet existant mais encore théorique *(Operazione C4)*. Convaincus que le tonnage allié était insuffisant, les Germano-Italiens étaient surpris par un débarquement qu'ils n'attendaient pas si tôt, mais leur riposte était prête[4]. Les Alliés ne prévoyaient pas de débarquer à l'est d'Alger car ils couraient ainsi un risque indéniable et parce qu'ils étaient convaincus que l'Axe n'était pas en mesure d'envoyer à Tunis plus de 8 à 10 000 hommes légèrement armés à la fin de la deuxième semaine[5]. Chacun voulait se convaincre des limites de l'adversaire car, pour parler comme les Allemands, ce qui ne doit pas être est impossible.

Les aviateurs allemands se posent donc à Tunis-El Aouïna sans encombre le 9 novembre ; l'amiral Esteva[6] a donné l'ordre de ne pas résister ; le général Juin a obtenu de l'armée de terre et de l'aviation qu'elles se retirent vers l'ouest mais le camp retranché de Bizerte restera jusqu'au 9 décembre sous l'autorité des Français et sous le contrôle militaire des Allemands. Non sans habileté, les Allemands avaient pris le parti de protéger Français et Tunisiens des empiétements italiens.

Les premières formations terrestres allemandes sont arrivées le 12 novembre : 5e régiment de parachutistes du lieutenant-colonel Koch, 104e Panzer Grenadier Rgt de la 10e Panzer Division, 11e bataillon de pionniers parachutistes du major Witzig[7], groupement de bataillons de marche placé sous l'autorité du colonel Barenthin (commandant du 3e régiment d'infanterie d'assaut sur planeurs) et les supports correspondants. Les Italiens arrivent entre le 14 et le 15 : 10e régiment de bersaglieri, éléments des divisions *Superga* et *Centauro*[8].

Un détachement britannique part le 15 à leur rencontre, depuis Bône, passant par Tabarka, Djebel-Abiod, Mateur et Béja. Il se fait promptement ramener au Djebel-Abiod par le groupement Witzig. La 36e brigade britannique intervient à point nommé, le 18, pour couper le route de Bône. Pendant ce temps les renforts arrivent de part et d'autre. La 78e division britannique du général Eveleigh se concentre le 21 sur la ligne Djebel-Abiod - Pont-du-Fahs. Sa 11e brigade attaque le 24 avec l'appui d'un détachement de la 6e division blindée britannique, atteint Tebourba le 27, est arrêtée le 1er décembre et reflue le 6 sous les coups de la 10e Panzer div. du général Fischer. Le lieutenant-général Allfrey, chef du 5e corps britannique, abandonne plus de mille prisonniers et un matériel non négligeable[9]. Cet échec provoque une campagne de cinq mois.

Sous la protection des forces aériennes concentrées en Sicile les Allemands ont transporté en un temps record une division blindée et la valeur de deux divisions d'infanterie[10] avec 200 chars, dont deux détachements de *Tigres*, le plus puissant de tous les chars existants[11]. Les Italiens disposent de deux divisions. Le général allemand Nehring peut être crédité de cette réussite, mais il s'est déjà disputé avec son homologue italien Lorenzelli et tous deux ont été relevés. Le commandant des forces de l'Axe sera le général von Arnim qui constituera sur place la 5e armée blindée. Les formations qui débarquent en Tunisie sont de grande qualité. D'ailleurs l'armée et l'aviation allemandes ont atteint à la fin de 1942 un niveau tout à fait exceptionnel. Le sens tactique est très développé du haut au bas de l'échelle. La 5e armée blindée ne sera pas articulée en corps d'armées et pourra constituer un ensemble de forces légères et de forces blindées extrêmement bien commandé et extrêmement flexible. Les commandants de divisions peuvent diriger des groupes très étoffés, les commandants de régiments sont aptes à conduire des groupements interarmes. Les formations peuvent intégrer des bataillons italiens, ou des bataillons allemands issus d'autres régiments, ou des bataillons de marche dont une douzaine au moins ont été acheminés vers la Tunisie. Les bataillons de marche sont des formations constituées dans les dépôts avec des isolés ou des jeunes recrues, mais l'encadrement est tel et l'esprit inculqué aux jeunes gens est tel que rien ne les distingue des vieilles troupes. On enverra aussi en Afrique une 999e brigade composée de droits communs et de détenus politiques dont la conduite au feu sera tout à fait normale. Ajoutons que l'armement est abondant et adapté, la motorisation poussée, l'artillerie de campagne et l'artillerie antichars bien fournies. Il faut aussi noter que l'Axe bénéficiera jusqu'au mois de mars d'une supériorité aérienne sensible. Notre zone des arrières est continuellement visitée par des avions d'assaut qui gênent les déplacements déjà difficiles en raison de la mauvaise qualité des routes et des intempéries.

En face de cela, mal servis par des moyens de transport inexistants, Français et Anglais dressent une barrière fragile en Kroumirie et le long de la dorsale tandis que les Américains accumulent le matériel qui leur est indispensable pour agir et s'organisent en vue de contrer une éventuelle intervention espagnole. Le mauvais temps précoce ajoute à l'improvisation, mais à ce jeu les Allemands sont les plus forts et ils infligent de sévères punitions aux Anglo-Français. La côte nord, invraisemblable fouillis d'arbustes et de forêts, semble moins vulnérable, d'autant que les Alliés possèdent la maîtrise de la mer. On peut en confier la défense à des petites unités légèrement armées. C'est un terrain de chasse possible pour le Corps franc.

"Qu'ils s'en aillent !"

Conformément aux ordres de Darlan, un fort contingent quitte Alger pour Guelma le 19 décembre. Il s'arrête définitivement à Oued-Zenati car les Anglais ont finalement décidé de ne pas recevoir le Corps franc à Guelma. Flipo, "grand gaillard, un type épatant, aimé de tous parce qu'il connait son affaire", Balensi "petite moustache hautaine, l'air hautain et cassant", mais organisateur attentif, s'occupent de tout ce petit monde encore mal dégrossi. L'équipe des officiers subalternes vit à la bonne franquette, elle comprend le docteur Benyamine, "l'étudiant" Tilly, "l'instituteur" Vanhersecke - déjà décoré de la croix de guerre - "l'architecte" Rose[12].

Les Anglais ne sont pas enthousiastes. Les vélites du 1er bataillon léger sont avides de bien faire, mais le général Anderson les trouve encore bien trop légers pour leur confier un secteur et, pour tout dire, les contacts de cet austère Écossais avec le commandement français sont difficiles. "Il constatait dans ses rapports que l'administration (du département de Constantine) lui était plus favorable que les colons, les sous-officiers plus désireux de se battre contre les Allemands que les officiers, les jeunes officiers plus résolus que leurs aînés"[13].

D'autre part l'armée d'Afrique, maintenant bien engagée dans la campagne de Tunisie et qui manque de tout, juge inopportune la constitution d'un corps "d'irréguliers"[14]. Et ce n'est pas fini. Les intentions de Monsabert ne font pas l'unanimité à l'intérieur du Corps franc. Les sollicitations, les enjeux politiques, les espoirs, la diversité des origines se concilient médiocrement avec les orientations du chef. Le général lutte pour activer le recrutement[15]. Il veut du monde et ses subordonnés veulent de la qualité ; ils apprennent avec inquiétude que l'on recrute à tour de bras des Arabes, des Espagnols, etc., ce qui réveille les vieilles habitudes locales de méfiance.

On préférerait rester entre soi, entre résistants. Mais les résistants, où sont-ils actuellement ? Claude Paillat le dit fort bien : "À la fin de l'année on fait un constat étrange : une partie des conjurés du 8 novembre persiste à comploter à Alger, une partie des gaullistes d'Alger part se battre avec de Monsabert et Flipo et une autre persiste à attendre l'arrivée du général de Gaulle"[16]. Bernard Karsenty confirmera. Il classe les résistants en trois groupe : 1° ceux qui sont entrés en contact avec les Anglais pour les aider car ils ne connaissent pas le pays ; 2° ceux qui ont rejoint de Monsabert pour se battre sous les ordres d'officiers "anti-vichyssois et antiallemands" ; 3° ceux qui se préparent à la suite dans la clandestinité[17].

Ainsi, les gaullistes de "Combat" cherchent à accomplir une mission singulièrement difficile : la mise en place à Alger d'un exécutif présidé par le général de Gaulle. La question fait l'objet d'âpres discussions. Lorsque le général d'aviation François d'Astier de Lavigerie est envoyé par de Gaulle à Alger dans la deuxième quinzaine de décembre, on lui parle des graves problèmes de conscience des gaullistes algérois. René Moatti explique au capitaine Pompei, qui accompagne le général, qu'il y a deux tendances : ceux qui considèrent que l'on ne peut rien faire en raison de la position de Roosevelt - sinon partir se battre - et ceux qui veulent imposer par la force l'arrivée de De Gaulle. Mal préparé à rendre cet arbitrage qui le déconcerte, François d'Astier estime sagement que les chefs gaullistes qui veulent partir se battre sont libres de leur choix et "le lendemain, le CFA enregistre plusieurs engagements"[18]. Le général Mark Clark, de son côté, s'exprime comme le ferait au même moment n'importe lequel des combattants de Tunisie :

"Durant tout l'hiver confus 1942-1943, alors qu'à Alger nous nous enlisions profondément dans des questions politiques susceptibles d'entraîner parmi les Français de nombreuses dissensions dont on ne pouvait prévoir les conséquences, nous avions, en première ligne, de la boue jusqu'aux genoux"[19].

Mais le cours des choses prendra rapidement une autre tournure car, le 24 décembre à 15 heures, l'amiral Darlan a été assassiné...

... et l'on reparle du Corps franc !

Les conséquences de l'assassinat

Depuis le 18 novembre l'amiral Moreau avait le sentiment que les jours de Darlan étaient comptés. À l'insu de son chef, il envisageait la formation d'un bataillon de fusiliers-marins pour le protéger. Il surveillait avec la plus grande attention les bandes de Cap Matifou. Anthony Verrier soutient que l'assassinat a été monté par l'Intelligence Service que Eisenhower soupçonne depuis le 18 décembre des plus noirs desseins[20]. Philippe Ragueneau dit avoir parlé d'assassiner Darlan avant de partir en Tunisie, mais qu'il s'agissait de propos de jeunes gens exaspérés et que la thèse d'un complot anglo-gaulliste est absurde[21]. Jean-Bernard d'Astier, le fils d'Henri d'Astier, dit qu'il a surpris maintes fois ses camarades jouant "à qui tuerait Darlan", à la courte-paille ou aux cartes[22]. D'ailleurs, Mario Faivre a conduit Bonnier jusqu'au Palais d'Été au vu et au su de plusieurs dizaines de sympathisants rassemblés devant le Coq Hardi[23].

Fernand Bonnier de la Chapelle est passé par les Chantiers. C'est un garçon assez éduqué pour raisonner en termes politiques et assez sensible pour vouloir transformer en acte ce qui, pour d'autres, est surtout spéculation sans conséquence immédiate. Tous ceux qui l'ont connu en portent témoignage : Ragueneau, Jean-Bernard d'Astier, Roulleaux-Dugage entre autres. Au cours du mois de décembre on s'interroge sur son véritable statut. Il n'était pas de "ceux" du 8 novembre mais s'est inscrit rue Charras. Il n'a pas été retenu par les Anglais du SOE, il n'est donc pas allé en Tunisie. Plusieurs vélites l'ont fréquenté à Matifou. Le juge chargé de la deuxième instruction sur l'assassinat le dit engagé au Corps franc, mais ajoute que le Corps franc est un "corps civil" ! Au cours de la première enquête, on considère Bonnier comme étant du CFA.

Le Corps franc est donc impliqué. Effectivement, il joue de malchance. On est allé chercher le comte de Paris à Oujda dans une voiture des Chantiers demandée par Henri d'Astier et munie d'un ordre de mission de Monsabert ! Le comte de Paris a donné des audiences au 7 de la rue Charras[24]. Le 25 décembre, les fils que nous avons tenté de démêler se rejoignent. Une centaine de SD sont dans le Constantinois, la valeur de trois compagnies du CFA à Oued-Zenati, il doit donc rester plusieurs centaines d'hommes qui flânent en attendant leur tour entre Matifou, Fort-de-l'Eau, Aïn-Taya et Alger, sans contrôle et sans uniformes. Les moins fortunés restent sagement à portée de la gamelle, les autres dorment et mangent chez eux, les plus huppés se rencontrent au *Coq Hardi* et dînent au *Paris*. C'est parmi eux qu'il faut chercher les impatients qui veulent mettre un terme à l'imbroglio politique. Bonnier "fait la liaison entre le corps franc et Henri d'Astier" et d'Astier a des prérogatives de ministre de l'intérieur !

Giraud est très remué et Monsabert est dans le collimateur. À l'évidence le Corps franc est un capharnaüm et il en est le chef. Castaing, responsable de son 2e bureau, est chargé d'enquêter avec le capitaine Villermet. Il sait, comme tout le monde, que Bonnier et Faivre ont plaidé en faveur d'une action collective des volontaires pour mettre fin aux jours de l'Amiral. D'autre part le général Bergeret, secrétaire du Haut-Commissariat qui devient le n°2 de l'exécutif algérois, est persuadé que les comploteurs sont prêts à tout. L'imagination aidant on envisagerait l'assassinat de Giraud, de Robert Murphy et d'Eisenhower !

Chamine nous dit que Jean L'Hostis a confié à un ami, le 28 : "Demain, un putsch aura lieu avec des éléments du groupe franc du boulevard Gambetta". Marcel Aboulker évoque la possibilité d'une action menée par "des éléments de droite et de gauche, parmi lesquels les aspirants Pauphilet et Olivier Bokanowsky, action appuyée sur un commando gaulliste de Staouëli organisé et entraîné par des officiers anglais"[25]. La confusion, on le voit, est à son comble. Guère mieux éclairés, les enquêteurs Castaing et Villermet rendent compte qu'un complot Judéo-Royaliste aura lieu le 29 décembre[26]. On prévient Bergeret, qui prévient Giraud lequel ordonne l'arrestation des instigateurs supposés, résistants et gaullistes, qui sont immédiatement dirigés sur Laghouat. On s'étonne un peu de la composition de cette liste impromptue où voisinent des tendances politiques si différentes et où manquent notamment Henri d'Astier, Jean-Bernard d'Astier (de l'état-major du CFA), Mario Faivre... car Giraud a remanié la liste à sa façon. Bernard Karsenty estime que Jean Rigault a convaincu les autorités américaines et françaises du danger que représentaient les conjurés du 8 novembre alors que Chamine, qui reproduit fidèlement les propos de Rigault, affirme que celui-ci a été complètement surpris...[27]

Le sergent-chef Sabatier, disparu le soir de Noël, vient le 4 janvier dire à Castaing qu'on lui a volé son revolver. Il craint que ce ne soit l'arme du crime; il n'en est rien, c'est un *Herstal* récupéré par Faivre qui a servi. Sabatier confirmera ensuite le rôle des "royalistes" dans l'organisation de l'affaire. Peu après, Henri d'Astier est arrêté. Mario Faivre et quelques camarades se cachent dans la gare désaffectée d'Aïn Taya[28]. Jean-Baptiste d'Astier, en proie à une crise de paludisme, est à l'hôpital Maillot ; Van Hecke le transfère à son infirmerie pour le mettre à l'abri des poursuites[29].

Les officiers du Corps franc sont un peu émus, aussi le général de Monsabert les a-t-il invités le 31 décembre à un diner présidé par la générale. Il leur a promis qu'ils seraient bientôt au front et leur a remis l'insigne de métal cuivré qu'il a fait dessiner pour le CFA : une *Marseillaise* de Rude dont le bras vengeur est tendu vers Bizerte[30]. Il était grand temps de serrer les rangs, le moral était singulièrement altéré par les désordres des dernières semaines.

Le général restaure la sérénité. Il vient d'achever la rédaction d'une note très secrète adressée à Giraud. Le premier bataillon, soumis à un entraînement intensif (?) sera engagé le 20 janvier. Le 2e bataillon, venant d'Oran, sera instruit avec l'aide des officiers de la 36e brigade britannique. La préparation sera complétée par des patrouilles effectuées dans la zone d'insécurité de l'Oued Sedjenane où les SD opèrent déjà en éclaireurs. Un troisième bataillon, venant du Maroc, pourra intervenir dans les premiers jours de février, il sera complété par une 10e compagnie kabyle recrutée par l'alpiniste Fourastier aux alentours de Fort-National.

On a édité un très bel organigramme comportant : 1 général commandant, 1 colonel-adjoint, 1 état-major de brigade, 1 compagnie de QG, 2 demi-brigades légères à 3 bataillons de 4 compagnies dont une lourde, 1 compagnie antiaérienne et antichars, 1 centre d'instruction. Ce joli travail ne dépassera pas le stade de l'ornement mural[31].

Les intentions stratégiques exprimées dans la note surprennent. Les opérations envisagées sont moins inspirées par la présence des forces de l'Axe que par la politique à suivre à l'égard des indigènes et des britanniques ! Les indigènes, semble-t-il, sont travaillés par les Allemands, ils assassinent les isolés, tiennent des postes de guet. Monsabert envisage donc une sorte de pacification avec officiers des Affaires Indigènes, utilisation de fonds spéciaux, etc. Vieil Africain, il s'inquiète de voir les Tunisiens nous échapper. La politique allemande remporte indéniablement des succès et rien n'empêcherait les Anglais d'en faire autant par la suite. À l'égard des Anglais, le général a bien des raisons de se montrer méfiant. Ils font ce qu'ils veulent, débauchent des soldats français, embauchent des juifs, des étrangers, des indigènes, promettent la nationalité britannique et de fortes primes, minent les positions nationales : "Ces pratiques doivent cesser". Prouver aux indigènes l'intérêt qu'on leur porte c'est les intéresser à leur avenir dans la France. Rien ne doit être négligé pour y parvenir. Le général demande pour cela un fonds de propagande. Enfin il faut attribuer des cadres au CFA si on ne veut pas courir à la catastrophe. Il suffira de quelques officiers d'active et de réservistes issus des administrations civiles, des forces auxiliaires ou des Chantiers de la jeunesse[32]. Les annotations faites sur ce compte-rendu par le cabinet, sinon par Giraud lui-même, sont plutôt négatives. Elles disent qu'il faut écarter le CFA d'Alger et d'Oran, ne pas attribuer de fonds spéciaux, parler avec Anderson des interférences britanniques, mais voir ce que l'on peut faire en matière d'encadrement.

Dans son édition du 2 janvier, *L'Écho d'Alger* répète l'avis d'engagement au Corps franc en précisant "qu'il n'y a rien de changé" et que tout renseignement sera donné au 68, rue Sadi-Carnot et dans les bureaux ouverts à Oran, Constantine, Casablanca et Fès. Au contraire, tout va changer. Henri Michel décrit comme il convient la situation invraisemblable qui s'instaure entre le 25 décembre et le 14 mars[33].

"Partie comme une sécession, la dissidence giraudiste aboutissait à pérenniser à Alger une sorte de quintessence du pétinisme". Le 26 décembre, "Giraud a chaussé les pantoufles de Darlan (...) une véritable dictature s'instaure (...) en l'absence du maréchal Pétain empêché (...) Il (Giraud) ne dissipe pas l'équivoque créée par Darlan, il l'accentue et la prolonge".

Giraud ordonne l'épuration du CFA. Le 5 janvier, le commandant en chef impose de nouveau la limitation des engagements. Le 8, il interroge Anderson sur l'emploi incontrôlé des volontaires français par l'armée britannique. Le 9, il rappelle à Monsabert les conditions limitatives dans lesquelles les officiers juifs et les membres des sociétés secrètes peuvent être réintégrés dans l'armée française. Le 12, on diffuse les dispositions fixant l'organisation, les mesures d'amélioration de la qualité du corps et les procédures d'épuration. Le commandant en chef remarque que 25 % seulement des 4 500 hommes du CFA sont instruits et qu'il n'y a pas un bataillon en état de combattre. Le recrutement est bloqué (une fois de plus), la perception des armes et des munitions est interrompue. Les services du Major-Général mettent la dernière main à l'instruction relative aux dispositions administratives de la nouvelle armée. Elles reconnaissent en annexe l'existence du CFA dont Monsabert a depuis longtemps signalé au commandant en chef qu'il faisait l'objet d'une parfaite ignorance de la part de l'armée d'Afrique[34]. Il est précisé que le corps constitue *du point de vue administratif* (souligné dans le texte) une formation régulière, pour en assurer le contrôle disciplinaire[35].

On interdit le 16 janvier le recrutement des travailleurs étrangers et des internés. L'aumônier, qui fait de la propagande auprès des alsaciens-lorrains, doit être rappelé à l'ordre. À cinquante ans de distance, le père Duvollet nie absolument. Ni lui, ni le père Cuchet, ni Monseigneur Hintzy (curé de Colmar), ni M. Schmitz-Epper n'ont fait de propagande auprès des braves alsaciens-lorrains sans foyers auxquels ils fournissent quelques vêtements et un lit. Après tout, ce n'est pas leur faute si le CFA recrute tout à côté, boulevard Gambetta. Monsabert a demandé le 18 la création d'un service social pour aider les familles des volontaires dont il pressent les difficultés auprès des administrations, Giraud répond négativement le 30.

Noguès n'est pas en reste. Il se plaint de la mauvaise tenue des vélites et somme le commandant en chef de débarrasser au plus vite l'Empire Chérifien des fauteurs de trouble du Corps franc. Parmi eux un officier de réserve éméché a chanté l'Internationale[36]. Le climat est assez contrasté. Les Européens qui désapprouvent l'attitude de la Résidence s'engagent au CFA et de nombreux Marocains en font autant. La ville de Meknès, par exemple, offre une belle résistance au Résident Général. Le 8 novembre, ses officiers des Affaires Indigènes avaient clairement déclaré qu'ils ne combattraient pas les Alliés[37]. Cette ville fournira à la "rébellion" des officiers supérieurs comme les colonels Devinck et Paris, le commandant Pisani - "le Lawrence français" - et le commandant Chalureau, un notable de la chambre de commerce. Par la suite, la ville fera toujours bon accueil aux volontaires en route pour la Tunisie. Pour finir, *Nestor* s'irrite de voir le CFA recruter des anciens soldats marocains instruits et exige de *Gustave* qu'il ordonne de mettre un terme au recrutement du Corps franc au Maroc[38].

Mais il y a encore autre chose. Le bâtonnier Colonna d'Ornano lui ayant recommandé un compatriote au nom de la Fédération des groupements corses en AFN, Monsabert rêve d'engager des Corses en vue de la future libération de l'île de Beauté [39]. La nouvelle a dû se répandre car le Gouverneur Général de l'Algérie se plaint, dans son style désinvolte et volontiers badin, des recrutements effectués par le CFA dans les rangs des fonctionnaires civils, surtout ceux de la police. Si satisfaction est donnée au demandeur (Monsieur Nicoli, secrétaire de la Police d'État de Philippeville), les 131 Corses du service de sécurité ne manqueront pas d'invoquer ce précédent, et, si l'on vide la police constantinoise de ses Corses, l'autorité ne répond plus de rien[40].

Monsabert plie sous la bourrasque. Le 21 janvier il rend compte que le Corps franc a été "épuré"conformément aux instructions[41]. Certains officiers, indignés, sont partis de leur plein gré. Mais ceux qui voulaient rester sont restés et d'autres sont venus fussent-ils gaullistes, juifs, francs-maçons, corses ou alsaciens-lorrains.

Pendant ce temps, en Tunisie

Par esprit de symétrie nous devrions nous demander ce qui se passe en Tunisie occupée par l'Axe. Eh bien, d'une certaine façon, l'ambiance est meilleure ! Largement exonérés des interférences nazies, les Allemands gouvernent avec habileté et efficacité. L'amiral Esteva, le Bey Moncef et leurs administrations se résignent, s'évertuent à écarter les pressions italiennes en s'appuyant sur les Allemands, se préoccupent d'alléger les souffrances des populations. Cependant la vie n'est pas facile pour les familles des officiers qui ont rejoint les Alliés, les gaullistes connus, les juifs et les ressortissants britanniques d'origine maltaise qui sont assez nombreux. La défaite de l'Axe interviendra avant que les choses ne deviennent réellement graves mais les Israélites sont inquiétés. On les rassemble pour effectuer des travaux de terrassement et pour déblayer les zones urbaines que les Américains bombardent à outrance à partir de mars 1943. Le Résident général, le Bey et le Consistoire font leur possible pour leur épargner le pire. Les jeunes : gaullistes, juifs ou maltais s'échappent vers la frontière et ils seront nombreux à s'engager au *Special Detachment* et au Corps franc.

Les Italiens ont immédiatement fait appel à leurs compatriotes de Tunisie pour constituer des bataillons de volontaires. Ces bataillons seront incomplets, mal équipés, mal instruits, mal vus des Allemands et la jeunesse italo-tunisienne se lassera vite de la sollicitude de l'Armée Royale. De leur côté les Allemands prennent différentes initiatives : création d'un corps de volontaires tunisiens encadrés par des Allemands, équipement des formations franco-arabes de la Phalange Africaine, constitution de groupes spéciaux de renseignement et de sabotage[42].

Les volontaires tunisiens faisaient partie de la force germano-arabe qui avait été constituée secrètement en Grèce sous le nom de *Deutsche-Arabische Lehr Abteilung* (DAL) ou *"Freis Arabien"*. Cette formation avait été employée dans le Caucase avant que l'on songe à la transférer en Tunisie. Mais les Italiens firent des objections. Ayant perdu la Libye, ils entendaient rester en Tunisie ; dans cette perspective ils n'avaient pas besoin d'Arabes libres inféodés aux Allemands. Le *DAL* se limitera donc à un faible contingent surtout constitué de Marocains encadrés par des Allemands et complété par des Tunisiens[43].

La *Phalange Africaine*, pendant de la LVF, fut constituée par Laval et placée sous les ordres du lieutenant-colonel Cristofini. Ce devait être, dans l'esprit de l'amiral Platon et du général Bridoux[44], le premier maillon d'une Légion impériale de 3 000 hommes destinée à reconquérir nos colonies. Elle ne regroupa, semble-t-il, que 210 Français, 100 Tunisiens et une unité de travailleurs. Sa force combattante se limitait à une compagnie du 754e Panzergrenadiere Rgt de la 334e division, baptisée *"Frankonia"*[45]. Cristofini fût arrêté en Corse après la libération de l'île et passé par les armes. Son exécution donna lieu à de sévères représailles en France occupée. En définitive ce furent les volontaires tunisiens chargés du renseignement qui rendirent les meilleurs services, comme nous le rappellent MM. Egretaud et Ageron.

> "Le colonel Barenthin avait une attitude très amicale à l'égard des Arabes. Il y avait dans chaque compagnie 10 à 12 volontaires arabes qui servaient comme soldats, agents de liaison, "bonne à tout faire...". Ils étaient surtout dangereux dans les actions de sabotage derrière les lignes. Les douars les mieux placés étaient particulièrement choyés" [46].

Par ailleurs, les forces de l'Axe utilisèrent au mieux les ressources locales de main-d'œuvre. "En Tunisie occupée, les Allemands trouvèrent, selon les propos du docteur Rahn, un soutien économique et une main-d'œuvre de bonne volonté"[47].

La solidité des positions de l'Axe dans le nord-tunisien constitue un atout essentiel. En effet la circulation nord-sud, à partir de Bizerte et Tunis, est relativement aisée tandis que les itinéraires ouest-est sont peu praticables et faciles à défendre. La zone comprise entre la côte et Medjez-El-Bab dépend du général von Broich qui dispose des parachutistes allemands et des bersaglieri du 10e régiment[48]. La place de Bizerte est commandée par le général italien Gaeta. Le secteur côtier est sous les ordres du général allemand Neuffer, commandant de la 20e Flak div. [49]. De décembre à février le secteur avait été le théâtre d'opérations de commandos, d'une forte activité de patrouilles et d'une forte activité aérienne alimentée par 160 chasseurs et 20 Stukas [50]. Les Anglais avaient tenté le 1er décembre une opération de commando au nord-ouest de Bizerte, le 10e bersaglieri l'avait repoussée sans difficulté.

Le Corps franc dans la zone des combats

Progressivement, le général de Monsabert va acheminer sur Tabarka les 1er et 2e "bataillons-légers". Si légers, persifle Radio-Stuttgart, qu'on ne les voit pas [51]. De fait, la question de leur emploi n'est pas encore réglée malgré les efforts du lieutenant-colonel Jousse, autre résistant qui a été exilé au QG du 5e corps britannique. Les Anglais sont bien pauvres en fantassins, mais ceux-là ne leur disent rien qui vaille. En janvier, les Anglais pensent qu'il n'y a rien à craindre dans le nord qui est une région "facile à défendre". Monsabert partage leur point de vue et envisage des opérations de guérilla suffisantes pour contenir les incursions de faibles détachements et faire face aux agissements d'éléments autochtones favorables à l'ennemi. Le CFA est armé en conséquence. Les Allemands ont truffé le secteur de champs de mines, l'ont quadrillé de zones de tir, coiffé d'observatoires, peuplé de faibles détachements d'observation. Ils se sont appliqués à obtenir l'aide des villageois tunisiens qui exercent sur les Alliés une surveillance discrète et continue.

Le 1er bataillon (Balensi) est à Tabarka dans la première semaine de janvier, le 2e (Mozzoli) est à La Calle le 7. Au cours de la première quinzaine de janvier, le 1er bataillon a troqué ses guenilles d'un autre âge contre le battle-dress 37, tenue pratique et élégante, faite d'un excellent tissu. Le vélite de 2e classe Weissemberg a inauguré ce changement de mode. Il a le privilège de parler l'anglais, ce qui lui vaut d'être désigné par Flipo pour une liaison. Le colonel a prêté sa "traction" en demandant qu'on y veille comme a la prunelle de ses yeux. Malheureusement deux pilotes de *Messerschmidt* ont résolu de s'en régaler. Ils la mettent en pièces tandis que le chauffeur et Weissemberg s'enfuient à toutes jambes. Partagés entre le soulagement d'en être sortis indemnes, la menace d'une sanction et la pénible perspective d'une longue marche, nos deux lascars arpentent la route. Un général anglais qui passait dans son command-car les recueille, leur fait la conversation et le conte de fées ne s'arrête pas là. Le général, jugeant l'accoutrement de ses compagnons d'armes bien défraîchi, ordonne qu'on les habille de neuf au magasin le plus proche...

Monsabert est très patriote dans le costume. À la fin de la guerre il sera le dernier général français à porter la vareuse kaki foncée, les culottes mastic et les leggins de cuir. Il souffre de voir "ses enfants" sous l'uniforme anglais. Il veut le franciser et prévoit le port de la ceinture bleue des zouaves ! Le général fait envoyer des kilomètres de toile bleue au *Quarter-Master* qui a le CFA en charge[52]. Nous procurerons un autre sujet d'étonnement au Q-M quand Monsabert fera livrer des ceintures de flanelle, bouclier fidèle du soldat d'Afrique contre les désordres intestinaux depuis la conquête du général Bugeaud. Hélas, les vélites y renonceront en constatant que les poux y trouvent trop volontiers refuge.

Toujours bien informée par les espions qui pullulent, Radio-Vichy a signalé l'arrivée de "cette grande canaille de Flipo accompagné d'une bande de pâles voyous"[53]. On peut se demander si maître Goutermanoff, avocat au barreau d'Alger, résistant de longue date, n'est pas à la source de cette autre médisance. Son cabinet se charge de causes importantes mais aussi, fatalement, d'un petit fond de délinquants mineurs : escrocs, souteneurs, mauvais garçons, trafiquants.

> "La bande de la Kasbah est une bande d'apaches,
> "Le foulard noir au cou, le pantalon serré,
> "Les cheveux à la bombe et la moustache rasée ![54]

Il les a invités à signer au Corps franc en leur promettant le pardon. Il entendait les conduire lui-même au feu mais la première épreuve fût fatale à cette étrange section et maître Goutermanoff mena alors au feu des honnêtes gens.

Pour juger de la valeur militaire de ses troupes, le général va inspecter le 1er bataillon à Tabarka. La petite ville n'est plus qu'une alternance de ruines et de cratères remplis d'eau boueuse. Chaque jour une visite des avions d'assaut de la Luftwaffe provoque une virulente riposte de la batterie anglaise de 40 Bofors. Puech-Sanson, chargé d'organiser la prise d'armes, ne veut pas se priver d'une blague de collégien. Il demande au chef de batterie anglais d'ouvrir le feu au commencement de la revue. L'Anglais fait des manières et finalement acquiesce. Le moment venu il s'exécute. Alerte ! Dispersion ! Fin d'alerte ! Rassemblement !

Mais tel est pris qui croyait prendre ; le général a mesuré l'inaptitude du bataillon à se disperser et à se rassembler rapidement et en ordre ; la confusion est totale. Les officiers sont rassemblés et vertement réprimandés. À l'évidence, le général est à cran "dévidant tout ce qu'il avait pu accumuler en trois semaines contre nous".

Flipo veut donner une deuxième chance aux vélites de Balensi et ordonne une manœuvre de bataillon : marche accélérée avec équipement complet, bivouac. La 3e compagnie se trompe de route, les deux autres laissent en arrière quantité de traînards. Flipo mesure l'ampleur du désastre. Au bivouac il faut monter les tentes. Les recrues de la section Bauthamy sont en plein désarroi. Le sergent Buisson, chef éclaireur, se débat en vain au milieu des maladroits de la section. Les ex-tirailleurs de l'adjudant-chef Soukehal, dont les tentes sont déjà montées et alignées, rigoles creusées et bords relevés, se délectent. La démonstration est éloquente, rien ne va, les officiers sont de nouveau rassemblés et secoués. Le commandant de la 3e compagnie est démis, sa compagnie est dissoute, on demande à Puech-Sanson de choisir qui il voudra pour constituer immédiatement une compagnie en état de combattre et on essaiera d'en former une autre pour laquelle on cherchera un chef. Piètre résultat[55].

Tout le monde sachant à quoi s'en tenir, le général adresse le 12 janvier une note très secrète à Giraud. Il réclame pour commander chaque bataillon un capitaine d'active apte au commandement, 4 autres officiers dont deux d'active, 12 sous-officiers d'active. Au cabinet du commandant en chef on a biffé, pour les officiers, la mention "dont 2 d'active", on a réduit la demande de 12 sous-officiers à 6 et l'on a ajouté en marge : Cdt Durand.

Le commandant Durand

Le général ne sait plus à quel saint se vouer. Il ne rencontre que des obstacles et ne fait plus confiance à Flipo ni Mozzoli, trop anglophiles à son gré[56]. Il veut rassembler les bataillons constitués à Alger, Oran et Casablanca en une demi-brigade et lui trouver un chef. Personne ne se présente plus. "La plupart des soldats, et plus encore des officiers, ne sont pas préparés à reprendre la lutte, matériellement mais aussi moralement (...) il était plus facile de mobiliser les corps que les esprits" et, comme l'écrit pudiquement le général Mast, "beaucoup d'officiers n'avaient pas compris"[57]. Monsabert a besoin de ses proches pour poursuivre les tâches d'état-major et les officiers supérieurs qui sont près de lui sont trop âgés. Où trouver un officier de troupe expérimenté, parlant anglais et arabe, acceptant de commander ces étranges soldats, loyal tout en étant immunisé contre la paralysie politique qui frappe encore trop d'officiers supérieurs ?

Ayant consulté son carnet d'adresse, le général a pensé à Durand qu'il connaît depuis 1937 et qui a été sous ses ordres à plusieurs reprises depuis janvier 1939, date du départ sur la ligne de Mareth. Il savait bien ses réticences à l'égard du régime de Vichy et semble ignorer qu'il est lui-même assez anglophile. Durand était au 4e bureau du XIXe corps en 1941. Conformément aux directives des généraux Weygand et Beynet, ce bureau dissimulait le peu de matériel qui pouvait l'être[58]. Mais, suffisamment renseignée, la commission d'armistice italienne exigea qu'on mit un terme à ces pratiques. Les officiers du service furent dispersés et remplacés après le départ de Weygand ; on attribua à Durand le commandement du II/3e RTA, à Tebessa, loin de tout. Pour le consoler de l'austérité de son exil, Monsabert lui avait fait donner le commandement militaire des stages d'été de haute-montagne en Kabylie.

L'éloignement n'était pas le seul désagrément de Tebessa. Les municipalités avaient été épurées au profit de notables maréchalistes qui veillaient soigneusement au respect des valeurs de la Révolution nationale. Le commandant du bataillon et de la Place ayant prononcé, le 14 Juillet 1942, un discours jugé subversif, ils obtinrent son renvoi et le général Welvert prit Durand comme chef du 4e bureau de la division de Constantine.

La division de Constantine avait vécu le débarquement sans encombre sinon sans hésitations. Pourtant Welvert avait reçu dans la journée du 8 novembre l'ordre de résister. Cet ordre avait été renouvelé après le cessez-le-feu d'Alger par le général Barré, investi des pouvoirs de Vichy à l'est d'Alger ; on préparait la défense des côtes, la destruction des ouvrages d'art et la marche vers l'ouest. Le 9 au matin les colonnes de la division avaient dépassé Bordj-Bou-Arréridj et avançaient vers une colonne américaine conduite par des "dissidents" du 65e régiment d'artillerie de Blida ; l'ordre était de "tirer sans hésitation".

Welvert en était là, quand, dans la journée du 10, il avait reçu de Juin l'ordre formel d'arrêter sa marche vers Alger, de résister à l'Axe et de faire bon accueil aux Américains. De nombreux officiers demandent confirmation et Welvert perd son habituel sang-froid : “Je ne suis pas un général chinois, dit-il, je ne change pas de chef trois fois par jour !..” [59]. Il donne des ordres de neutralité vis-à-vis des étrangers qui ne feraient pas acte d’hostilité et accroît ainsi la confusion. Koeltz intervient auprès de Darlan et Juin pour qu’ils précisent verbalement leur intention : bienveillance à l’égard des Américains, hostilité à l’égard des forces de l’Axe auxquelles on ne répliquera qu’en légitime défense. Pour mettre un terme aux hésitations, Juin maintient expressément ses consignes de bienveillance et les Alliés débarquent le 12 sans opposition. La division reçoit l’ordre d’interdire les aérodromes aux avions de l’Axe [60].

Le commandant Durand était arrivé à Constantine le 15 octobre 1942. La priorité du moment était une étude portant sur la manière d’envoyer des renforts en direction d’un hypothétique front tunisien avec des moyens automobiles et ferroviaires insuffisants [61]. Cinq semaines après l’hypothèse se vérifiait et il fallait mener sur la frontière tunisienne une vraie guerre avec des effectifs et un matériel qui représentaient un multiple des moyens envisagés dans nos plans. Le problème était encore compliqué par l’appétit des Alliés et les volumes incroyables qu’il fallait leur affecter.

> “Les difficultés naturelles étaient telles - terrain montagneux, fortes pentes à routes étroites et sinueuses, pluie d’automne, chemin de fer poussif avec de vieilles machines, une seule voie et seulement six trains par jour - que les troupes alliées avaient absolument besoin, à tout moment de l’appui des Français ; comme aucune coordination n’avait été prévue, tout devait être improvisé sur le terrain” [62].

Le travail du chef du 4e bureau était spécialement ingrat, mais le devoir est le devoir. Pourtant, un beau matin de janvier 1943, Durand vit la porte de son bureau s’ouvrir en coup de vent. La silhouette qui s’encadrait dans le chambranle était familière : moustaches et cheveux blancs, figure joviale, képi de guingois. “Durand ! Je vous offre une magnifique demi-brigade ! Réponse lundi !”. Nous sommes jeudi [63]. Déjà, la porte claquait derrière Monsabert et le bruit de ses brodequins s’éloignait dans le couloir. “Réponse lundi!”. Il était inutile de s’interroger sur l’identité de “la magnifique demi-brigade”. Toute l’armée d’Afrique riait de la casserole qu’on avait attachée aux basques du général. Le Corps franc était surtout connu par des potins, des plaisanteries, des exclamations indignées dont une partie de la presse se faisait l’écho. Mais pouvait-on décevoir le *général Mon Sabre* ? L’après-midi même le commandant donnait son approbation.

Nommé le 15, il était à Tabarka le 18 janvier.

Le CFA monte en ligne

Depuis le nouvel an le Corps franc s'est enrichi "de nouveaux officiers qui contribuent à rétablir la confiance, l'entrain et le dynamisme patriotique". Il y a parmi eux le lieutenant Marchal qui va succéder à Raoux au commandement de la première compagnie. On jauge Marchal avec attention, c'est le seul officier subalterne d'active, "un cyrard au cheveu ras et l'air timide".

La troupe regarde les officiers d'active d'un œil critique. En janvier elle est largement composée de gamins de seize à vingt ans qui croient tout savoir, d'anciens combattants plutôt grisonnants et rouillés qui jugent d'après leurs souvenirs et d'hommes dans la force de l'âge qui sont assez prévenus contre les officiers de carrière dont ils n'ont apprécié ni les performances de 1940 ni leur adhésion supposée au régime.

Georges Marchal n'est pas bavard. Il n'a pas jugé nécessaire de se raconter. Il a déjà été sous le coup d'une condamnation militaire pour avoir déserté son affectation de l'armée d'armistice et tenté de rejoindre Londres. Mis en congé après son incarcération il vivait chez un oncle à Sidi-Bel-Abbès. Lorsqu'il a entendu la radio parler de la création du Corps franc il est venu se mettre à la disposition de Monsabert. "Vous sentez-vous capable de commander une compagnie d'infanterie ?" avait demandé le général avec sa bonne manière d'écarter les refus. Marchal n'avait pas trompé son attente, d'autant moins qu'il n'était pas sûr d'être repris comme officier dans l'armée régulière. Il avait été accueilli par Balensi à Tabarka et avait trouvé sympathique, et un peu théâtral, ce capitaine drapé dans une cape bleu sombre, qui chantait au crépuscule : "Ô mon Ange qui veillez sur moi..."[64].

Pierre Puech-Sanson a été chargé de passer au crible le 1er bataillon pour constituer une compagnie qui puisse monter en ligne sans faire douter de l'armée française et du Corps franc. C'est l'occasion de la dernière chance. Le lieutenant a sélectionné comme chefs de section Tilly, un breton décidé, (toujours étudiant à 38 ans), Rose, Vanhersecke et Soukehal, un ancien du 1er tirailleurs de Blida. Ceux qui ne sont pas retenus sont désespérés mais on peut dire que les élus sont d'une valeur indiscutable[65]. Définitivement formée le 16, la 2e compagnie est passée en revue le 17, le général Anderson lui attribue un secteur le 19, Radio-Vichy lui souhaite bien du plaisir.

Après l'arrivée de Marchal on reconstitue la 1ère compagnie. La dissolution de la 3e compagnie entraîne divers incidents. Elle a été mal vécue par Olivier Bokanowsky et Gauthier qui ont rejoint le *Special Detachment*. Le sétifois Pierre Pasquini, qui en venait, a été envoyé au peloton des élèves-aspirants de Cherchell et doit quitter les hommes dont il a déjà conquis l'affection[66]. Pour compenser la dissolution de la 3e compagnie, le I/CFA est complété avec la compagnie "Kabyle" du lieutenant Fourastier. Quand le II/CFA du capitaine Mozzoli arrive à Tabarka venant d'Oran on dispose de deux "bataillons-légers" qui se placent - du 20 janvier au 6 février - dans un secteur de 15 kilomètres, entre Sedjenane et le Cap Ferrat.

Le général amène un état-major réduit à Tabarka. Il se compose des capitaines de Boishéraud, Morange, Deitweiller, du lieutenant Biscarre, des aspirants Poli et Gave, et de sept secrétaires. Gislaine Payno aurait bien suivi mais son papa, instruit des horreurs de la guerre, le lui a interdit. Le père Duvollet s'est rendu au front par ses propres moyens. Il n'a d'autre ressource que l'auto-stop. Il arrête donc entre Aïn-Draham et Sedjenane la voiture d'un général, c'est Barré. Le père se présente. "Alors vous êtes l'aumônier du Corps franc ! C'est bien ! Comme cela, quand ils seront en enfer, ils auront au moins un aumônier".

Le 1er bataillon est au nord, dans une zone tourmentée à végétation dense, le 2e au sud, sur des collines pelées. Le PC de la demi-brigade s'installe au centre, au Bordj-des-Monopoles, entre Sedjenane et Sidi-Naceur, sans couverture à l'est, seulement protégé par deux groupes de combat et un terrain marécageux. Impossible de faire mieux : le Bordj a le téléphone, il n'y en a pas d'autre dans le secteur et il n'y a pas de téléphone de campagne !

C'est le 5 février que l'aspirant Bauthamy a vu pour la première fois l'état-major de la demi-brigade. Il était confortablement installé dans le vaste bâtiment du Bordj et supporte mal d'en être délogé. Arrive "un commandant à petites moustaches, de taille moyenne, accompagné des aspirants Pestre et Gavignet avec une trentaine de soldats. Gavignet m'apprend que tout ce beau monde représente l'état-major et qu'ils ont l'intention de s'installer ici. La prise de contact est dans l'ensemble assez froide. Comme toujours, ces messieurs arrivent déguisés en guerriers avec cartes, jumelles, boussoles, etc., alors que nous, ici, sommes incapables d'obtenir le strict minimum, ne serait-ce qu'une paire de jumelles par section". Faut-il dire à l'aspirant Bauthamy que les jumelles et la boussole du commandant ont fait la guerre de 14, la Syrie, le Rif et ne sont pas ce qui se fait de mieux ? Honnêtement, Bauthamy convient que les nantis lui ont laissé à titre de compensation un peu de leurs richesses : whisky, gin, oranges et citrons, les citrons spécialement utiles pour combattre le scorbut qui a fait son apparition[67].

Début février, le Corps franc se livre à des activités de patrouille dans un no man's land d'une dizaine de kilomètres de profondeur où se déroule une petite guerre aux fortunes diverses. Les vélites, comme les SD, tendent des embuscades, visitent des villages et ne voient pas grand chose. Le général envisage de prendre une posture offensive, mais on l'avise par téléphone, le 4 février, qu'il va être appelé à d'autres fonctions.

La démission du général

Il faudrait savoir si le général a demandé à quitter le CFA, si on le lui a retiré ou si on en avait besoin ailleurs. Certains officiers du Corps franc ont estimé que c'était encore un coup de l'État-Major Général pour faire disparaître leur formation de l'ordre de bataille. La thèse officielle est que Monsabert a été affecté aux éléments réservés du XIXe Corps mais, lorsqu'il s'est présenté à Koeltz, celui-ci "qui n'a pas varié dans sa position intransigeante (...) dit son regret de ne pas avoir à l'employer" et "l'engage à voir Welvert"[68].

La bonne réponse est que, effectivement, le général est lassé. Peiné de la mauvaise grâce de ses anciens camarades, de la goujaterie de ses anciens subordonnés, frustré d'avoir été dépossédé du commandement des tirailleurs d'Alger au profit de l'un d'eux, calomnié à Blida où la générale est indignement traitée, épuisé de ses efforts incessants pour combattre une administration hostile il lui faut encore supporter le caractère difficile du commandant de la 1ère armée britannique, "un grand diable d'Écossais à l'aspect froid et sévère (...) difficile à connaître et à manier"[69]. Il ne se sent plus en mesure d'accomplir sa mission. En plus, il doit supporter l'irrévérence des réservistes du Corps franc qui s'attribuent le droit de lui donner des leçons[70]. Sincèrement, Monsabert méritait autre chose.

Le 11 janvier il a adressé sa démission à Giraud qui a été surpris. Le commandant en chef a pour lui beaucoup d'estime. "Il n'y a que Monsabert et Lecoq[71] pour me comprendre" disait-il. À titre de compensation il lui promet - en confidence - de lui remettre le commandement de l'une des premières divisions françaises que les Américains allaient armer. Mais dans l'immédiat il faut le sortir de l'impasse où il est fourré afin qu'il puisse retrouver sa place dans l'armée régulière. Le général Juin connaissait bien la valeur du vieil Africain, mais il ne lui déplaisait peut-être pas de le laisser méditer sur les conséquences de son insubordination. Au matin du 8 novembre, essayant de le joindre et apprenant sa "trahison", Juin s'était exclamé : "Je m'en doutais !".

Pour l'heure, Koeltz garde Monsabert en pénitence à Ebba-Ksour pendant trois semaines. Juin finit par trouver cette rigueur de mauvais goût et prescrit au commandant du XIXe corps de lui remettre un commandement quelconque[72].

Le général prend enfin le commandement d'un groupement de la division de marche du Maroc (Mathenet). Peu après il est désigné pour commander l'infanterie divisionnaire de la future 3e division d'infanterie algérienne que Giraud a déjà prévu, à l'insu de Juin et Welvert, de faire commander par Monsabert. Discrétion mal venue puisque Welvert combat en Tunisie avec la plupart des régiments qui constitueront la 3e DIA et puisque Juin "est chargé de la préparation à la guerre des Forces terrestres et de leur commandement en opération"[73]. Apprenant la nouvelle par des voies détournées Juin ne fait pas obstacle à cette nomination virtuelle. Le général Welvert est tué au front le 10 avril et Monsabert est officiellement placé au commandement de la 3e DIA[74].

Les adieux du général.

COMMANDANT EN CHEF
DES FORCES FRANÇAISES D'AFRIQUE

LE CORPS FRANC D'AFRIQUE

Le Général GOISLARD DE MONSABERT
Commandant le Corps Franc d'Afrique

ORDRE GENERAL N°2
=================

Au moment de quitter le CORPS FRANC d'AFRIQUE pour un commandement sur le front français de Tunisie, j'adresse à tous, Officiers, Sous-Officiers et Vélites l'expression de mes regrets les plus vifs d'abandonner une œuvre à laquelle je m'étais consacré avec toutes les forces de mon esprit, de ma volonté et de mon cœur.

Je les remercie des grandes satisfactions qu'ils m'ont données. La plus grande est à coup sûr celle d'avoir pu assister, du P.C. du Commandant du 2è Bataillon-léger, au magnifique coup de main qui vient, dans l'OUED-SEDJENANE, de les consacrer aux yeux de tous comme les éclaireurs de la Victoire.

Je leur demande de persévérer dans cette voie jusqu'au triomphe complet, d'apporter à cette œuvre toute la joyeuse ardeur de leur foi dans la grandeur de la mission qu'ils ont recherchée. Je leur demande de pratiquer jusqu'au bout la devise du CORPS FRANC : "l'Union pour la VICTOIRE".

De loin, je reste unis aux efforts, aux joies et aux peines de chacun et ma plus grande ambition est de pouvoir, dans un avenir aussi rapproché que possible, compter le CORPS FRANC d'AFRIQUE dans les unités que j'aurais l'insigne honneur de conduire à la VICTOIRE.

Alger, le 16 février 1943.

Signé : *GOISLARD de MONSABERT*

Coupures de presse et communiqués

La presse algéroise commence à parler du CFA. *Les Dernières Nouvelles à Alger le soir* signalent que les volontaires du Corps franc sont en ligne sur la route littorale, à l'ouest de Mateur, secteur que l'on ne cite plus au communiqué depuis deux mois[75]. “On vient, dit le journaliste René Pleiber, de faire une avance de 15 kilomètres dans cette zone d'action des commandos anglais, français et américains (?). Le commando français n°1 est entièrement équipé de matériel américain”, autant d'erreurs que le reporter corrigera bien vite en expliquant que le CFA utilise du “matériel allié”, combat avec les Anglais, est ravitaillé par eux au moyen de caisses fournissant une gamme alléchante de produits. Les vélites se rappelleront leur premier contact avec la 14/10, le thé, les biscuits, le pâté de jambon (le Spam), le corned-beef, le chocolat vitaminé amer comme chicotin. Mais on avait connu bien pire. Pleiber ajoute qu'ici “tout est moderne” et que le moral est excellent[76].

Le vélite Grimbert, quant à lui, estime que le moral des anciens légionnaires était dangereusement atteint par l'attribution de thé comme seule boisson hygiénique. Faire la guerre sans vin rouge leur était pénible. Ils commencèrent donc par renouer avec leur vieille habitude de boire la nuit, pendant que les autres dormaient, en sirotant la triste poudre de thé-lait-sucre mouillée. Puis ils composèrent un pastis à base d'alcool à brûler et d'extrait d'anis. Enfin, il y eut une première distribution de vin rouge. On l'avait amené dans des fûts d'essence, il était imbuvable... sauf pour les légionnaires.

Rien ne se passait mais on sentait partout une présence hostile. Quelques patrouilles avaient ramené des Tellerminen. Il y avait eu des mauvaises rencontres et des embuscades payantes. Dans la nuit du 9 au 10 février le CFA a monté sa première opération d'envergure. Les Germano-Italiens envoient des bergers indigènes localiser nos positions avec leurs troupeaux. Le brigadier Chichester-Constable, commandant de la 139e brigade s'en inquiète. C'est une manie bien anglaise. En 14-18 déjà, les Britanniques disaient que les paysans français et belges amenaient leurs troupeaux à proximité des tranchées britanniques pour les repérer et attirer les feux de l'artillerie allemande. Leur méfiance accable maintenant les Tunisiens. Le commandement approuve donc l'organisation d'un vaste ratissage mené par la 139e brigade, le Corps franc et le commando anglais n°1. C'est une razzia dans le style des guerres coloniales. Cinq villages sont investis, brûlés à la grenade au phosphore, populations et troupeaux déplacés, ennemis et partisans mis hors d'état de nuire ; la compagnie Puech-Sanson a enlevé un poste allemand et récupéré son armement[77]. Au terme de l'affaire, Français et Anglais échangent des congratulations, le 2e bataillon est mis à l'ordre du jour. Le communiqué n°92 du 20 février déclare que, "au cours d'une action menée avec les éléments britanniques, le Corps franc d'Afrique a infligé des pertes sensibles à l'ennemi après avoir pénétré profondément dans les lignes et ramené des prisonniers". *Les Dernières Nouvelles* en parlent.

L'hebdomadaire TAM - pour *Tunisie-Algérie-Maroc* - a aussi salué l'expédition. Sur un plein folio se détache une large photographie représentant une poignée de vélites qui se sourient l'un l'autre. On les a habillés pour la pose de la célèbre capote à pans retroussés. Ils portent le calot bleu, la ceinture bleue des zouaves (mais oui) et un ceinturon britannique. Leur bras gauche est décoré d'un drapeau tricolore bien au-dessus du format en usage. On lira sur la même page un article assez littéraire de Jacques Zimmerman (Prix Albert Londres 1939). L'auteur évoque la diversité du recrutement : Français de France, Compagnons de France, légionnaires espagnols. Un vélite qui a des lettres explique crânement que "chez nous il n'y a pas, il ne peut y avoir de discipline au sens rigoureux du mot (...) solidaires les uns des autres, une faute de l'un éclabousse tous ses camarades (...) nous sommes responsables du pays et de sa liberté"[78].

Notes du chapitre 4

1. SHAT, 5P18.

2. Voir infra son ordre de bataille.

3. Krautkramer E., *Actes du Colloque Alphonse Juin*, École militaire, 15-16 février 1990, p. 34

4. Krautkramer E. (1990) op. cit., p. 35.

5. Spivak M. (1990) ibid., p. 41.

6. Résident général à Tunis.

7. Rudolf Witzig était de ceux que l'on surnommait "les vieux lièvres". Il commandait le détachement qui s'était emparé le 10 mai 1940 du fort d'Eben-Maël, au sud de Maastricht et avait été décoré de la RitterKreutz pour cet exploit.

8. Montanari M. (1993) *Le operazioni in Africa Settentrionale*,vol. IV, Enfidaville, Stato Maggiore dell'Esercito, p. 91-115.

9. Bauer E. (1962) *La guerre des blindés*, Payot, t. I, p. 331.

10. Groupement Broich et 334e division de montagne formée en Bavière. En réalité cette division comprend un seul régiment de chasseurs de montagne, le 756e, et deux régiments de Panzergrenadieren.

11. 501e et 503e détachements.

12. Bauthamy (1952 et 1984), p.38-39

13. Michel H. (1993) op. cit., p. 353.

14. SHAT, 11P257, note du 20.12.1942.

15. SHAT, 11P257, note du 23.12.1942.

16. Paillat (1967) *L'échiquier d'Alger*, Laffont, p. 141.

17. Karsenty B. (1973) “Les compagnons du 8 novembre”, *Les Nouveaux Cahiers*, n° 31, Hiver 1972-1973..

18. *Bataille d’Alger* (1945), pp. 51 et 55.

19. Clark (1952) op. cit., p. 121.

20. Verrier A. (1989) “Les Anglais ont-ils tué Darlan ?, *L’Histoire*, avril 1989, p. 54.

21. Ragueneau Ph. (1986) “La vérité sur la mort de Darlan”, *Historama*, janvier 1986.

22. Astier J.-B. (1991) op. cit., p. 29.

23. Faivre M. (1975 et 1982) op.. cit. et Astier J.-B. (1991).

24. Ordioni (1972) op. cit., p. 494n.

25. Aboulker M. (1945) op. cit., p. 235.

26. Chamine (1952) op. cit., p. 484.

27. Karsenty B. (1973) op. cit., et Chamine (1952) ibid, p. 487.

28. Témoignage verbal Faivre (1995).

29. Astier J.-B. (1991) op. cit., p. 45.

30. Témoignage écrit Duvollet (1995).

31. SHAT, 11P257.

32. SHAT, 11P257, compte-rendu du 31.12.1942.

33. Michel H. (1959) op. cit., p. 32,33,34. A la date du 14 mars 1942, le Gl Giraud fera à la Salle Bordes un discours démocratique qui déconcertera partisans et opposants. Il est inspiré par Jean Monnet.

34. SHAT, 7P58, note Monsabert à Giraud du 8.12.1942.

35. SHAT, 7P46. Annexe IV à l'Instruction EMGG du 7.01.1943.

36. Bret (1959) op. cit., p. 262.

37. Spillman G. (1970) op. cit., p. 238.

38. On aura facilement décrypté les noms de code de Noguès et Giraud.

39. Le Bâtonnier est le frère du Cl Colonna d'Ornano mort au Fezzan fin 1940.

40. SHAT, 11P257, lettre du 6.02.1943.

41. SHAT, 11P257, note Monsabert à Giraud.

42. Montanari (1993) op. cit., vol. IV, p. 214.

43. Pellegrin (1973) et Ageron (1979) op. cit., p. 28.

44. L'amiral Platon était le ministre de la Défense de Vichy et Bridoux le chef d'État-Major général.

45. Ageron (1979) p. 28 et Lévisse-Touzé (1993) op. cit., p. 867-869.

46. Egretaud Cl. (1973) *La campagne de Tunisie - Problèmes et controverses*, La Pensée Universelle, p. 114.

47. Ageron (1979) op. cit., p. 27.

48. Jars R. (1957) *La campagne d'Afrique*, Payot, pp. 196-199

49. Division antiaérienne de la Luftwaffe. La 19e Flak div. joue le même rôle à Tunis. Ces formations comptent environ 7 000 h. servant principalement 50 canons de 88 tractés par des véhicules semi-chenillés.

50. Bauer E. (1962) op. cit., p. 337.

51. Bouvet G. (1951) "Le Corps franc d'Afrique marche sur Bizerte", *Revue Historique de l'Armée*, n° 1951-2, p. 99.

52. Témoignage verbal Puech-Sanson (1995).

53. Bauthamy (1952 et 1984) op. cit., p. 52.

54. Cantate algéroise aimablement communiquée par le père Duvollet.

55. Bauthamy (1952 et 1984) op. cit., p. 48.

56. Paillat C. (1989) op. cit., p. 355.

57. Michel H. (1993) op. cit., p. 352-353.

58. Le bureau était dirigé par le Lt Cl Guénin, assisté des commandants Chanson, Dumoncel et Durand. Devenu général, Chanson a été assassiné en Indochine.

59. Ordioni P. (1972) op. cit., p. 411.

60. SHAT, 5P1.

61. Paillat C. (1967) op. cit., p. 108.

62. Michel H. (1993) op. cit., p. 352.

63. Conférence faite par le Cl Durand (1950).

64. Témoignage écrit Marchal (1996).

65. Témoignage verbal Puech-Sanson (1995) et Bauthamy (1995).

66. Après avoir été à Cherchell de décembre 1942 à mai 1943 (Promotion Weygand) P. Pasquini passera au 1er DCR, formation d'éclairage de la 1ère DFL.

67. Bauthamy (1952,1984) p. 62.

68. Paillat (1989) op. cit., p. 356 et 360.

69. Blumenson M. (1968) *La passe de Kasserine*, Pr.de la Cité, p. 43.

70. Ajouter à cela que le général était déchu de la nationalité française depuis le 4 décembre. La demande en avait été faite dès le 9 novembre par l'amiral Darlan qui avait d'ailleurs aussi

été déchu par le maréchal le 4 décembre. Ce détail avait un sens pour un certain nombre d'officiers de l'armée d'Afrique.

71. Commandant de l'école de cavalerie de Hussein-Dey et futur commandant du 2e régiment de spahis algérien de reconnaissance.

72. *Hommage* (1978) op. cit., p. 87.

73. SHAT, 7P46. Décision du 16.03.1943.

74. SHAT, 5P50, correspondances Giraud-Juin du 25.03. et du 31.03.1943.

75. *Les Dernières Nouvelles*, 9 février 1943.

76. *Les Dernières Nouvelles*, 14 février 1943.

77. Le sergent-chef Ludovic Bietti et le vélite Charles Patin se sont distingués à cette occasion.

78. *TAM*, 27 février 1943.

5

Le temps des vicissitudes

L'attaque du 26 février

Le reflux de l'Afrikakorps de Libye en Tunisie ouvrait de nouvelles perspectives. Rommel tenta, sans succès, de percer le front allié à Kasserine, entre le 19 et le 22 février. Pour lui permettre de se dégager et pour donner de l'air au périmètre Bizerte-Tunis, le général Kesselring[1] avait demandé à la 5e armée blindée de mener une offensive dans le nord[2]. Le général von Arnim en confia l'exécution au jeune général von Manteuffel - qui venait de remplacer von Broich - et au général Weber, commandant de la 334e division de montagne. Hasso von Manteuffel, sélectionné au pentathlon olympique de 1936[3], petit neveu du maréchal qui nous avait tant fait souffrir de 1870 à 1873, était un officier et un cavalier bourré de talent. Weber, lui, s'était distingué en janvier à Ousseltia où il avait infligé une rude épreuve aux Français de la division de marche du Maroc.

L'opération principale, menée en direction de Béja par Weber, s'appelait *Ochsenkopf* (Tête-de-bœuf). Elle visait les Anglais de la 78e division et de la 128e brigade. Plus au nord, l'opération *Enteladung* (Explosion) devait être conduite par von Manteuffel qui avait reçu l'ordre de faire place nette de Sedjenane à Tabarka. Cette fois, c'est la 139e brigade anglaise et le Corps franc qui étaient visés. La 128e et la 139e constituaient la 46e division d'infanterie du général Freeman-Atwood. Elle venait d'occuper le secteur et ne le connaissait pas encore suffisamment. Pour mener à bien sa mission, von Manteuffel disposait de deux bataillons du 10e bersaglieri et de cinq bataillons de parachutistes, fantassins et pionniers allemands conduits par le colonel Barenthin et le major Witzig[4].

Les Germano-Italiens ont attaqué le 26 février la 1ére demi-brigade du CFA. Son dispositif, clairsemé et démuni d'armes lourdes, ne pouvait constituer un obstacle. Pendant les jours qui précédaient, une grosse activité faisait prévoir cet assaut mais les

Alliés étaient dépourvus d'informations et manquaient de moyens pour les exploiter,

À droite, le 2e bataillon (capitaine Mozzoli) est abordé à 7 heures par deux bataillons allemands soutenus par deux compagnies de pionniers parachutistes, des mortiers et de l'artillerie. Ils s'infiltrent par les thalwegs derrière des troupeaux destinés à déceler d'éventuels champs de mines. Sans mitrailleuses, avec quatre chargeurs par arme automatique, le bataillon français n'était pas en mesure de résister. À 8 h 45 la 7e compagnie (capitaine Enkaoua) est coupée, vers 10 heures deux fusées blanches disent qu'elle est anéantie. Bien que blessé à la jambe, Charles Enkaoua, journaliste à *L'Echo d'Oran*[5], a continué à se battre, entouré des petits groupes qui l'ont rejoint au sommet d'une côte. Il a été tué par une grenade qui lui a emporté une partie de la tête. Les lieutenants Ecochard et Adida, le sous-lieutenant Repkine sont portés disparus. Attaquée à 10 h 30, la 6e compagnie (lieutenant Meyer) se replie vers la 139e brigade, le commandant Durand donne l'ordre à la 5e compagnie (capitaine Larribère) d'en faire autant.

Qu'est-il advenu des 124 disparus du bataillon ? On le saura bien plus tard grâce à un rapport que Wladimir Repkine a adressé le 10 octobre 1946 au général Flipo. Des petits groupes ont résisté jusqu'à la limite aux fantassins allemands infiltrés. Blessé par une rafale au bas-ventre et à la jambe gauche, blessé au bras par un éclat de grenade, Repkine a suivi dans un état de demi-conscience le reflux des isolés vers le capitaine Enkaoua. Il a entendu les trois sommations des Allemands et le refus de ses camarades. Il a vu les fusées blanches qui annonçaient la fin de l'agonie. La 7e avait selon lui 50 tués et 20 blessés. Les blessés ont été dirigés sur Ferryville où ils ont été pansés 28 heures plus tard. De là, on les a embarqués pour les camps de Capona et Salmona, en Italie. Repkine s'est évadé ; il a été repris et envoyé au camp de représailles des officiers anglais de Golditz où l'armée Hodges l'a libéré le 18 avril 1945[6].

À gauche, le 1er bataillon (capitaine Balensi) est menacé - à 13 heures - par deux bataillons italiens ; il réclame des renforts. Le PC de la demi-brigade est lui-même menacé par une compagnie italienne. Le commandant décide de rejoindre le 1er bataillon avec son état-major pour organiser la résistance. Le sous-lieutenant Pierre Rosenthal se propose pour couvrir le mouvement avec deux groupes de combat et deux antichars servis par des Anglais.

Le mécanicien-ajusteur de l'Armée de l'Air Assémat,

motocycliste au CFA, assure la liaison entre Tabarka et le Bordj-des-Monopoles. Ayant légèrement endommagé sa moto le 25, il l'a réparée au Bordj, y a passé la nuit et a été embarqué par Rosenthal pour ce qu'il croyait être une simple corvée. Il a suivi, sans armes, jusqu'à un talus et s'est trouvé immédiatement pris sous un feu d'enfer. Rosenthal est couché à proximité. Il a fait partir les artilleurs anglais qui servaient les canons de 57 et s'organise pour ouvrir le feu à courte distance. Assémat l'entend dire au caporal-chef qui est avec eux : "Si ça continue, nous allons être forcés de décrocher". Il se lève sur les coudes et tombe aussitôt, frappé à la tête[7]. Le caporal-chef prend ses papiers et ordonne de se glisser en contre-bas, vers l'oued[8]. Roger Charlat fait partie de la section, il est blessé, on parvient à l'évacuer[9].

Marchant vers le nord, l'état-major de la demi-brigade tombe à 15 h 20 en pleine bataille. Il rejoint le capitaine Balensi et lui donne l'ordre de se replier vers la Maison forestière de Mehibeus. Le père Duvollet, promu coureur, porte l'ordre à la 1ère compagnie (Marchal) et rencontre d'abord l'aspirant Bauthamy qui lui dit qu'il n'est plus question de cela[10]. Le combat est engagé et il tourne à notre avantage.

En effet, le capitaine Capuzzi, chef du XXXIVe bataillon de bersaglieri, a commis une erreur tactique. Son bataillon marchait vers le nord à la poursuite des trois compagnies du I/CFA. Devant les collines boisées, il oblique vers la gauche, prête le flanc à ses adversaires et se dirige vers un cul-de-sac. Le lieutenant Fourastier a vu arriver les Italiens ; avant de déguerpir devant un adversaire très supérieur en nombre il a prévenu Balensi qui a mis en position ses mortiers de 3 pouces. La compagnie italienne du capitaine Governale est accrochée. Le capitaine Capuzzi ordonne à toutes ses unités, y compris la compagnie qui a conquis le Bordj-des-Monopoles, de venir appuyer la tête de colonne arrêtée dans le bas-fond par de faibles éléments.

De sa colline, le lieutenant Puech-Sanson (2e compagnie) voit en contrebas tous ces fantassins lourdement chargés qui s'engagent en rangs serrés dans un véritable coupe-gorge. Il envoie des coureurs pour donner à ses sections l'ordre de dévaler vers cette proie qui n'est pas en situation d'offrir une résistance sérieuse[11]. Hurlant et chantant *La Marseillaise* les vélites tirent dans le tas. L'adjudant-chef Tahar Soukehal est tué en entraînant ses hommes[12].

L'aspirant Tilly, qui avait occupé Radio-Alger dans la nuit du 8 novembre, commande maintenant la "section d'assaut" de la 2e compagnie. En réminiscence de l'organisation britannique, qui prévoyait 3 sections d'assaut par commando, on a affecté une section d'assaut à chaque compagnie. La différence entre cette section et les autres tient au fait qu'elle se compose de "copains bien gonflés". Celle-ci comprend deux forts groupes commandés respectivement par le sergent-chef Bietti, et le sergent-chef Gomez. Ludovic Bietti, déjà décoré en 1939-1940, ancien de l'équipe chargée de la Grande Poste le 8 novembre, dirige un groupe assez cosmopolite où se trouve Georges du Bellocq. Arnold Grimbert, agent de liaison, est auprès de Tilly.

La compagnie est sur les bersaglieri, une mitrailleuse asperge la section d'assaut. Tilly ordonne de mettre baïonnette au canon et d'avancer. Grimbert, impressionné, s'escrime avec la ridicule petite pointe qu'il ne parvient pas à fixer au bout du canon de son fusil 303 mark IV ; il se sent mal à l'aise ; ses voisins restent collés à terre. Tilly crie : "En avant !" ; on ne bouge pas ; Tilly s'énerve. Un vieux légionnaire, voyant que l'aspi a besoin d'aide, l'interpelle : "Gueule pas tant mon lieutenant ! Passe devant, ils te suivront !". Tilly se dresse et entonne *La Marseillaise*, il est aussitôt blessé, la section déboule en chantant, hurlant, tirant, jetant ses grenades : les vieux légionnaires connaissent des trucs infaillibles [13]. Bietti est sérieusement blessé, mais comme c'est la quatrième fois, cela ne suffit pas à l'arrêter [14]. Gomez a effectué une manœuvre qui lui a permis de faire 50 prisonniers et de ramener 4 mortiers lourds et 6 mitrailleuses [15]. Tilly entraîne toujours la section malgré sa blessure ; touché à nouveau trois heures plus tard, on le ramène sans connaissance [16].

La compagnie du lieutenant Marchal, alertée par le vacarme, intervient pour porter l'estocade [17]. La section du sergent-chef Guiseppi était sur la défensive quand la compagnie du lieutenant Puech-Sanson a chargé. Il fait mettre baïonnette au canon et pousse aussi sa Marseillaise. À quelques pas, un officier italien le menace de son pistolet et lui demande de se rendre ; Guiseppi le tue avec sa baïonnette ; le texte de sa citation laisse supposer qu'il a ramené plus de matériel que de prisonniers [18] ; les deux sections qui faisaient face à la sienne sont détruites. Les sections Tilly et Guiseppi étaient truffées de vieux soldats qui, leurs chargeurs épuisés, ont utilisé les armes italiennes de toutes catégories qui leur tombaient entre les mains.

La journée a donné lieu à de nombreux exploits individuels. Le sergent Jean de Cherchemont, ancien légionnaire, s'est emparé d'un nid de mitrailleuse et a capturé 20 hommes ; le caporal Jacques Senaneuch, Sten d'une main et grenade dégoupillée de l'autre, a contraint un officier à se rendre avec 27 hommes ; on a aussi remarqué le caporal Souafi [19]. Le capitaine Mozzoli, l'aspirant Vanhersecke, le sergent Maridon, les caporaux Soulié et Mossière, les soldats Fournier, Duteil, Hilpertshauser et Bait Aissa ont aussi été cités[20].

Le commandant italien a été tué. On a trouvé sur lui toutes les instructions concernant l'opération "Auslading" [21] et un message du capitaine Governale qui demandait : "Che fare ? Avancer est impossible au risque de perdre toute la compagnie...". Il y a beaucoup de morts et de blessés intransportables, presque 160, il y a aussi 380 prisonniers et un abondant matériel que l'on ne veut pas abandonner[22], raison de plus pour ne pas exécuter l'ordre de repli du commandant. On attendra le lendemain. Le père Duvollet héritera de l'autel portatif de l'aumônier italien[23].

La 10e compagnie du lieutenant Fourastier s'étant échappée par le nord au début de l'attaque, l'exploit de Kef Zilia a été réalisé à un contre deux. On peut se demander comment deux compagnies en retraite ont pu ramener un nombre de prisonniers supérieur à leur propre effectif et un stock de matériel italien qui sera encore à l'armurerie cinq mois plus tard. La 2e compagnie devait escorter deux fois plus de monde qu'elle n'en comptait. Apparemment tous marchaient de bon cœur. Le vélite Grimbert soutenait un Italien blessé, un brave type qui avait été ouvrier à Billancourt ; il ne cessait de lui souffler : "Dépêchons-nous ! dépêchons-nous ! les Allemands sont tout près !"[24]. Le père Duvollet nous dit qu'une partie de ces *bersaglieri di Palermo* se prétendirent yougoslaves et s'engagèrent ensuite au CFA ; c'est exact. Mussolini, s'étant approprié la Dalmatie et une partie de la Slovénie, avait incorporé d'office des hommes qui n'avaient aucune sympathie pour la puissance annexante.

Le 1er bataillon parvint à marcher sans encombre jusqu'à Mehibeus, les bersaglieri du XVIe bataillon le suivaient à pas comptés et les paras allemands s'étaient retournés contre la 139e brigade britannique qui rétrogradait hâtivement en abandonnant plus de 2 000 prisonniers et un abondant matériel.

La retraite de février - mars

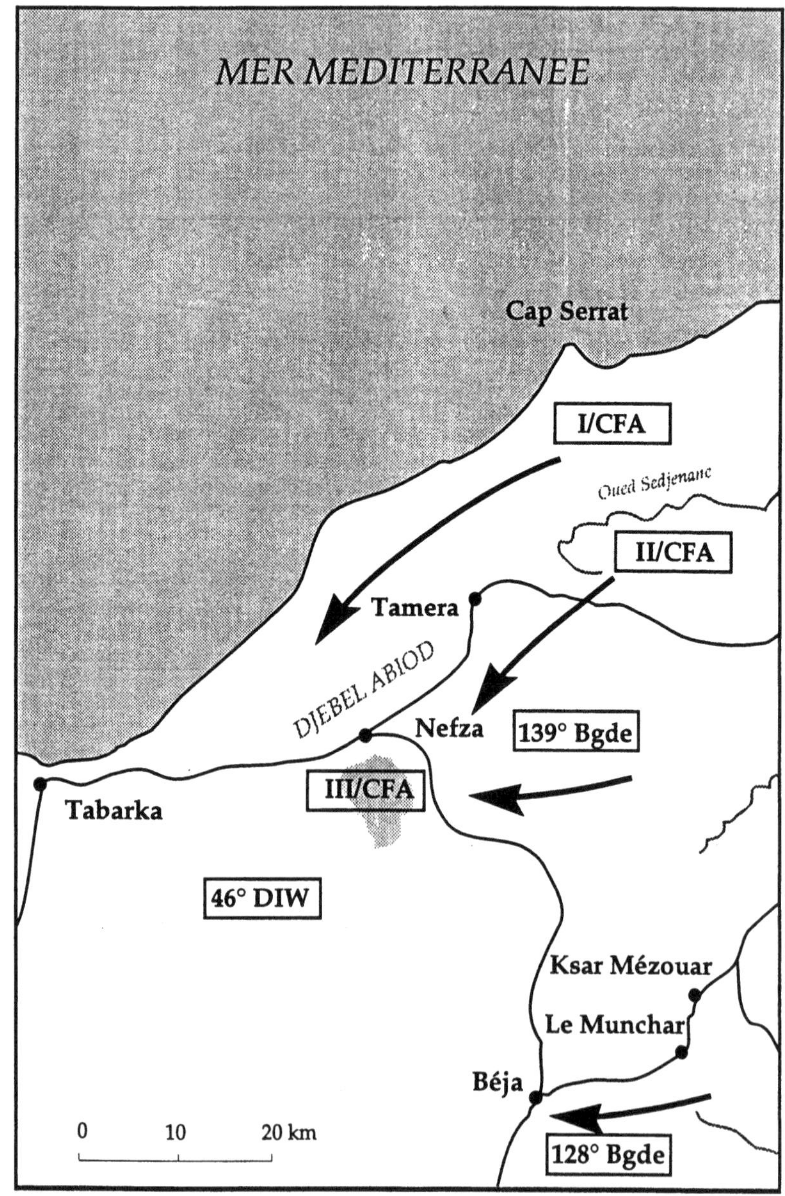

La retraite

La 46e division se replie en direction du Djebel Tamera, à trente kilomètres des positions du 26 février. Du 27 février au 18 mars le Corps franc a rétrogradé vers l'ouest, sous la pluie, dans la boue, complètement dépourvu de matériel de campement. Regroupé autour de la maison forestière de Mehibeus il subit une première attaque le 8 mars. La 1ère compagnie , encerclée, est dégagée par la 2e. Ce jour-là, les toubibs du 1er bataillon se sont distingués ; le médecin-auxiliaire Méreau a pris lui-même en main la défense du PC de la 2e compagnie dans un moment critique, le médecin-lieutenant Marill a été blessé, le médecin-lieutenant Benyamine s'est montré "calme, dévoué, efficace[25]". Le général Giraud cite le I/CFA à l'ordre de l'Armée pour sa victoire de Kef Zilia et sa résistance du 8 mars[26]. Pour maintenir leur moral, le général Allfrey répercute à ses hommes un message du chef de la 1ère armée, Anderson : "Tenez fermement close la porte de la cage jusqu'à ce que la bête soit épuisée et puisse être tuée à coup sûr" ; mais la bête "griffe encore sauvagement à travers les barreaux"[27]. Le 2e bataillon repousse une autre attaque le 14.

Un commando britannique vient renforcer la demi-brigade ; le secteur est placé sous les ordres du brigadier Flavell dont la 1ère brigade de parachutistes britanniques est venue colmater la brèche ouverte par le recul de la 139e brigade. Dans la nuit du 16 au 17 les Allemands conduisent une forte attaque dont le but est de couper le Corps franc des Britanniques puis d'encercler les Anglais fixés à Tamera. Ils réussissent et rejettent la 46e division et ses éléments rattachés vers le Djebel Abiod. Les colonnes motorisées anglaises sont agglutinées sur les routes rendues impraticables par la pluie et le général Freeman-Atwood ne parvient pas à déployer son artillerie.

Les compagnies Larribère (5e), Reznick 28 (6e), Fourastier (10e) sont malmenées. La 5e souffre particulièrement ; le capitaine Larribère est blessé à la face[29] ; le vélite Benazraf, bien que blessé lui-même à la jambe, le porte sur son dos jusqu'au poste de secours ; deux chefs de section, Fourès et Laredo, sont portés disparus, le sergent Carrera est mortellement blessé[30]. À la 2e compagnie, l'aspirant Vanhersecke est tué[31].

La journée du 18 est un cauchemar. Officiers et sous-officiers organisent des bouchons précaires autour de leurs Bren[32] pour enrayer l'avance des parachutistes allemands. C'est ainsi que sont morts les vélites Kahn[33], Couvignou, Fasolato, Lagarrigue, Kouchida, Soenser[34]. Les blessés affluent au poste de secours. On ne peut plus rien pour les morts, mais les blessés... des camarades estropiés d'un coup avec des plaies horribles ; on veut les aider mais on n'y connait rien et la petite boite à pansement semble si dérisoire... Alors on les prend à deux, à l'épaule et aux jambes, deux autres mettent un poncho en travers et ils sont cinq à quitter la ligne des combats. On a dit que le CFA avait inventé le transport des blessés sur jeep, mais en mars 1942 il n'y a pas de jeep et les ânes mêmes ont fui.

En plus, il tombe une pluie torrentielle, les oueds sont devenus des torrents que l'on traverse en se tenant l'un l'autre par le ceinturon. Les deux artilleries tirent dans la grisaille, les Allemands d'est en ouest, les Anglais du sud au nord. Pour dormir les vélites s'enfoncent dans la boue avec leurs ponchos sur la tête puisque les toiles de tentes sont restées en arrière. L'habillement anglais montre ici ses vertus, même trempé il permet de résister au froid. Plusieurs témoins se souviennent avec reconnaissance de la porcherie où ils ont enfin pu passer une nuit confortable.

Les commandos anglais qui devaient protéger la retraite ont dégagé vers le sud. Par petits détachements, toutes unités confondues, le CFA se replie avec ses blessés et un minimum de ravitaillement, à l'abri de points d'appui sommaires, sous le feu des mortiers, des mitrailleuses, de l'artillerie. Les commandos britanniques sont finalement rappelés pour protéger cette triste troupe, exténuée, affamée, trempée. Le brigadier Flavell la recueille et la dirige sur Ouchtata.

Les comptes-rendus permettent de suivre ce calvaire, mais les combattants n'ont que des souvenirs imprécis de misère, de confusion, de fuite et de volte-face. Les officiers, dont les facultés étaient tendues, se préoccupaient uniquement de la survie de leur troupe et ne se rappellent rien. Grimbert se souvient de la traversée d'un torrent avec une dizaine d'autres se tenant par la main, d'une longue marche solitaire, de la nuit passée dans la porcherie. Son meilleur compagnon a été la cape cirée anglaise, marron, que l'on ferme au cou avec deux ou trois gros boutons-pression. À ce propos il se souvient des parachutistes britanniques qui couvrent la retraite. Ils posent la cape soigneusement sur le sol, s'assoient, épaulent leur Thompson, tirent quelques rafales, se lèvent, plient la cape, la posent un peu plus loin, tirent encore, comme à l'exercice.

Chemin faisant, un officier a regroupé un fort contingent d'isolés : “Restez-là en réserve !” leur dit-il. Peu de temps après l'artillerie s'abat sur le contingent ; comme chaque blessé est escorté par quatre hommes valides la réserve a fondu en un instant, la fuite reprend. Tout ressort est brisé. L'aspirant Bauthamy flanche comme les autres sous le coup de l'épuisement, de la fièvre, de la pluie, de la gale, des poux, du scorbut. Il a été relevé le 8 par le lieutenant Cohen qui sera tué trois jours plus tard. Alexandre Weissemberg se souvient aussi des 40 kilomètres sous la pluie battante, encerclé par les soldats de l'Axe. C'est le sergent-chef Angelo Grande, un légionnaire d'origine italienne, qui a fait décrocher la section avec un minimum de pertes tout en menant d'habiles contre-attaques et en faisant même des prisonniers italiens qu'il accueille avec bonhomie. Le 17 mars il est blessé d'une balle qui lui perfore le poumon ; Weissemberg est blessé à l'épaule en lui portant secours. Se soutenant l'un l'autre ils atteignent le poste avancé du docteur Méreau, qui les dirige vers le poste d'évacuation du docteur Juigne d'où une ambulance du *212 Field Hospital* les conduit à Tabarka[35]. Le calvaire s'acheva dans la journée du 20. Les vélites furent rassemblés hors de la zone des combats, alignés et aspergés de DDT par d'aimables Tommies. Après quoi on leur offrit une bonne tasse de thé bien chaude et bien sucrée. Le CFA était allé bien au-delà de ce que l'on pouvait attendre d'une troupe sans entraînement physique, sans instruction militaire, sans encadrement suffisant. Un prisonnier évadé à la faveur d'un bombardement aérien pouvait porter témoignage des pertes infligées à l'ennemi : il avait contribué à inhumer 130 cadavres allemands sur les traces du CFA[36].

On a décoré à titre posthume le lieutenant Lichensky, l'aspirant Vanhersecke, les soldats Kahn, Couvignou, Fasolato, Lagarrigue, Kouchida, Soenser. Le capitaine Larribère et le sergent Carrera ont été cités à l'ordre de l'Armée. Le lieutenant Reznick, le sous-lieutenant Badin, le sergent Detailleur et le soldat Garcia ont été cités à l'ordre du Corps d'armée.

Les objectifs du général von Arnim étaient atteints. Les Alliés n'avaient pas obtenu le répit nécessaire pour atténuer le désordre créé par l'attaque de Rommel à Kasserine. Ils étaient hors d'état de créer une masse de manœuvre stratégique. Rommel pouvait se retourner contre Montgomery[37].

Le coup d'arrêt du Djebel Abiod

Mais la mise hors-jeu de la 1ère demi-brigade n'était pas la fin du Corps franc. Les plans du général de Monsabert prévoyaient à l'origine la formation de deux demi-brigades à deux bataillons. Par suite, le III/CFA n'avait pas suivi le sort des deux bataillons dont nous venons de parler ; il n'avait été définitivement constitué que le 1er mars, sous les ordres du capitaine Hector Gaillard, un gendarme. Sa 10e compagnie (Kabyle) avait cependant été rattachée au I/CFA après la dissolution temporaire de la 3e. Le commandant de la 10e était le lieutenant Maurice Fourastier, alpiniste bien connu et ami du commandant Durand qui avait été son élève à l'école de montagne, en 1942. Il y a de bonnes raisons d'imputer la formation de cette compagnie kabyle à Monsabert qui avait insisté pour que l'on crée une école indigène de cadres aux Chantiers de la jeunesse et avait suivi avec intérêt les activités de l'école de montagne de Tizin N'Kouilal, en Kabylie. Le général souhaitait engager ces jeunes indigènes pour les faire participer à la reprise des combats et faciliter ainsi leur insertion dans la communauté française.

Le III/CFA arrive donc avec deux compagnies de fusiliers-voltigeurs et une compagnie hors rang. La 9e, "l'Étrangère", a été constituée à Oran le 3 février avec des volontaires sortis des camps d'internement. Ses hommes se sont, pour la plupart, engagés à la Légion après avoir combattu en Espagne ou après avoir servi dans leurs armées d'origine en Pologne, en Tchécoslovaquie, en Yougoslavie... Le commandant de compagnie, Miguel Buiza, est un amiral espagnol, ancien chef d'état-major de la marine républicaine : "une sorte de Don Quichotte" dit son compatriote Van Baumberghen. La guerre d'Espagne s'est terminée en 1939 par une sorte de guerre civile entre républicains. Au cours de cette ultime phase, Buiza a fait savoir au ministre Negrin qu'il s'opposerait à la mainmise des communistes sur le port de Carthagène et ferait appareiller la flotte, si nécessaire, enlevant ainsi au gouvernement la possibilité de fuir. Negrin ayant tout de même nommé le communiste "Paco" Galan commandant de Carthagène, Buiza obtient du "comité des équipages" une résolution selon laquelle, "la République ayant perdu la guerre", il convenait d'appareiller[38]. Les navires prennent la mer et l'Amirauté française les invite à mouiller dans la rade de Bizerte ; les équipages sont internés[39]. Depuis, Buiza vit d'expédients à Oran. Après le débarquement des Alliés il s'engage avec un fort contingent de compatriotes et de réfugiés d'Europe centrale.

L'encadrement de la 9e compagnie était particulièrement bigarré. Van Baumberghen, dit "Bamba", avait été lieutenant au 1er bataillon de Carabiniers espagnols - corps créé par Negrin -

puis officier d'état-major à la 3e brigade de Lérida. Après son internement au camp de Saint-Cyprien (près de Perpignan), ses tribulations l'avaient conduit à Oran où il avait monté successivement deux affaires, l'une de fabrication de savon artisanal et l'autre de pâte de dattes. La déclaration d'intentions qui garantissait aux officiers étrangers leurs grades dans leur armée d'origine [40] n'avait pas été systématiquement suivie d'effet car on avait de la peine à qualifier le statut militaire des volontaires du Corps franc dans leurs "armées d'origine". Ainsi les trois chefs de section de Buiza étaient des Russes (apatrides, rouges ou blancs [41]) fort mécontents d'avoir été nommés lieutenants alors qu'ils prétendaient valoir infiniment mieux [42]. La compagnie comptait enfin beaucoup de sous-officiers d'origine allemande ou italienne dont on imagine les sentiments à l'égard des "fascistes".

La 11e compagnie, formée à Casablanca, est sous les ordres du capitaine Putz. Déjà cité quatre fois en 14-18, cet officier de réserve, grand, sec, au sourire rieur, s'est engagé en 1936 dans les brigades internationales. Il a commandé le bataillon Franco-Belge "Henri Barbusse", puis la XIVe brigade francophone, puis la 1ère division basque et a terminé la campagne comme chef d'état-major de la 35e division. Putz a joué un rôle significatif à Terruel, Madrid et Guadalajara ; on l'a nommé lieutenant-colonel pour sa belle conduite au feu. Il a été le plus souvent aux ordres du général Walter, de son vrai nom Swierczewski. C'était un général soviétique d'origine polonaise, immortalisé par Hemingway dans *Pour qui sonne le glas* sous le nom de Gortz [43]. Putz s'adressait à lui d'un réglementaire "Camarade général" et finissait sa correspondance par "Salut Rouge, Putz". Président d'un tribunal militaire, il prononça la peine capitale contre un de ses collègues, le capitaine Delasalle, dans des conditions obscures [44]. Ceci étant, on notera qu'il vivait à Meknès sans être inquiété, assumant un emploi d'ingénieur au Méditerranée-Niger, faisant travailler les pauvres bougres affectés à ce pénible labeur et gardant ainsi le contact avec les camarades internés [45].

Sa compagnie, "La Marocaine", comprend 25 % de Français, 25 % de Juifs, 50 % de Musulmans. Jacques Soultan en fait partie. Il était le chef du service administratif de la société Ernault-Thomazeau, une entreprise de mécanique qui comptait 80 ouvriers dont quinze sont arrivés de France sur le *Jean-Bart* en 1940. Soultan et ses camarades se réunissaient souvent en dehors des heures de travail pour parler "des événements et de leurs espoirs".

Le 12 décembre, Albert et Maurice Soultan, Jacques et Arthur

Bassous, Jacques Vinciguerra, le sergent Chevalier et des réfugiés de France : Fleurot, Lacroix, Tiesi, Lhermusiaux, Lacour et Léonard s'engagent au Corps franc (les deux derniers seront tués devant Bizerte)[46].

À l'origine, la 11e est encadrée par les sous-lieutenants Cau et Leclert, les aspirants Charlec et Kron, les adjudants Druge et Mohamed Ben Saïd. Elle a reçu le 5 février du colonel Cau, commandant du Corps franc au Maroc, un fanion aux couleurs du corps : fond bleu moyen à broderies blanches.

Les volontaires, vêtus d'oripeaux fournis par l'Intendance, ont été embarqués le 13 février sur des plates-formes ferroviaires ; interdiction de descendre jusqu'à Meknès ; des tirailleurs sénégalais en armes veillent dans les gares traversées. À Meknès les vélites recoivent un accueil chaleureux des gaullistes, assez nombreux dans cette ville. L'accueil est encore meilleur à Oujda. Après un défilé impeccable, l'encadrement est convié à prendre l'apéritif *Au Roi de la Bière* et à un dîner au *Café de France* avec des invités américains. On embarque la compagnie en GMC le 16. Selon Jacques Vinciguerra, elle fait quelques recrues clandestines à Sidi-Bel-Abbès, arrive à Constantine le 21 et part pour Bône en train le 22. Bône faisant l'objet de bombardements fréquents la 11e comprend que le front est proche. Elle part en camions anglais pour Tabarka le 28, perçoit son habillement anglais le 1er mars, l'armement le lendemain, fait ses exercices de tirs le 4 et le 5 sous des attaques aériennes quotidiennes, monte en ligne du 6 au 8 [47].

Le général Freeman-Atwood, à court de fantassins, reçoit avec reconnaissance ce renfort imprévu de 400 hommes apparemment décidés. Ils permettront à la 139e brigade de constituer une forte position sur la ligne Djebel Siouf-Djebel Diss pour menacer l'offensive Manteuffel qui se développe au nord de l'oued Sedjenane. Le capitaine Gaillard a installé ses sections, pris contact avec le commandant Durand et affirmé au brigadier Chichester-Constable : “Quoiqu'il arrive, nous ne bougerons jamais du Djebel Abiod et du Djebel Siouf, si ce n'est pour nous porter en avant”.

Le 10 mars, la 11e compagnie entre dans la guerre moderne et assiste, de ses collines, à un spectacle fascinant : lâcher de parachutistes anglais, attaques de chasseurs-bombardiers allemands, tirs de barrage de l'artillerie anglaise. Dans la nuit du 13 au 14 mars le III/CFA relève le VI/Lincolns au Djebel Diss. Gaillard procède aux reconnaissances d'usage et le lieutenant Djambekoff montre son savoir faire. À l'occasion d'un coup de main, il capture des prisonniers qui avouent l'épuisement de leur compagnie réduite à 50 hommes. Gaillard croit pouvoir attaquer ce fragile adversaire, mais les prisonniers avaient mal jugé leurs camarades qui, avec 4 mitrailleuses et plusieurs mortiers, repoussent la tentative.

La partie n'est pas jouée. Le commandant du 5e corps britannique s'est adressé tout spécialement aux échelons subalternes, jusqu'au niveau de la section, pour s'excuser de n'avoir pu empêcher leur retraite, pour les féliciter de leur résistance, pour leur demander de la prolonger sans esprit de recul. “Le soldat britannique a toujours répondu positivement lorsqu'on lui posait clairement un problème et je suis parfaitement confiant en votre réponse s'agissant des objectifs que je vous fixe sans équivoque”[48]. Les volontaires français apprécient le propos.

Le 18, à la suite d'une relève mal coordonnée avec le premier bataillon de parachutistes britannique, les Allemands s'emparent du Djebel Diss. La section de l'adjudant Mohamed (11e Cie) a combattu furieusement, le lieutenant Liechensky (9e Cie) est tué. Au total, les pertes s'élèvent à 27 hommes, le lieutenant Martin - officier de liaison britannique - a été blessé. Les Allemands, de leur côté, ont perdu 57 hommes dont 17 prisonniers. Malgré cette déconvenue, et malgré la pluie intense, le moral reste élevé car les Anglais n'ont pas interrompu l'approvisionnement en rhum et en cigarettes. Un bon point pour le bataillon : ici on sait se servir de la radio ; Putz a fort bien dirigé les feux de l'artillerie anglaise contre les Boches. Selon Vinciguerra les combats de mars ont pourtant révélé un inconvénient : les cadres parlent trop volontiers l'allemand au Corps franc, ce qui entraîne quelques méprises en patrouille. Les Français reviendront au Djebel Diss le 26 mars.

Le général Alexander, qui a pris le commandement en chef des forces terrestres alliées en février, a ordonné au général Anderson de rétablir la situation [49]. Trois brigades anglaises, le III/CFA et un tabor reprennent l'offensive le 28 mars. Le bataillon est mis le 1er avril à la disposition de la brigade de parachutistes britanniques pour participer, avec le 2e tabor, à la reprise de la ligne que la demi-brigade du Corps franc avait abandonnée le 27 février. Un élément du *Special Detachment* sert de guide. Aux alentours de la maison forestière de Tamera le paysage rappelle les Vosges en 1915 : trous d'obus, stèles blanches des Anglais, croix noires des Allemands, cadavres à moitié enfouis dans la boue, taches grises des troupeaux détruits sur les champs de mine. Malgré la pluie et les obstacles qu'ils ont accumulés, les Allemands ne peuvent arrêter l'avance anglo-française. La reprise du Bordj-des-Monopoles se fait sans encombre. Le commandant

Durand a rejoint le 3e bataillon avec une patrouille de volontaires du 1er bataillon ; il veut s'assurer que la place est libre, au nord, du côté de Sidi-Nasseur. Marchant seul, il lui semble entendre un frôlement dans un buisson qui dissimule à moitié un pan de cachabia brune. Préférant prendre l'initiative, il interpelle le buisson en arabe. En sortent deux goumiers, mousqueton en avant, méfiants et manifestement déçus. Ne connaissant pas le casque des motorisés modèle 1935, ils espéraient capturer un officier de l'Axe.

Après avoir couché sous des hangars à Sedjenane, premier toit depuis vingt jours, le 3e bataillon arrive le 3 avril au Cap Serrat sous un soleil magnifique. Les hommes, couverts de boue, de poudre et de sueur après dix jours de lutte, de patrouilles et de marche, prennent un fameux bain de mer. Les Anglais les relèvent le 12 et les Français retournent à Tabarka avec un contingent de prisonniers allemands trop affamés et trop fatigués pour poursuivre leur retraite.

Les Anglais attribuent une part flatteuse au Corps franc dans la défense du Djebel Abiod. Il a affronté sans faiblesse le régiment Barenthin. Cette troupe, composée des paras de l'école de Witstock et des fantassins d'assaut sur planeurs de l'école de Posen, fine fleur de la jeunesse nazie, était encadrée par les "vieux lièvres" qui avaient étonnés le monde en Norvège, au Danemark, en Belgique, en Crête. Le général Alexander considère que c'était probablement la meilleure troupe allemande en Afrique[50]. Le général Bradley le confirme : "En courage, en intelligence et en ténacité le régiment Barenthin l'emportait sur toutes les unités de l'Axe au front"[51]. Aux premiers jours de la campagne il avait fait reculer les éléments de la 78e division d'infanterie britannique ; en avril il s'opposera efficacement à la 1ère division d'infanterie américaine "The Big Red One" [52] ; finalement il succombera en mai sous les coups de la 34e division d'infanterie américaine "Red Bull", qui lui arrachera la cote 609, dernier obstacle avant Mateur [53].

"Well done everybody" a lancé le lieutenant général Freeman-Atwood à la 139e, aux paras, aux commandos, au Corps franc, au SD (Det-3), au 2e tabor. Merci d'avoir repoussé l'ennemi, d'avoir en outre attiré deux bataillons ennemis destinés à Rommel. Puissent ces succès en présager d'autres[54]. Ainsi :

> "... les coups sévères portés par la 5e PanzerArmee ne purent qu'ébranler et non abattre le front allié ; l'échec formel des troupes de l'Axe face à la 1ère Armée britannique marqua la fin de la deuxième phase de la campagne de Tunisie, au cours de laquelle l'ennemi avait vainement tenté de prendre un avantage décisif" [55].

Le commandant de la 1le compagnie a ouvert son journal de marche sur un mode trés réglementaire :

AUX ARMEES LE 5 FEVRIER 1943

Le Capitaine PUTZ,
Commandant la I ère Compagnie du Commando du Maroc ;

CORPS FRANC D'AFRIQUE DU MAROC

Le présent journal de marche a été ouvert le jour de la constitution définitive de la I ère Compagnie de Commando, partant en renfort à destination de la I ère Demi-Brigade stationnée quelque part aux Armées.

La Compagnie est commandée par Monsieur le Capitaine PUTZ, il est assisté de :

Monsieur le Sous-Lieutenant CAU,
Monsieur le Sous-Lieutenant LECLERC,
Monsieur l'Aspirant CHARLEC,
Monsieur l'Aspirant KRON,
Monsieur l'Adjudant DRUGE.

La Section de Commandement est commandée par l'Aspirant CHARLEC, assisté de l'Aspirant KRON ;

La I ère Section de Voltigeurs est commandée par le S/Lieutenant CAU ;

La 2 ème Section de Voltigeurs est commandée par le S/Lieutenant LECLERC ;

La 3 ème Section de Voltigeurs est commandée par l'Adjudant MOHAMED BEN SAID ;

L'Unité d'Assaut, composée de 2 Sections de Choc, est confiée au commandement de l'Adjudant DRUGE.

La constitution de la Compagnie étant faite, les effectifs étant à compléter au fur et à mesure des arrivées, le Capitaine PUTZ en prend le commandement et

OUVRE le présent journal de marche afin de pouvoir certifier l'authenticité des faits qui résulteront de la Campagne.

000
00
0

Dans la presse du premier trimestre 1943...

Les drames de février-mars ont été cachés au public. Le communiqué n°101 du QG Français a mentionné le fait d'armes de Kef Zilia en ces termes : "... notre Corps franc d'Afrique, à la suite d'une vigoureuse et brillante contre-attaque, a fait plus de 350 prisonniers, dont un certain nombre d'officiers (...) Nos pertes sont légères[56]". Le 4 mars, dans un article intitulé "Le Corps franc d'Afrique ? De magnifiques soldats de France", Robert Raymond explique comment, après une avance de 12 km sur 15, le CFA s'était mis en situation de réaliser son exploit du 26 février. "Vers midi, j'arrive à la demi-brigade au moment où la situation du PC était critique (...) la nuit permettra un décrochage difficile. Au matin, le Corps franc, regroupé, passe à la contre-attaque. Les fantassins allemands, surpris par la *Furia Francese*, reculèrent". Remercions le journaliste de sa collaboration bienveillante et excusons les erreurs commises. Elles déforment la chronologie, masquent les déconvenues du Corps franc et attribuent aux Allemands l'échec italien. Mais du moins, Raymond et *L'Écho d'Alger* sont là, qui essayent d'intéresser les Algérois à une guerre proche mais ignorée.

Raymond publie un autre article le 8 mars. Dans un hôpital du front il rencontre des blessés du CFA et fait l'éloge de leur état d'esprit. "Le ramassis de brigands - selon Radio Stuttgart - n'est bien sûr pas au complet, il y manque ses avocats, ses chefs d'industrie, ses professeurs, ses agriculteurs et tous ceux qui, à des titres divers, ont des situations en vue". Rappelons à ce propos que le CFA a sa propre section sanitaire, aux ordres de Mme Goetze. Les équipes d'ambulancières sont encadrées par Suzanne Tillier et Renée Martin, les infirmières sont Andrée de Nohega et Jeanne Pomeyrol. Madame de Nohega, déjà infirmière en 14-18, est la femme d'un diplomate brésilien.

Lorsque l'offensive est jugulée, le 20 mars, le GQG Allié convient tardivement que "l'ennemi avait réalisé des gains locaux". La presse annonce "que les forces de l'Axe ont été arrêtées à l'ouest de Sedjenane" sans avoir jamais dit que Sedjenane avait été perdu. On saura dans *L'Écho d'Alger* du 1er avril, que le CFA et les tabors avaient participé à la reprise de Sedjenane. Le 8 avril, *Les Dernières Nouvelles* couvrent l'évasion de l'ingénieur Delfosse qui s'est échappé de Tunisie avec 24 patriotes français et autant de Maltais. Ils se sont tous engagés au CFA.

Les Algérois commençaient à se reconnaître dans le Corps franc. On a organisé le 1er avril, à l'Opéra d'Alger, un gala dont le produit permettra l'achat d'une ambulance. La vente à l'américaine a procuré 337 600 F. C'est un événement très mondain qui se déroule en présence du général Giraud, du général Catroux - que le général de Gaulle a envoyé à Alger pour préparer "la fusion"- et de M. Peyrouton, récemment venu de Vichy pour remplacer M. Châtel. Le présentateur Alec Barthus a mené les enchères et Berthe Vaillant a chanté l'hymne du Corps franc que vient de créer J. Barat.

Notes du chapitre 5

1. Le Gl Kesselring est alors délégué du *Comando Supremo* pour le théâtre Sud.

2. Le Gl Rommel, que l'on venait de nommer commandant du groupe d'armées, n'avait pas eu le temps de régler les détails de l'attaque dans le nord.

3. Le Gl Patton avait lui aussi été sélectionné pour le concours hippique des jeux olympiques de 1912 !

4. L'essentiel des informations concernant cette journée est issu du JMO de la 1ère demi-brigade et du Compte-Rendu d'ordres et opérations du commandant Durand (1951), repris et complétés par Spivak-Léoni (1985).

5. Elgozy (1985) op. cit., p. 104.

6. SHAT, 11P258, rapport Repkine à Flipo du 10.10.1946.

7. Le S/Lt Pierre Rosenthal sera cité à l'ordre de l'Armée et fait chevalier de la Légion d'honneur à titre posthume par décision du Gl Giraud en date du 9 avril 1943.

8. Témoignage écrit Assémat (1995).

9. Témoignage écrit Charlat (1995).

10. Bauthamy (1984), témoignage écrit Duvollet (1995).

11. Témoignage Puech-Sanson (1995). “Actif, intrépide, lucide”, le Lt Puech-Sanson a gagné ce jour-là sa première citation à l'ordre de l'Armée (Giraud, 9.04.1943).

12. L'adjudant-chef Tahar Soukehal, “connaissant son métier autant qu'il l'aimait” sera cité à l'ordre de l'Armée et fait chevalier de la Légion d'honneur (distinction très rare pour un sous-officier) par décision du Gl Giraud en date du 9 avril 1943. Un de ses parents, le Cne Soukehal était blessé le même jour en conduisant à l'assaut la 8e Cie du 3e RTA (Spivak-Léoni, 1985, p. 308). L'un et l'autre avaient été sous les ordres

du Cdt Durand, respectivement au 1er RTA et au II/3e RTA.

13. Témoignage Grimbert (1995).

14. Le sergent-chef Ludovic Bietti sera cité à l'ordre de l'Armée et décoré de la Médaille Militaire (Giraud, 9.04.1943). C'est peu de dire qu'il est un "sous-officier d'une bravoure extraordinaire". Son bagage de 7 citations et 4 blessures sera complété pendant les campagnes de la Libération qu'il fait dans les rangs du Groupe des Commandos d'Afrique.

15. Le sergent-chef Félix Gomez a été cité à l'ordre de l'Armée (Giraud, 9.04.1943).

16. L'aspirant Félix Tilly a été cité à l'ordre de l'Armée et décoré de la Médaille Militaire (Giraud, 9.04.1043). Il sera fait plus tard Compagnon de la Libération.

17. Le Lt Marchal a été cité à l'ordre de l'Armée(Giraud, 9.04.1943).

18. L'adjudant Frédéric Guiseppi a été cité à l'ordre de l'Armée (Giraud, 9.04.1943).

19. Tous trois cités à l'ordre de l'Armée (Giraud, 9.04.1943).

20. Cités à l'ordre du Corps d'armée (Giraud, 9.04.1943).

21. *Ausslading* était peut-être une sous-opération de *Enteladung*.

22. 6 mortiers, 8 mitrailleuses lourdes, 19 F.M., etc.

23. Témoignage écrit Duvollet (1996).

24. Témoignage Grimbert (1995).

25. Lettre Balensi à Flipo (SHAT,11P258).

26. Ordre No 65 bis "D" (Giraud, 25.03.1943).

27. Message Allfrey du 10.03.1942 (SHAT, 11P258).

28. Cité à l'ordre du Corps d'armée (Giraud, 25.04.1943). A succédé au Lt Meyer.

29. Cité à l'ordre de l'Armée (Giraud, 25.04.1943).

30. Cité à l'Ordre de l'Armée (Giraud, 25.04.1943).

31. Cité en 1940, cité le 26 février, l'instituteur Pierre Vanhersecke (dit "le gosse") recevra à titre posthume une palme et la Médaille Militaire (Giraud,25.04.1943).

32. Le Bren est un fusil-mitrailleur d'origine tchécoslovaque en dotation dans l'Armée britannique,

33. Cité à l'ordre de l'Armée et décoré de la Médaille Militaire (Giraud, 25.04.1943).

34. Cités à l'ordre de l'Armée (Giraud, 25.04.1943).

35. Grande avait déjà été cité à l'ordre de la division (Giraud, 25.04.1943).

36. Probablement le vélite Mokhtar Benchicha. Cité à l'ordre de la division (Giraud, 25.04.1943).

37. Alexander Mal (1949) *D'El Alamein à Tunis et la Sicile* (1942-43), Lavauzelle, p. 107.

38. Delperrié de Bayac J. (1968) *Les brigades internationales*, Fayard, p.381.

39. Broué P. et Temime E. (1961) *La révolution et la guerre d'Espagne*, Les Éditions de minuit, p. 487.

40. Comme le précisait l'acte constitutif du CFA, en date du 25.11.1942.

41. Aussi curieux que cela paraisse, il ne manquait pas de Russes Blancs dans les brigades internationales, Wrangel est mort parmi eux, sous les ordres de Walter (Broué-Temime, 1961, p.347).

42. Témoignage Duvollet (1995).

43. Le Gl Swierczewski a été tué en 1947 par des partisans

polonais anticommunistes. On notera que les Polonais qui avaient servi dans la XIIIe Brigade internationale, internés à Djelfa, ont rejoint Walter après le 8 novembre pour prendre rang dans l'Armée populaire polonaise (Delperrié, 1968, p. 392).

44. Voir Delperrié (1968) op. cit., p. 163-167.

45. Certains pensent encore qu'un personnage aussi peu ordinaire que Putz devait avoir quelques rapports avec les services spéciaux français...

46. Témoignage écrit Soultan (1995).

47. Journal de marche et opérations (JMO) de la 11e compagnie.

48. Lt Gl Turprey pour 139e Bgde (18.03.1943).

49. Alexander (1949) op. cit., p. 123.

50. Alexander (1949) op. cit., p. 139.

51. Bradley (1952) op. cit., p. 99.

52. La 1ère DIUS, qui avait gagné la fourragère aux couleurs de la Légion d'honneur en 1918, est la seule division américaine de la nouvelle armée qui partait en campagne avec son encadrement du temps de paix.

53. La 34e DIUS a été l'une des plus malchanceuses de toute l'armée américaine. Le Gl Bradley l'avait lancée sur la cote 609 pour lui rendre confiance après sa mésaventure de Kasserine. Elle en verra bien d'autres en Italie.

54. Message 46 Div. (s.d.).

55. Jars (1957) op. cit., p. 209.

56. *L'Écho d'Alger*, 1er mars 1943.

6

Le temps des victoires

Le colonel Magnan

Le colonel Magnan prend le commandement de la brigade indépendante du Corps franc d'Afrique le 22 février. Il a figuré - comme Mast, Béthouart, Monsabert, Molle - sur la liste des réprouvés du 8 novembre. Il a investi la Résidence de Rabat avec des éléments de son régiment, isolant le général Noguès pendant un certain temps. Mais le Résident général, mis sur ses gardes par un parent optimiste qui croyait le gagner à la “cause”, peut atteindre l'amiral Michelier par une ligne directe. Encerclé par les forces dépêchées contre lui, Magnan est sommé de retourner à ses quartiers en attendant d'être sanctionné. Il sera effectivement enfermé à El Hadjeh où l'on juge le général Béthouart pour haute trahison. Libérés et expulsés sur les instances du général Patton, ils se rendent tous deux à Alger et se mettent à la disposition du général Giraud qui préfère, pour ne porter ombrage à personne, les envoyer à Gibraltar. Là, ils jouissent pendant dix-huit jours de l'hospitalité bienveillante du gouverneur, le général McFarlane, et songent à rejoindre Londres, mais le colonel Devinck[1] s'emploie à régler leur situation. Le général Béthouart part en mission à Washington et le colonel Magnan reste temporairement à la disposition du commandant en chef[2].

Le colonel Magnan est un colonial. Engagé volontaire en 1915, saint-cyrien de la promotion 1920-21, breveté d'état-major, il commandait le Régiment d'Infanterie Coloniale du Maroc, le plus beau commandement de l'armée d'armistice. Ce nouveau RICM avait été constitué le 15 novembre 1940 avec des éléments du 6e RTS, du 3e RTS et du Bataillon de marche du Sud-Marocain[3]. Il est surtout composé de jeunes engagés venus de France, soigneusement sélectionnés. Ses pelotons de gradés permettent de former l'encadrement d'autres formations des armées d'Afrique du Nord et d'AOF. Ce régiment modèle est bien dans la main de son colonel. Le 8 novembre, Magnan a suivi les prescriptions de

Béthouart sans tergiverser et a été suivi par ses officiers et ses hommes. Par suite, le RICM est dissous le 31 mars[4].

N'ayant pas été impliqué dans la tourmente de février-mars, le colonel Magnan a toute latitude pour remettre les choses à plat et proposer un plan de réorganisation au général Giraud. Il a immédiatement constaté l'absence de moyens de transport et de moyens de transmission. À l'évidence les états-majors de brigade et de demi-brigade ne peuvent intervenir dans l'action dès qu'elle est déclenchée et leurs chefs sont dans l'impossibilité d'assurer leur commandement au combat[5]. Il est bien informé quant au manque d'encadrement et va le compléter avec ses anciens du RICM. Il demande ensuite au commandant Durand de lui faire un rapport sur le comportement des bataillons au cours des combats et sur les remèdes à apporter. Ce rapport est intéressant pour deux raisons : il exprime le jugement d'un militaire de carrière sur cette troupe improvisée et il se prête à un rapprochement utile avec la note rédigée trois mois plus tôt par le général de Monsabert.

Après avoir souligné les faiblesses imputables aux conditions mêmes dans lesquelles avait été constitué le CFA : pas d'instruction, pas de moyens de transport, service sanitaire réduit, perspectives d'emploi limitées à quelques patrouilles et quelques coups de main, Durand décrit le choc subi le 26 février. "Il n'y eut plus ni trêve, ni repos", une grande partie des meilleurs cadres tomba, une grande partie du matériel fut abandonnée, plus rien, ni pour se protéger des intempéries, ni des dangers, bien moindres d'ailleurs qu'on ne les imaginait (selon lui). "C'est ainsi qu'après de splendides actions d'éclat, la 1ère demi-brigade arriva en fin d'opération à se trouver une troupe inerte, incapable de réaction". Pour en sortir, il faudra augmenter la proportion des cadres d'active, instruire, discipliner "sur la base de l'esprit d'équipe", donner des habitudes d'ordre et de méthode. Il faudra aussi conditionner les jeunes volontaires, les habituer à l'idée que les obus font plus de bruit que de mal, que l'ennemi n'est pas si terrible que l'on imagine, que le plus fort est celui dont le moral est le plus élevé. Le Corps franc peut devenir "un corps d'élite dont les succès du début ne sont qu'un présage. C'est uniquement une question de volonté"[6].

Passant par Rabat, le colonel Magnan a ramené 11 officiers et 21 sous-officiers du RICM, ce qui met en fureur le général Blaizot, aide-major général des colonies. Celui-ci en effet est assailli de toutes parts. À l'annonce de la prochaine modernisation des troupes d'Afrique, tout le monde s'acharne à détrousser la coloniale de ses Européens pour constituer des unités blindées et des unités parachutistes[7]. Blaizot, lui, a la ferme intention de créer deux divisions composées intégralement de coloniaux et se défend bec et ongles. Sa résistance permettra au moins la constitution de la 9e DIC, ce dont Magnan pourra - un jour - se féliciter.

Pour commander la troupe, le colonel désigne des Africains. Rappelons une fois pour toutes que les "Africains" sont des officiers de l'armée d'Afrique, qui encadrent des nord-africains et en aucun cas des officiers coloniaux qui encadrent les troupes d'Afrique noire. Le commandant Bouvet, le capitaine d'Armagnac de Castenet, le commandant Chalureau prennent le commandement des trois bataillons de la demi-brigade à la place de Balensi, Mozzoli et Gaillard. Balensi et Mozzoli ont rejoint avec Flipo la France Libre après le départ de Monsabert. Le général Catroux était arrivé à Alger pour établir entre le général Giraud et le général de Gaulle les relations que la conférence de Casablanca rendait nécessaires et les gaullistes d'Alger se rassemblaient autour de lui. Balensi avait d'ailleurs été fortement éprouvé par les opérations de février-mars, le docteur Benyamine l'avait mis au repos[8], il n'était pas rentré au corps et le colonel Magnan le considérait comme étant en absence irrégulière. Le commandant Gaillard - qui avait formé le 3e bataillon - restait à la disposition de la brigade.

Georges Bouvet, saint-cyrien et breveté, était à l'état-major des troupes du Maroc au moment du débarquement ; il avait suivi les ordres de Béthouart et de Molle[9]. Relâché après quelques jours d'arrêts on le maintenait à Rabat où il s'accommodait mal du bataillon de formation qui lui avait été confié, le V/1er RTM. N'étant pas du genre à attendre pendant qu'on se battait quelque part, il s'était mis à la disposition de Magnan. Georges d'Armagnac avait été recruté par Monsabert. Officier de Saumur, il était parti en Algérie dans les années 1930, avait été conquis par le pays, avait passé sa licence d'arabe à la Faculté d'Alger et servi aux Affaires Indigènes à Gardaïa et El Goléa. Après avoir effectué ses temps de commandement au 7e spahis algérien (Orange et Montauban), il était retourné en Algérie et commandait les douhaïrs du département de Constantine au moment du débarquement[10]. Le commandant Chalureau avait quitté l'Armée pour exercer des activités commerciales à Meknès où il faisait figure de notable du fait de sa position à la Chambre de commerce locale.

Dans la mesure du possible, Magnan va utiliser ses transfuges du RICM pour constituer les rouages qui permettront une bonne intégration du Corps franc dans le dispositif allié. L'un d'entre eux, le commandant Gauvin, sera son chef d'état-major mais le lieutenant-colonel Jamilloux est toujours là, fidèle trait d'union avec le Corps franc des premiers jours. Le 1er bureau est dirigé par le capitaine Simon, le 2e par le capitaine Cornillon, le 3e par le capitaine Coquin, Deitweiller reste chef du 4e bureau. Avec la compagnie de QG, le "Bordj Tabarka", les liaisons et la popote cela donne dix-huit officiers.

Le capitaine Coquin vient du RICM ; commandant de sa première compagnie, ancien tcherkesse, il a sauté le 8 novembre sur le poste de garde de la Résidence pour le désarmer. Muté par mesure disciplinaire à Marrakech il s'échappe, gagne Gibraltar et rejoint le Corps franc[11].

Dans le même temps Tabarka se transformait en une puissante base de regroupement et d'instruction dont les installations étaient sous la garde du 4e bataillon, constitué le 15 février à El Ksob (Maroc) et maintenant sous les ordres du capitaine Audras, résistant oranais. Le père Duvollet n'était pas enchanté de voir arriver toutes ces nouvelles têtes. Il aimait la spontanéité des premiers jours et la sincérité des soldats improvisés. Les culottes de peau ne lui disaient rien qui vaille. Il s'accrocha rapidement avec Magnan, non parce que celui-ci était protestant, mais au contraire parce qu'il voulait garder l'aumônier près de lui. Le père lui expliqua que sa place n'était pas à l'état-major mais sur le terrain, auprès d'hommes peu disciplinés par nature et somme toute fragiles. Depuis le retour à Tabarka il avait arraché à la Prévôté quelques vélites passibles de peines sérieuses et s'évertuait à trouver des solutions amiables pour des fautes qui n'étaient pas toujours sans gravité. Le colonel fut satisfait de l'explication et la campagne se poursuivit en bonne intelligence.

Les nouveaux cadres trouvaient à Tabarka des hommes assez mécontents d'être privés, après trois mois de misères, des permissions imprudemment promises par les officiers supérieurs de l'aréopage d'Alger. L'aréopage du CFA augmentait d'ailleurs en proportion de la réputation du corps, on commençait à se marcher sur les pieds, et la démagogie gratuite des galonnés de l'arrière ne tenait pas compte du travail et des obligations que le commandement allié imposait sans défaillance. Au vrai, Tabarka manquait de charme, village pelé, retourné par les bombes, bourré de gendarmes et de gradés, n'offrant d'autre présence féminine que ses bonnes sœurs, ses infirmières et ses rares personnes de petite vertu[12]. Mais le nouveau chef du Corps franc ne voulait à aucun prix composer avec les états d'âmes et les tendances contestataires de la troupe. Il fit donc lire publiquement des extraits du discours prononcé par le maréchal Staline à l'occasion du 25ème anniversaire de l'Armée Rouge où l'on vantait énergiquement les vertus de la discipline[13].

Les vélites s'appliquaient donc stoïquement à exécuter les objurgations répétitives des instructeurs britanniques et s'occupaient en confectionnant subrepticement les Croix-de-Lorraine interdites. Grimbert a cousu laborieusement une croix bleue sur un losange lie-de-vin, pure œuvre d'imagination car personne n'avait vu, ici, les insignes de la France Libre. Les Espagnols, eux, fignolaient des petits drapeaux républicains violet-jaune-rouge.

Le docteur Benyamine a vu la méfiance de Bouvet se transformer en un véritable enthousiasme. Il nous raconte sa surprise en voyant des “permissionnaires”, disparus depuis la débandade de mars, revenir avec paquetage et fusil dès qu'ils avaient eu vent d'une proche reprise des combats [14]. Bouvet le répétera souvent : ”Ceux qui se battent constituent l'élite de ces volontaires et comptent un effectif bien faible par rapport à d'autres, plus nombreux, qui se pavanent à Alger avec les mêmes insignes, préparant déjà leur activité politique d'après la Libération. Les purs, qui sont aux premières loges, ont apporté avec eux leur patriotisme, leur héroïsme et leur bonne volonté” [15]. Pour les purs en effet, ceux qui sont restés à l'arrière et provoquent la critique des grands chefs et des feuilles locales déprécient le combattant. Évidemment l'homme de l'avant ne nuance pas ses jugements ; il est parfois injuste car les bataillons non-engagés comprennent aussi des volontaires qu'il n'est pas encore possible d'équiper, d'armer et d'encadrer. Le V/CFA, du commandant Soulé-Susbielle, a été constitué en mars au camp de Guercif, près de Taza et va être dirigé sur Bordj-Bou-Arreridj. Le VI/CFA, du commandant Michaut, est à Taza. Les trois derniers bataillons constituent en principe la 2e demi-brigade qui est commandée par le colonel Falleur.

Une des compagnies du IV/CFA, la 3e, est transférée au II/CFA pour devenir sa 8e compagnie. Elle est arrivée du Maroc avec le capitaine Lallement, un légionnaire secondé par les lieutenants Bordier, May et Touboul. C'est une belle troupe qui écrira l'une des belles pages du Corps franc. André Fedida nous a raconté son histoire. Casablancais, sportif du Club nautique, il a rencontré au bataillon des hommes de tous les âges ; certains ont dépassé la cinquantaine, comme le caporal Henri Bonnet, avocat de Casa, et Lagarrigue qui avait fermé son atelier de mécanique pour combattre. À Tabarka, le capitaine Lallement leur a tenu ce langage : “Les enfants, dans quelques jours nous montons au casse-pipe. En cas de blessure à la tête, il vaut mieux avoir le caillou propre”. Le coiffeur est là, Lallement se fait mettre “la boule à zéro” et invite la compagnie à l'imiter[16].

Le capitaine Marcel Duclos jouera le rôle bien particulier de chef de cabinet et porte-parole du colonel auprès des milieux politiques. Duclos a 52 ans. Combattant de 14-18, il a été blessé quatre fois. Il est arrivé en Algérie avec le Gouverneur général Abel. Il sera député à l’Assemblée algérienne et président de sa commission des finances. On lui doit la création de l’École nord-africaine des assistantes sociales. Ses opinions politiques lui ont valu d’être dépouillé de tous ses mandats par Vichy. Peu après le débarquement il a demandé l’autorisation de créer un journal républicain et, naturellement, ne l’a pas obtenue. Il s’est donc engagé au CFA[17]. Pour le moment il use de toute son influence pour soutenir les intérêts moraux du Corps franc. Après la campagne de Tunisie, Duclos, président de la délégation spéciale de la ville d’Alger et président temporaire de l’Assemblée consultative, militant républicain blanchi sous le harnais, esprit libre et tolérant, arbitre placide, dénoncera les excès du moment, “les justiciers mal informés et les Fouquier-Tinville de l’épuration” [18]. Il bénéficiera alors de l’aide amicale du célèbre auteur pataouète Edmond Brua qui écrivait dans *Le Canard Sauvage* :

> “Comme il a dit monsieur Duclos,
> “Y’a des querelles qu’elles peuvent attendre !”

Elgozy affirme que Brua était caporal au Corps franc ; si c’est le cas, il n’aura pas été dépaysé au milieu d’une troupe constituée de personnages dont beaucoup ressemblent à s’y méprendre à ceux de l’*Impromptu d’Alger* et de la *Parodie du Cid*, ses grands succès locaux.

À Tabarka, l’entraînement fait oublier la tristesse du site, la tristesse du temps, la tristesse de la gastronomie anglaise. Mais le cuisinier de la demi-brigade réalise des exploits, il a composé une recette de corned-beef aux petits oignons et aux herbes sauvages dont on parle, gageons qu’il l’a servie à la marraine du CFA, Françoise Rosay, lors de sa visite du 9 avril[19].

De Sedjenane à Bizerte

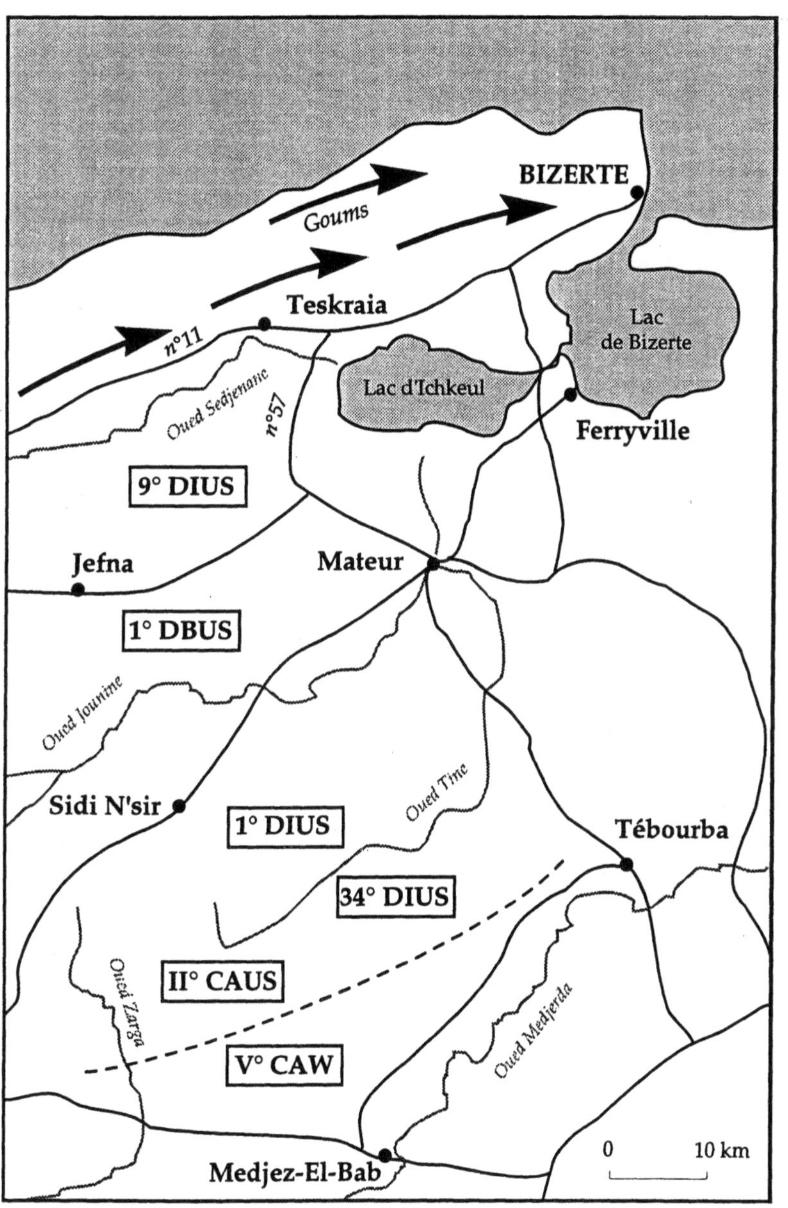

En place pour la dernière phase

Le général Alexander a été officiellement investi du commandement de toutes les forces terrestres alliées en Tunisie le 20 février 1943[20]. Au même moment, le général Rommel cherchait à battre les Américains dans le Sud-Tunisien de façon à assurer ses arrières en prévision de l'arrivée prochaine de la 8e Armée britannique du général Montgomery qui, après ses victoires de Cyrénaïque et de Tripolitaine, poussait l'Afrikakorps vers la Tunisie. Les Germano-Italiens avaient l'ambition de s'accrocher à la Tunisie le plus longtemps possible [21]. Le général Eisenhower, lui, avait la ferme intention de s'en débarrasser avant l'été et Alexander avait pour mission "la destruction rapide de toutes les forces de l'Axe". La date limite était le 15 mai si l'on voulait effectuer un débarquement en Sicile en juillet. Cette mission était réalisable compte tenu de la supériorité matérielle croissante des Alliés et de la mise en place, depuis début mars, d'une logistique satisfaisante. Avant toutes choses, le commandant du 18e groupe d'armées décide de rendre une réelle cohérence aux armées anglo-franco-américaines. Malgré une première réorganisation effectuée le 3 février, elles sont encore émiettées, mal coordonnées, mal renseignées, continuellement soumises aux initiatives de l'adversaire. "Les divisions subsisteront, s'entraîneront et se battront en tant que divisions et ne seront pas fractionnées en petits groupes de combat". Il exige que l'entraînement soit poussé : "Toutes les troupes, en première ligne comme en arrière du front, subiront un entraînement tactique intensif et seront instruites dans l'emploi de leurs armes en vue d'opérations offensives ultérieures" [22].

Il dresse ensuite ses plans opérationnels. Le périmètre des forces de l'Axe sera réduit à la zone Cap Serrat, Sidi N'Sir, Medjez-El-Bab, Sidi-Mansour, Enfidaville. Des pressions seront exercées sur tous les secteurs pour faciliter l'attaque principale menée par les deux corps britanniques de la 1ère armée (Anderson) sur la ligne Medjez-El-Bab-Tunis. Ces directives imposent un important remaniement du dispositif. Le 2e corps américain doit se déplacer de la région de Gafsa à celle de Bizerte[23]. Il est commandé par le général Omar Bradley, mais on veut laisser croire qu'il est encore aux ordres de Patton pour essayer de dissimuler le plus longtemps possible la nomination de Blood and Guts au commandement de la 5e armée américaine que l'on prépare pour le débarquement de Sicile. Les deux corps britanniques d'Anderson se concentrent dans la trouée de Medjez-El-Bab avec le XIXe corps d'armée français à leur droite tandis que la 8e armée constitue la branche sud de la potence[24].

Le Corps franc restait sur la côte, mais était rattaché opérationnellement à la 9e division d'infanterie américaine du général Eddy qui relevait le 14 avril la 46e division britannique. Pour ne pas compliquer les choses, il était entendu que le CFA conserverait son équipement britannique. Les Américains, largement motorisés, étaient trop heureux de laisser la jungle littorale à ces soldats primitifs et le colonel Magnan, obtenant de surcroît deux tabors marocains, pouvait fournir une solide aile gauche à la 9e division. Le général Juin s'était d'ailleurs porté garant des goumiers et avait assuré le général Bradley qu'il ne regretterait pas d'avoir sous ses ordres les meilleurs, ceux du 4e tabor[25].

Les soldats de Manton S. Eddy avaient déjà eu leur part de combats. Spécialement entraînés en vue des opérations de débarquement, ils avaient fourni les Landing Teams qui débarquaient le 8 novembre à Port-Lyautey, Safi et la Pointe-Pescade (près d'Alger). Mis un temps en réserve dans la région d'Oran pour faire face à une éventuelle intervention espagnole, on les avait déplacés vers la Tunisie du sud au moment de l'attaque de Rommel sur Kasserine. L'artillerie divisionnaire, commandée par le général Leroy S. Irwin, était arrivée fort à propos devant Thala le 17 février, avait ouvert un feu d'enfer et fait un tel bruit pendant quatre jours que le général Rommel, croyant à une forte contre-attaque ennemie, avait trouvé une raison de plus d'abandonner son offensive[26]. La division avait combattu à El-Guettar du 27 mars au 3 avril et avait eu fort à faire, ce jour-là, avec la 21e Panzer div. Le général Patton l'avait fait remonter vers le nord en un rien de temps avec tout le 2e corps américain, par des itinéraires qui coupaient toutes les lignes de ravitaillement alliées, exploit qui mettait en valeur les capacités logistiques américaines. Parlant d'Eddy, le général Bradley disait que, de ses quatre divisionnaires de Tunisie, aucun n'était mieux équilibré ni plus efficace. Tactiquement il était classique et, sans être timide, il n'était pas audacieux ; "Manton regardait soigneusement où il mettait les pieds"[27].

Après sa visite au Corps franc, Eddy prit immédiatement des mesures simples et utiles. Il constatait que ces braves gens étaient légèrement équipés ; il ne restait que quelques jours avant de les employer ; l'attribution de nouveaux moyens et une autre instruction étaient impossibles. On les utiliserait donc tels qu'ils étaient, en leur fournissant un complément substantiel de moyens adaptés. Ils reçurent des pistolets-mitrailleurs Thompson pour les sous-officiers, des carabines Remington pour les officiers, des radios de campagne, quelques jeeps et quelques GMC avec leurs chauffeurs. On leur mit entre les mains la nouvelle arme miracle, le Bazooka, capable de détruire n'importe quel char pourvu qu'on s'en approche. Bien sûr, la traînée de feu qui s'échappait à l'arrière de ce tuyau de poêle faisait peur, mais les vieux fusils antichars anglais Boyes faisaient eux-mêmes tellement peur avec leur recul à démettre l'épaule, qu'on ne perdait pas au change.

La division mettait à la disposition de la demi-brigade plusieurs unités : deux sections de chasseurs de chars du *894th Tank Destroyer Btn*, une batterie d'obusiers de 105 sur half-tracks du *62nd Field Artillery Btn*, une compagnie de sapeurs-démineurs du *15th Engineers Btn*[28]. Les relations avaient été immédiatement excellentes : beaucoup de jeunes, costauds, souriants, optimistes mais aussi quelques anciens de 1917-1918 avec qui on parlait de la France. Parmi eux, certains officiers grisonnants encore mal remis de l'accueil inamical des tirailleurs marocains à Port-Lyautey.

L'inexistence de moyens automobiles organiques et l'impossibilité de se procurer des mulets obligeaient le Corps franc à compléter son troupeau d'ânes, création spontanée de la campagne d'hiver. Des instructions avaient été passées en ce sens, accompagnées d'une petite mise en place de fonds. Le lieutenant Marchal, selon les instructions, avait monté sa cavalerie : une dizaine d'ânes faméliques achetés sur place et restaurés avec les flocons d'avoine anglais dont les vélites ne voulaient pas. En les équipant de deux couffins assez larges pour emporter des jerrycans d'eau et quelques munitions, on pensait mettre les sections de fusiliers à l'abri du besoin (!). La troupe voit rarement les choses avec autant d'optimisme que les officiers. Grimbert assure qu'il n'a jamais rien pu arrimer sur le dos de ces sales bêtes qui faisaient tout basculer, obligeant les vélites à prendre les fardeaux en surcharge. Certains surent tirer parti de leurs bourricots, d'autres pas. Mais la plupart surent les vendre en arrivant à Bizerte après les avoir "échangés" contre de splendides mulets italiens.

La gastronomie américaine : rations C et K[29], vint se substituer au caisses 14/10 sans perturber la troupe qui s'accoutumait à vivre sur un grand pied. D'ailleurs on mangeait à tous les râteliers. La NAAFI[30] était toujours là avec ses cigarettes *Player's Navy Cut*, ses gourmandises, ses produits de luxe dont les civils avaient perdu jusqu'au souvenir. Et puis il y avait les goumiers marocains. Portant aux Américains les œufs, les poules et les fruits dont ils soulagent les douars, leurs mulets plient sous la charge : c'est l'épicerie du village, on trouve tout à condition d'y mettre le prix.

"Tout ce que vous ne trouvez pas à l'extérieur, sur leurs mulets, se trouve à l'intérieur, dans les poches de la djellabah. Tout et n'importe quoi : un canif à douze lames, une lampe de poche (sans pile), des mouchoirs presque neufs, un ceinturon d'officier italien, des bottes allemandes, du chocolat américain, des capotes anglaises, une alliance simili-or, du thé anglais, le reste à la commande. Quand le tabor ne tient pas en stock ce que vous cherchez, il jure de vous le procurer. Et il tiendra parole..." [31].

Le lieutenant-colonel américain qui assure la liaison avec l'artillerie n'est pas très à l'aise dans cette ambiance de bazar. Il se retire dans son coin pour faire sa cuisine en célibataire et refuse obstinément de partager la popote de l'état-major de la brigade. Pendant ce temps, les raids aériens contre Tabarka se poursuivaient régulièrement occasionnant quelques blessés civils et militaires et continuant à causer des dommages matériels. Dans le presbytère abandonné, Marchal trouva un livre de prière qui allait lui être utile, surtout pour réciter le De Profundis en plusieurs occasions.

À l'assaut du Dyr Mjadine

Les ordres du général Alexander sont diffusés le 18, le général Giraud rend visite au colonel Magnan le 22, l'attaque est pour le 23 avril, Vendredi Saint. La brigade doit couvrir la gauche du 2e CAUS et lui ouvrir la route de Bizerte. Postés sur les collines du littoral, les goumiers mettent le Corps franc à l'abri des surprises. À leur droite, la demi-brigade du CFA et ses supports américains doivent suivre la piste n°11 qui mène au lac Ichkeul. La tactique est sommaire, les bataillons marchent droit devant eux en se relayant.

Les renseignements tactiques sont meilleurs qu'en février. On est sûr de retrouver les restes du 10e bersaglieri qui est abonné, comme le CFA, au secteur. On s'attend à trouver un 962e Inf. Rgt. allemand composé de punis, ce qui n'est pas nécessairement bon signe ; effectivement il ne s'agit pas de punis mais de droits communs et de politiques sortis des camps pour retrouver leur place dans la nation allemande. Il y aura encore les bataillons de marche et encore quelques parachutistes. Il y aura aussi ces terribles canons de 88 qui se déplacent continuellement, tirent juste et cassent tout. Voilà ce à quoi l'on s'attend et l'on aura aussi quelques surprises. Von Manteuffel n'est plus là ; il est rapatrié sanitaire, ou plutôt rapatrié pour un meilleur destin car il est de ceux sur qui on fonde des espoirs ; il commandera successivement la 7e division blindée à Koursk, la division GrossDeutschland, un groupe blindé mis à mal par la division Leclerc à Dompaire en 1944, la 5e armée blindée à Bastogne et la 3e armée blindée pendant les derniers jours de Berlin. Le général Weber, chef de la 334e division de montagne, vainqueur d'Ousseltia est dans le même cas. L'OKH[32] n'est pas prêt à sacrifier ses meilleurs généraux, ce qui est douloureusement ressenti par ceux qui restent.

Le remplaçant de Manteuffel est von Bulowius, ancien commandant du génie de Rommel. Arrivé en Libye le 8 novembre 1942 c'est l'un des meilleurs sapeurs de l'armée allemande. Expert en pièges et attrapes, il a couvert magnifiquement l'évacuation de Tobrouk[33]. En 1944, Rommel regrettera amèrement de l'avoir laissé derrière lui en Tunisie. C'est, malheureusement pour Bradley, l'homme de la situation. Il a organisé les hauteurs de la Medjerda en points d'appui s'épaulant mutuellement sur 50 km de profondeur, derrière d'épais champs de mines, avec abondance de mortiers et d'observatoires d'artillerie judicieusement placés. En outre la végétation, encore revigorée par les pluies d'hiver, constitue une brousse impénétrable faite de ronces et de lentisques s'élevant jusqu'à deux mètres. Bulowius a reçu un bataillon de montagnards bavarois du 756e Gebirgsjager, le régiment qui a démoli le 3e étranger et le 7e tirailleurs marocain à Ousseltia. Cependant, compte tenu de ce que l'on sait et de ce que l'on voit au Corps franc, le moral est au beau fixe ; la suprématie aérienne des Alliés est écrasante ; les gros bombardiers volent vers l'est pour détruire les ports, les convois et tout ce qui peut ravitailler l'ennemi[34].

Du 21 au 22 avril la demi-brigade et ses américains se portent sur Sidi-Nasseur, théâtre des exploits du 1er bataillon le 26 février. Le III/CFA (Chalureau) est en premier échelon, le II/CFA (d'Armagnac) en deuxième échelon et le I/CFA (Bouvet) en réserve de brigade. Le 2e bataillon est à la gauche du 60e RIUS, dans la vallée de la Sedjenane.

Le 3e bataillon se dispose en carré, le 23, sur la route qui mène à la maison forestière du Djebel Sema ; la 9e compagnie (Buiza) et la 11e (Putz) sont en tête, la 10e (Fourastier) et la 3e du IV/CFA, en appui. La compagnie américaine du génie démine et transforme le chemin en une piste à trois voies. Le 2e bataillon accompagne le

Général de Monsabert,
fondateur du CFA,
commandant de la 3e division
d'infanterie algérienne
et du 2e corps d'armée,
Compagnon de la Libération.
Dicod/Ecpa France.

Général Magnan,
commandant du CFA
et de la 9e division
d'infanterie coloniale.
Dicod/Ecpa France.

Colonel Durand, commandant de la 1re demi-brigade du CFA, de l'infanterie de l'Air en Grande-Bretagne et du 131e RI, fondateur du Centre école des troupes aéroportées, Mort pour la France - *Droits réservés.*

Général Bouvet,
commandant du 1er bataillon du CFA
et des Commandos d'Afrique.
Droits réservés.

Chef de bataillon d'Armagnac,
commandant du 2e bataillon du CFA,
officier des Affaires indigènes,
Commando d'Afrique.
Droits réservés.

Lieutenant-colonel Putz,
commandant
de la 11e compagnie du CFA
et du 3e bataillon du RMT,
Compagnon de la Libération,
Mort pour la France.
Droits réservés.

Commandant Puech-Sanson,
commandant
de la 2e compagnie du CFA
et du 4e bataillon
de parachutistes SAS,
Compagnon de la Libération.
Droits réservés

Adjudant Géo André,
5 fois champion de France d'athlétisme,
26 sélections en athlétisme et rugby.
Mort pour la France.
Droits réservés.

Lieutenant Fourastier
en compagnie du GI de Monsabert
lors d'une visite à l'école de haute-montagne
de Kabylie.
Archives auteur.

Les recrues des premiers jours. TAM.

Le colonel von Manteuffel avec des officiers italiens en Tunisie de Nord. Ufficio Storico/Stato Maggiore dell'Esercito Italiano.

Pendant l'avance des goumiers sur Bizerte. *Droits réservés.*

Françoise Rosay, marraine du CFA, à Bizerte. *Droits réservés.*

Les Commandos d'Afrique en Méditerranée. *Droits réservés.*

mouvement au sud. La progression commence à 5 h 30, elle est bloquée à midi. L'attaque est reprise le 24 avec le concours de dix obusiers américains. Le 2e et le 3e bataillon attaquent simultanément, ce dernier vers le Dyr Mjadin. L'affaire est coûteuse du fait de l'efficacité du système défensif. Elle se poursuit le 25, jour de Pâques. Ce jour-là le lieutenant May (8e compagnie), le sous-lieutenant Badin (10e compagnie), l'adjudant Mohamed (11e compagnie), sont tués ; le capitaine Lallement (8e compagnie), les lieutenants Naudet et Reznik (6e compagnie) sont blessés. Fedida a été pris dans l'embuscade où Lallement et May ont été touchés. L'adjudant Poulain lui a dit de ramper vers un fourré avec son groupe. Brève fusillade, explosions de grenades. Lorsque c'est fini, ils trouveront deux Allemands tués au milieu de leurs chargeurs et de leurs boites de conserve [35]. Il y a au total 20 tués et 70 blessés au Corps franc. La première position est conquise.

Le père Duvollet a déposé au fond de la même fosse, épaule contre épaule, Poirier, Ricardo, Ruiz, Mohamed et Zienzehn. Un Algérien musulman lui fait remarquer en arabe qu'il ne faut pas mêler dans la même tombe les musulmans avec les chrétiens et les juifs. L'aumônier lui répond de même : "Tous les hommes sont des enfants de neuf mois ! Tous les hommes sont créatures de Dieu!". Apaisé l'Algérien acquiesce.

L'affaire du Djebel Sema

Le III/CFA passe en réserve le 26 et le I/CFA se met en place pour attaquer la ligne principale de résistance. Le II/CFA doit accentuer sa progression le long des collines du sud. Avant la relève, le 3e bataillon a repéré les positions allemandes. Cette mission a été confiée à Joseph von Dorpp. Le sergent von Dorpp, de la 9e compagnie, est allé jusqu'à la maison forestière de Djebel Sema. Pour ses camarades il est un légionnaire antinazi comme les autres mais son histoire est bien plus longue. Il a milité dans les rangs des indépendantistes rhénans, a été en relation avec Conrad Adenauer quand il était bourgmestre de Cologne et a quitté l'Allemagne avant l'avènement de Hitler. Volontaire étranger en 1939, on l'a interné à l'armistice. Il s'est évadé plusieurs fois, une fois grâce à la complicité du capitaine qui le gardait [36].

La 3e compagnie (lieutenant Fournier) est en tête. En fin de journée, elle tombe dans un traquenard. Que s'est-il passé [37] ? Le commandant Bouvet estime, d'une part, que l'itinéraire était mauvais et que, d'autre part, Fournier (un aviateur) a foncé comme un taureau sans respecter le plan de marche. Version confirmée par le vélite Hennequin. Après une marche d'approche assez laborieuse dans la forêt, la compagnie arrive à la position de départ, au petit jour, dans le brouillard. Quand le brouillard se lève, les canons de 150 allemands martèlent la pente "sans nous gêner".

Le capitaine Putz, que l'on relève, signale que la piste a été déminée sur 1 500 m par les Américains qui marchent avec les compagnies d'attaque. Un kilomètre plus loin, les mortiers allemands relaient les 150 et semblent autrement précis. La compagnie arrive sur l'objectif. Comme il n'y a personne, Fournier décide d'aller plus loin. Il marche en tête avec la section du sergent-chef André Jean. À 30 m. de la maison forestière la compagnie tombe sous le feu des Allemands. Le combat durera jusqu'à la tombée du jour. Les vélites ripostent à l'aveuglette et sont blessés les uns après les autres. Le lieutenant a été atteint dès le début. Le chef de groupe Hennequin fait tirer sa pièce par courtes rafales vers les taillis opaques mais les Chleuhs tirent de longues rafales qui font mouche. Certaines viennent du sous-bois, d'autres de la cote 401, sur l'autre versant. Hennequin prend une balle au côté gauche. Jean donne l'ordre de décrocher ; on rampe vers la piste avec les blessés transportables. Hennequin entend les "pas cloutés" des Allemands, il se retourne et tire à l'aveuglette avec sa Sten, voit le lieutenant Fournier affaissé sur le bord du talus, se sent propulsé par une déflagration, éprouve comme des coups de trique dans les jambes (sans doute une grenade offensive) et continue à sautiller et à tirer en fuyant.

L'aumônier Prévost, qui marchait avec la 3e, se présente dramatiquement à Bouvet dans la nuit avec quelques isolés. Bouvet part le 27 à 11 heures avec 5 chars légers, 6 chasseurs de chars et la 2e compagnie (Puech-Sanson). D'une crête située à droite de la maison forestière, Pierre Puech-Sanson peut voir au loin le scintillement du lac d'Ichkeul et la baie de Bizerte. Il cherche les Allemands mais eux le trouvent ; une rafale l'atteint en même temps que le lieutenant Rose qui est à ses côtés. Les blindés de Bouvet avancent en contrebas, vers un petit col, sur une pente en lacets. Des deux côtés les Allemands ont placé un canon antichar de 50 et une mitrailleuse légère qui arrêtent les 75 sur half-tracks[38]. Les chars américains présentent le flanc et sont touchés en un rien de temps par un 88 caché derrière le col. Le lieutenant Marchal, qui est en arrière et à gauche voit deux chars flamber ; ces premiers chars américains marchent à l'essence et brûlent comme des briquets. Trois chars sont incendiés ; celui où

Bouvet a pris place, touché à la chenille, se renverse ; le cinquième fait demi-tour et s'enfuit. Le commandant est réduit à l'impuissance : "Le désastre est complet... Je suis déshonoré"[39]. Il reste quelques heures immobilisé à l'ombre de la carcasse que les tireurs allemands s'emploient à faire carillonner.

Le commandant Durand reçoit à 13 heures un faisceau de nouvelles alarmantes. Le colonel Magnan ne sait rien de précis. Il demande au sergent von Dorpp, qui a repéré cette position la veille, de partir en reconnaissance. Progressant en direction des tirs le sergent voit un isolé marchant avec précaution. Il avance prestement dans l'espoir de faire un prisonnier et se trouve face-à-face avec le commandant de la demi-brigade qui essaie de comprendre ce qui se passe[40]. De retour à son PC à 14 h 30, Durand confie temporairement au capitaine Coquin les éléments du 1er bataillon qui ne sont pas encerclés (1ère compagnie, fragments des 2e et 3e compagnie). De son point de vue, l'attaque est définitivement stoppée à gauche de la piste. Il entre donc en contact radio avec le capitaine d'Armagnac, lui demande d'accélérer son avance, de prendre la cote 401 et de continuer vers l'est, par la ligne de crêtes, de manière à créer une menace sur la gauche des Allemands qui encerclent la maison forestière. Comme le capitaine Lallement vient d'être blessé, c'est le lieutenant Bordier qui attaque la 401 avec la 8e compagnie (marocaine) et la prend.

André Fedida en était. En fin d'après-midi il grimpe la côte aux côtés de l'adjudant Poulain, son chef de section. "Silence ! Faites passer !". On devient plus précautionneux. Devant, le lieutenant Bordier dit quelque chose au sergent Ficarelli, un légionnaire au courage insensé. Quand l'entretien est fini, Ficarelli se dresse, tire une rafale et crie "En avant !". On suit en hurlant. Les Allemands se défilent. Fedida et Poulain arrivent à un nid de mitrailleuse vide, une bande est encore engagée dans le magasin, Poulain retourne l'arme et asperge les fuyards. Aussitôt les mortiers allemands tirent sur la crête. On attend à plat ventre. Fedida entend des voix près de lui, il lève la tête et constate que le capitaine d'Armagnac et le capitaine Grall, commandant de la CHR, discutent comme si de rien n'était. Il se souviendra de ce dédain de la mitraille lorsque, le jour de la libération de Paris, en conversation avec le comédien Charpin sur les Champs Elysées, il verra avec indifférence la foule se jeter à terre pour quelques coups de fusils.

Le commandant Bouvet est dégagé à 16 heures par la progression du lieutenant Marchal et du capitaine Coquin qui conduit la section de PC de la demi-brigade. L'aspirant Darmon, de la CHR, puis la section Texier parviennent jusqu'au commandant[41]. L'adjudant Santoni, chef de la section de PC, est tué. Ne bénéficiant plus des feux de la cote 401, les Allemands se sont éclipsés en laissant derrière eux quelques mines. Durand amène à 17 h 30 la compagnie Buiza pour que Bouvet puisse se réorganiser. La 2e compagnie n'ayant plus d'officiers valides, Bouvet en confie le commandement au sergent Buisson et lui fait nettoyer le secteur. Avec l'accord de Magnan, Buisson sera fait sous-lieutenant sur le champ de bataille. La journée a coûté au CFA 20 tués et 100 blessés, soit un quart de l'effectif engagé, mais il a fait 60 prisonniers.

Comme convenu, le 2e bataillon avance rapidement vers l'est. La chaleur commence à se faire sentir et, en même temps, la soif car il n'y a pas une goutte d'eau sur les crêtes. Le 28 et le 29, la demi-brigade se remet en position sous le feu de l'artillerie ennemie dont les tirs sont dirigés à partir de l'observatoire du Djebel Touro, juste à gauche. Le 4e Tabor contourne rapidement le djebel et capture ce qui subsiste du groupement de bersaglieri. Les goumiers reconduisent vers l'arrière 600 prisonniers qui portent la plume de coq sur leurs casques de liège. Les Marocains se sont appropriés les pèlerines gris-vert de leurs prisonniers et ont complété leur fonds de commerce avec les petites pétoires italiennes à baïonnettes repliables, on se mêle un moment à cette foule, on s'interpelle, on échange des insignes italiens contre des barres de chocolat.

Le commandement allemand a imputé l'échec du Djebel Touro au mauvais comportement des Italiens ce qui a fait bondir le général Messe, chef de la 1ère armée italienne. Il a réagi vertement aux allégations hâtives d'un officier de liaison allemand dont il souligne qu'il n'est d'ailleurs... qu'un réserviste. Le groupement de bersaglieri était constitué des restes de deux régiments qui avaient durement combattu pendant toute la campagne, n'avaient pas pu être réorganisés et avaient normalement subi le sort des armes. Le général italien précise que le 10e bersaglieri a résisté au I/CFA et le 5e au III/60e RIUS. Par contre, en abandonnant la cote 401, le bataillon allemand Helfrich a permis aux tabors de tourner les bersaglieri dont les effectifs se limitaient à deux compagnies le 30 avril au soir[42]. L'algarade von Arnim-Messe est motivée par la gravité de la situation qui découle de la rupture du front nord par la brigade Magnan. Les Allemands s'étaient fortement retranchés au nord dans l'espoir d'évacuer la Tunisie par Tunis et Bizerte, mais l'évacuation par Bizerte est définitivement compromise.

Le 30, la brigade CFA et le 60e RIUS tiennent toutes les

hauteurs situées au nord de l'oued Sedjenane et à l'ouest de Teskraia. Les généraux Bradley et Eddy lui tirent un grand coup de chapeau . La progression est suspendue. Les légionnaires du Corps franc fêtent *Camerone*[43]. La brousse, brûlée par l'artillerie, est en partie dénudée ; il est donc plus facile de détecter les mines. Le père Duvollet s'y connaît ; il a regardé comment les sapeurs anglais et américains les désamorçaient et, au besoin, s'y emploie. Dans l'après-midi, le 2e bataillon est contre-attaqué par une compagnie du *Deutsche Arabische Lher Abteilung*. Elle est tombée, mal tombée, sur les gars de Larribère et les trois attaques qu'elle lance avec un fort appui d'artillerie sont repoussées.

Le CFA piaffe d'impatience mais le général Eddy hésite encore. Il estime que les destructions et la résistance ingénieuse des Allemands justifient une progression prudente. Les Français ne sont pas de cet avis mais ils ne commandent pas ; le général Bradley est aussi de cet avis et il commande ; il demande à Eddy de se dépêcher et de ne pas tenir compte du vide qui s'est créé sur sa droite. Le divisionnaire tient donc une grande réunion le 2 mai au PC de la demi-brigade avec le colonel Magnan, le brigadier anglais Dunfee, le commandant Durand et leurs états-majors. Il est décidé que le CFA marchera au nord de la piste n°11 avec le 47e RIUS. Le 60e RIUS bifurquera à droite en arrivant au lac Ichkeul. Lorsqu'on sera parvenu à l'embranchement de la route n°57, on laissera les chars et les tank-destroyers prendre la tête. Ces dispositions très élaborées laissent aux Allemands trois jours de répit.

Pour l'attaque, le II/CFA passe en réserve, le III/CFA prend position au nord et le I/CFA au sud. Les Bulldozers comblent les entonnoirs et tracent de larges pistes. L'entrain est général quand le Corps franc s'ébranle le 3 mai en direction de Teskraia. Les officiers supérieurs du Corps franc, enfin admis au club des guerriers modernes, s'approprient jeeps et half-tracks pour caracoler en tête de leurs colonnes. "Petit à petit, on eut l'impression que la fin approchait. À l'artillerie américaine massée derrière nous répondaient tous les calibres ; on entendait même siffler les obus antichars ; au loin, le roulement continu des tirs de toutes les armées alliées convergeait sur Tunis et, de nuit, l'horizon était en feu"[44]. Il y avait de quoi. Pour l'offensive finale le commandement avait prescrit une préparation courte de cinquante minutes suivie d'un barrage de 1 h 45, à raison de 100 mètres en trois minutes, comme en 1917-1918... sans compter le bombardement aérien[45].

Apprenant à midi que les Américains tenaient Mateur, le

commandant de la demi-brigade roule vers Bizerte. Au carrefour de la route n°11 et de la route n°57, il rencontre une forte concentration américaine arrêtée par une simple mitrailleuse. Il demande à Putz de contourner l'obstacle avec ses Marocains tandis que trois chasseurs de chars et la section de PC attaquent de front, l'affaire est réglée en un quart d'heure.

Le 4 au matin on repart avec un "Malgré-Nous" alsacien qui vient de déserter ; il conduit le détachement de reconnaissance de la demi-brigade au contact des positions allemandes de Sidi-Telima (dit "Le bois de Boulogne"). L'ennemi ouvre un feu violent sur le détachement, le III/CFA, et les chasseurs de chars américains. En sortant de la route devenue intenable, le commandant Durand voit avancer à couvert la 10e compagnie. L'adjudant Géo André, de l'état-major de la brigade, marche à côté de Fourastier. "Que Diable faites-vous là ?" interroge Durand. "J'ai demandé à venir avec vous, mon commandant." On échange quelques mots d'amitié et une poignée de main. Cinq minutes plus tard un coureur annonce que le grand athlète vient d'être tué par un éclat de mortier à cent mètres de là. Un quart d'heure plus tard, c'est le chef du 3e bataillon, le commandant Chalureau, qui est sérieusement atteint par une balle de mitrailleuse ; il ne survivra pas à cette blessure. L'artillerie allemande, de plus en plus active, dirigée depuis un observatoire du Djebel Ichkeul, vide ses stocks de munitions sur le CFA et freine sa progression pendant deux jours. Le 47e RIUS dénoue la situation en s'emparant le 6 de cette éminence. On s'achemine vers la dernière phase.

Du fait de ces opérations les commandants Durand et Bouvet, les capitaines d'Armagnac, Buiza, Putz, les lieutenants Bordier, Couderc, Fournier, Puech-Sanson, Rose, Marchal, Marill, le sergent-chef Billaud, le sergent von Dorpp et le caporal-chef Deveza ont été cités à l'ordre de l'Armée[46].

Les capitaines Larroque et Coquin, le lieutenant Djambekoff, le médecin-lieutenant Alcay, les sous-lieutenants Cau, Madollel et Sanchez, les aspirants Larsen, Goutermanoff, Kron, les adjudants Poulain, Gortz, Mesmin, les sergents-chefs Lhermusseau, Pomi, Jean, les sergents Allery, Ben Haoua, Perron, Gomez, de Canton, Usunier, Campos, Castel, Legrand, les caporaux Tricot, Lombard, Sobolef et le soldat de 2e classe Midah Mohamed ont été cités à l'ordre du Corps d'armée[47].

Ont été cités à l'ordre de l'Armée à titre posthume le sous-lieutenant Badin, l'adjudant-chef Bensadou, l'adjudant Géo André, les sergents Benitha, Sayahi, Bouhaba, le caporal Lacour, les soldats Bernard, Brucker, Pélissier, Boucette, Lary, Eva-Ricardo,

Ruiz, Bensemoun, Ali Ben Chatap, Dahan, Martinota, La Barbera, Ferdjaoui, Garcia, Aymonino, Pravaz, Partouche, Dillenchnedeir, Delestre, Ksinski, Pretzelmeyer, Weinderg, Mezoir, Ghorzi, Zenaoui, Ameur, Tarine, Béranger, Ahmed Ben Mohamed, Driss, Durand, Léonard, Rousseau, Vare, Zinskane, Berenguer[48].

Le général Eddy a soutenu le Corps franc au cours des difficiles combats menés sur la première et la deuxième position.

Q G de la 9° DI
US Army

28 Avril 1943

À Colonel MAGNAN - CFA

Mon Cher Colonel MAGNAN,

Je tiens à vous exprimer, ainsi qu'à vos troupes du Corps Franc d'Afrique, ma profonde admiration pour les qualités manœuvrières, l'endurance et le moral dont vos hommes ont fait preuve pendant notre bataille commune des six derniers jours.

Vous avez commencé à combattre à grande peine, manquant d'armes et d'équipement. Vous avez lutté littéralement les mains vides. Nous vous avons donné ce que nous avons pu, mais c'était encore loin d'être suffisant pour s'opposer à l'armement moderne utilisé avec art par notre ennemi.

Vous avez continué néanmoins à avancer malgré une forte opposition. Vous avez contré et repoussé les contre-attaques et vous avez vous-même reconquis la cote 107.

Le courage de vos soldats et leur résistance sous le feu ont été un exemple pour tous ceux d'entre nous qui ont été témoins de votre lutte sur le front.

Veuillez accepter et transmettre aux troupes placées sous votre commandement mes félicitations personnelles et les remerciements de ma division pour la belle tâche que vous avez accomplie.

J'ai une confiance totale dans vos troupes et je suis certain que nous avancerons ensemble jusqu'à notre objectif final.

Très cordialement vôtre.

M.S. EDDY
Major Général USA

US Army

Bizerte

Le 7 mai 1943, à 13 h 15, la 1ère demi-brigade reçoit l'ordre de se rassembler pour embarquer en camions, installer son PC à Dar-El-Koudia et progresser vers le port[49]. Le bataillon Bouvet part en tête, laissant les GI's du 47e marcher "straight foot" sur les bas-côtés. Le capitaine Larroque et le colonel Bouley[50] sont entrés en ville et affirment que la voie est libre. Le colonel Magnan, freiné par les instructions du général Eddy, hésite. M. Tixeront, ingénieur du port de Bizerte, confirme les propos de Larroque et demande qu'on avance rapidement pour mettre les installations portuaires, encore utilisables, à l'abri des destructions. Magnan acquiesce, les compagnies du 1er bataillon se mettent en position, le chef de la demi-brigade et le 3e bataillon les rejoignent et les deux bataillons entrent en ville entre minuit et l'aube. À 7 heures, le commandant Bouvet fait hisser le drapeau tricolore sur le Fort d'Espagne, en bordure nord ; pour dédommager le père Arthur Prévost des remontrances qu'il a dû lui faire au Djebel Sema, il le charge d'envoyer les couleurs.

Si les bombardiers de Doolittle ont manqué le port, ils n'ont pas manqué la ville. Les patrouilles serpentent dans les ruines. Les Allemands continuent à tirer depuis les environs et les points hauts en causant de nouvelles pertes. Le jeune Adjadj, un garçon de 17 ans a été le dernier mort du CFA. Les tirs ne cesseront que le 9, avec l'arrivée des chars américains de la 1ère DB. En attendant, le général Eddy se désespère de ne plus trouver un seul responsable français à son PC : tout le monde est en goguette. Le commandant Durand est un peu penaud de n'avoir pas été atteint par son général de division qui le cherche pour lui passer un message qu'il ne recevra que trop tard. Le 2e bureau de la 9e DIUS signale la possibilité d'une forte contre-attaque de 4 000 hommes débouchant du sud. Personne n'y croit. L'aviation a probablement vu quelques milliers d'isolés, bousculés par les chars de la 1ère DBUS et de la 6e DBW[51] qui cherchent refuge vers Ferryville, mais ne sont pas en état de combattre.

C'est en pleine liberté d'esprit que le commandant de la demi-brigade avait préparé le 7 une courte conclusion sur les opérations de ces deux semaines. On a manqué d'audace. On ne s'est pas suffisamment éclairé. On aurait pu mieux "coller" à l'ennemi pour l'empêcher de s'organiser en retraite et le démoraliser. De toutes façons, on était heureux d'avoir vaincu et de pouvoir se préparer à "l'œuvre ultérieure qu'il y aurait à mener". Le père Duvollet laisse de côté ces considérations frivoles. Il y a nécessairement des gens à secourir dans cette ville ravagée. La Providence le guide vers une mission où les religieuses abritent quelques orphelins affamés. Le bon sergent Cortès, de Maison-Carrée, part aussitôt avec son âne chercher une partie de l'excédent de cette julienne insipide qui caractérise la "C Ration" ; le soldat français n'en veut plus mais elle fera les délices de ceux qui ont faim.

Quand tout était sur le point de finir, la brigade avait reçu le renfort d'un bataillon de fusiliers-marins dont la présence a passablement agacé les vélites. Il s'agissait du bataillon levé par l'amiral Moreau pour constituer la garde de l'amiral Darlan. Un certain nombre de ces hommes, rapatriés de Madagascar, avaient attendu 1943 pour se rallier. Ils étaient équipés de neuf, marins, "maréchalistes", ouvriers de la onzième heure et de surcroît usurpateurs !

Un journaliste anonyme qui les avait accompagnés écrivait un article donnant l'impression que les marins étaient entrés les premiers à Bizerte[52]. Le grand reporter du même journal, François Musard, se faisait un devoir de relever l'erreur : "...j'ai la chance de tomber au PC du commandant Durand alors que circule de main en main une feuille où la prise de Bizerte est relatée avec une assez plaisante fantaisie. Les jeunes officiers haussent les épaules..." Mais d'autres s'indignent et expliquent aussitôt au journaliste que "le capitaine Larroque, dépassant sur sa jeep les blindés américains, parvenait par Sidi-Meshlem et Bordj-Taleb aux portes de Bizerte. Sa reconnaissance achevée, il venait prévenir l'état-major de la demi-brigade et le commandant Durand prenait la décision de lancer immédiatement le commandant Bouvet et la 1ère compagnie du lieutenant Marchal vers la ville. Ils partent le 7 à 18 heures". Le commandant Maggiar, chef de ce bataillon qui est à l'origine du Régiment Blindé des Fusiliers-Marins de la 2e DB, n'a jamais dit le contraire. À peine arrivés, ses hommes sont partis nettoyer les abords de la base.

Il faut dire que le CFA s'était habitué à être l'enfant gâté de la presse. Pour les opérations de la semaine de Pâques *L'Écho d'Alger* titrait en gros caractères les mentions du communiqué[53] :

CORPS FRANC ET GOUMIERS RÉALISENT UNE NOUVELLE AVANCE DE 5 KM À L'OUEST DE L'OUED EL HERKA

NOUVEAUX SUCCÈS DU CORPS FRANC D'AFRIQUE DANS LA RÉGION CÔTIÈRE

LE CORPS FRANC D'AFRIQUE S'EMPARE DU DJEBEL-EFSENA

**NOTRE CORPS FRANC D'AFRIQUE RÉALISE
UNE NOUVELLE AVANCE, SOIT 40 KM EN DEUX JOURS**

**SUR LE LITTORAL, CORPS FRANC ET GOUMIERS
ATTEIGNENT MARSA-DOMBA**

Dans *Les Dernières Nouvelles* du 3-4 mai, René Pleiber écrit un article intitulé : “Le Corps franc d'Afrique en vue du lac Ichkeul”. Dans ce décor, le colonel Magnan lui montre les 400 premiers bersaglieri pris au Djebel Touro. “La grande famille Corps franc, avec ses petits gars évadés de France, ses Espagnols barbus et ses héroïques ambulancières” lui fait une forte impression.

La Dépêche Algérienne, dont les vieilles tendances vichystes freinaient l'ardeur, se mêlait in fine au concert de louanges[54] :

**LES CORPS FRANCS ACCOMPLISSENT UNE TÂCHE SPLENDIDE
QUI PEUT AVOIR DES DÉVELOPPEMENTS REMARQUABLES**

**LE CORPS FRANC D'AFRIQUE POUSSE
DES ÉLÉMENTS AVANCÉS SUR LE DJEBEL TOURO**

**CORPS FRANC D'AFRIQUE ET GOUMIERS
ATTAQUENT LA RÉGION DE MARSA-DOMBA**

**LES ÉLÉMENTS AVANCÉS DU CORPS FRANC
SONT À 25 KM DE BIZERTE**

Mais, à tout seigneur tout honneur, c'est à *L'Écho d'Alger* que revenait le mot de la fin[55] :

**RÉALISANT UNE NOUVELLE AVANCE, CORPS FRANC ET GOUMIERS
MAROCAINS PARVIENNENT À 25 KM DE BIZERTE**

**LE CORPS FRANC D'AFRIQUE RÉALISE UNE NOUVELLE AVANCE
EN LIAISON AVEC LES FORCES AMÉRICAINES**

**CORPS FRANC D'AFRIQUE ET 2° CORPS AMÉRICAINS
MENACENT BIZERTE**

**LE CORPS FRANC SURMONTANT TOUTES LES RÉSISTANCES
A POURSUIVI SA POUSSÉE VERS L'EST**

La pression du Corp franc d'Afrique se poursuit favorablement

Le 8, pour commenter les opérations qui ont suivi l'affaire du Djebel Sema, Robert Raymond rédige un article sur "L'attaque de la cote 401, première étape vers Bizerte", et l'on termine le 15 par un titre emphatique :

Le Corps franc d'Afrique a hissé les couleurs de la France au mât de la Libérattion

Les Dernières Nouvelles du 23 mai publient un article sur l'arrivée du CFA dans Bizerte. La ville est en ruine et les habitants sortent de plus en plus nombreux au devant des patrouilles d'apparence anglaise. S'apercevant de leur méprise ils se jettent au cou des vélites. Le lieutenant Marchal a accusé le père Prévost d'avoir pris plus que sa part des embrassades[56].

Comment expliquer l'engouement qui place d'un coup le Corps franc au sommet de "la une" ? Aux difficultés qui se produisent ailleurs, probablement. Les forces de l'Axe ont perdu leurs capacités de manœuvre. Attaquer serait trop coûteux en matériel et en carburant, reculer serait trop coûteux en hommes. Elles doivent combattre sans esprit de recul. Pour rendre inopérantes les maigres réserves mobiles des Germano-Italiens, le général Alexander fait pression sur tout le pourtour du périmètre. Si von Arnim veut combattre à l'ouest de Tunis, il se heurtera à la 1ère armée britannique, spécialement renforcée et cet effort facilitera une reprise de l'offensive de la 8e armée venant du sud. Si von Arnim dirige ses réserves vers le sud, ce qui est le plus probable compte tenu de l'agencement des voies de communications, la 1ère Armée donnera un puissant coup de bélier ouest-est vers Tunis. Le 2e Corps américain doit se contenter de fixer des forces ennemies dans le nord et empêcher une évacuation par Bizerte.

Mais la résistance est farouche. Montgomery est tenu en échec par Messe devant Enfidaville, Anderson est tenu en échec par von Vaerst devant Medjez-El-Bab, Bradley est coincé par Bulowius, la 334e GJD et le groupement Barenthin[57] dans la vallée de l'Oued Tine d'où ses blindés ne peuvent pas sortir[58]. Par suite, l'avance d'Eddy paraît le seul élément encourageant ; on le met en valeur ; les journalistes se précipitent. À la gauche d'Eddy il y a le Corps franc, dont la progression est remarquable et, à la gauche du Corps franc, les tabors auxquels rien ne résiste. Jusqu'au 6 mai, c'est le seul mouvement spectaculaire du front, le seul auquel n'importe qui peut donner un sens stratégique : la brigade Magnan tourne la droite ennemie et se met en situation de nous rendre Bizerte ! Le quartier général du commandant en chef, abondamment renseigné par les télégrammes chiffrés passés par *Flore* (Magnan) à *Gustave* (Giraud), sert d'amplificateur.

Ceci dit, le corps Bradley n'a pas remporté une mince victoire. L'armée américaine a montré de quoi elle était capable. À défaut d'expérience tactique, sa logistique impressionnante et la vigueur physique de ses jeunes combattants ont porté un coup fatal au général von Arnim qui voulait se maintenir dans la zone Bizerte, Tunis, Cap Bon assez longtemps pour évacuer un bon quart de ses forces. En fait, seuls 663 Germano-Italiens ont pu s'échapper.

Lendemains de victoire

Le 9, Durand est allé rendre visite à son camarade de promotion de Saint-Cyr[59], Etienne Falleur, commandant de la 2e demi-brigade dont le PC vient de s'installer à Sidi-Amour. Falleur a été un valeureux soldat de la Première Guerre et, passé dans la Coloniale, il a fait carrière en Afrique équatoriale et au Maroc. En 1940 il commandait le 270e RI. Prisonnier, libéré comme père de six enfants, il quitte l'Armée pour une société d'assurances algéroise où il travaille au moment du débarquement. Peu sûr de se réconcilier avec une armée qu'il jugeait avec sévérité, il a rejoint le Corps franc. On célèbre dignement la victoire. Magnan viendra prendre le café et l'on fêtera aussi les étoiles que le général Giraud lui a attribuées pour l'habileté avec laquelle il a mené l'opération. Magnan, les épaulettes ornées de quatre grandes étoiles prélevées sur des cols de vareuses italiennes[60], arrive en même temps que des chasseurs-bombardiers ennemis décidément rancuniers. Tout le monde disparaît sous les tables pendant que les vitres volent en éclat ; cette brève démonstration ne cause aucun autre dommage et augmente la belle humeur des convives. Le lendemain, le général Magnan est nommé commandant de la place de Bizerte par le général Juin qui sera très temporairement Résident général en Tunisie. Le premier ordre de Juin est de mettre l'amiral Derrien en résidence surveillée en attendant l'arrivée de l'amiral Leclerc, désigné pour commander la base navale.

Les compagnies ont enterré leurs morts et pansé leurs plaies. On a retrouvé à l'hôpital de Ferryville le lieutenant Fournier. Au front, les blessés étaient rapidement évacués vers l'hôpital de campagne américain. On a employé pour la première fois des jeeps sur le capot desquelles le médecin-lieutenant Meunier a eu l'idée d'arrimer les brancards.

Malgré deux balles à la jambe gauche, Jacques Amar se rétablit vite. Les cuistots apportent trois fois par jour des plateaux emboutis richement garnis, les jolies infirmières américaines passent entre les repas cigarettes, bonbons, chocolats et administrent le soir une gentille piqûre qui fait dormir. Mais hélas, tout a une fin. Quand le "sergeant" explique à Amar qu'il le fera transporter le lendemain, par avion, à l'hôpital français de Sidi-Bel-Abbès, notre ami fait si peine à voir que ses compagnons américains bourrent spontanément son sac de cigarettes et de douceurs.

La Dépêche rendra le 11 mai un long hommage à l'homme hors du commun qu'était Géo André, rugbyman, recordman du saut en hauteur et de toutes les disciplines de courses de haies, sélectionné olympique, journaliste sportif, tué près de Bizerte à 54 ans, après avoir accumulé en 1914-1918 trois blessures, cinq tentatives d'évasion dont une réussie.

Le général Eddy[61] n'avait pas cessé d'être élogieux à l'égard du Corps franc : "Le courage de vos soldats et leur résistance sous le feu ont été un exemple pour tous ceux d'entre nous qui ont été témoins de leur lutte sur votre front"[62]. Il n'a oublié ni le CFA ni les tabors dans son message de victoire du 13 mai. De son côté, le général Bradley a raconté la perception qu'il avait eu du Corps franc.

"...un mélange d'émigrés Français libres, réfugiés politiques et indigènes berbères (...). Le long de cette ceinture de collines de la côte méditerranéenne, où les épaisses forêts de chênes-lièges aux sous-bois de taillis touffus formaient une jungle presque impénétrable, le Corps franc tailla son chemin à la "machete" en direction de Bizerte (...) parmi ces hommes se trouvaient des loyalistes espagnols réfugiés en France et des Français échappés de Vichy. Une des compagnies d'infanterie, me dit-on, était commandée par un amiral espagnol, une autre par un médecin juif[63]".

Quoi qu'il en soit, Bradley les avait appréciés. Il avait aussi apprécié le 4e tabor dont il suggéra à Patton l'affectation au corps américain de débarquement en Sicile.

Pour fêter la Libération, le maire de Ferryville a demandé un premier défilé le 10 mai. Le général Magnan l'a conduit avec des compagnies du 3e et du 4e bataillons. "Accueil enthousiaste. Nous sommes couverts de fleurs... Cela paye de bien des peines"[64].

Le 14, le commandant Durand rassemble les 1er et 3e bataillons sur le port de Bizerte pour rendre les honneurs au général Giraud. *L'Écho d'Alger* du 15 couvre l'événement.

> "Le commandant en chef passe ensuite la revue du Corps franc rangé sur le front de mer aux palmiers décapités. Avant le défilé, le général félicite le commandant de la demi-brigade pour l'excellente conduite de ses troupes puis il s'adresse aux officiers dans un langage paternel : vous avez rempli complètement une mission qui vous était assignée et j'estime qu'aucune troupe n'était capable dans ce terrain de la remplir aussi bien que vous. Vous avez pris une part importante dans la reconquête de la Tunisie. Je veux que vous ayez une part aussi grande pour la libération de la France. D'ici là, il faut que vous soyez mieux armés, mieux instruits aussi".

Mais *La Dépêche* donne plus de détails sur l'allocution du commandant en chef :

> "Je ne suis pas mécontent de vous, vous avez accompli une belle opération avec votre foi et votre enthousiasme. C'est précisément cette foi en son avenir qui a manqué à la France (...) Je ne veux pas parler de discipline en un si beau jour. Et pourtant je n'ai jamais commandé une troupe aussi belle que celle que j'ai commandée à l'assaut de La Malmaison en 1917 : 390 survivants sur plus de mille, dont 5 officiers sur 16... C'est cette valeur militaire que je veux obtenir de vous et de vos hommes".

Ceux qui connaissent déjà le général se regardent du coin de l'œil, les plus jeunes essaient de comprendre. Après les encouragements cordiaux et répétés des généraux alliés ce discours semble venir d'un autre monde. Assez tendus, les officiers rejoignent les rangs et - en ce beau jour où il ne faut pas parler de discipline - les deux bataillons défilent impeccablement au son d'une *Madelon* exécutée sur un rythme insolite par la *9th Infantry Division Band*. Les témoins diront que l'entourage du Commandant en chef a été impressionné, sinon étonné, par la belle tenue du Corps franc[65]. Le 2e bataillon défile l'après-midi même à Ferryville aux accents plus familiers de la fanfare municipale.

Quelle est la nature du lien qui a existé entre le général Giraud et le CFA ? Il est bien difficile de le dire. Le général a créé le Corps franc, c'est l'un de ses premiers actes de commandement en novembre 1942. Il s'en est désintéressé jusqu'à l'assassinat de l'Amiral, après quoi il l'a soupçonné et poursuivi au même titre que les comploteurs qu'il voyait un peu partout. En février, il lui a donné les moyens de devenir une troupe digne de figurer au côté des Alliés. De ce fait, certains gaullistes ont estimé que le CFA était une sorte de milice giraudiste et s'en sont méfiés. À partir d'avril, le Commandant en Chef a reconnu que le Corps franc était composé d'hommes courageux, animés de cette foi en la France "qui a manqué aux autres". Nous verrons plus loin comment il l'a encore aidé ou condamné. Ces errements sont-ils de même nature que les déceptions de ceux qui ont cru en lui : Américains, Français d'Afrique du Nord, hauts fonctionnaires, officiers supérieurs, patriotes sincères chaque fois surpris de se trouver en face d'un personnage assez différent de l'image qu'ils s'en étaient faits à l'origine ?

Mais ces réflexions ne sont pas à la hauteur de l'évènement ; comme l'a dit Churchill, c'est la fin du commencement. Des dizaines de milliers d'Allemands et d'Italiens marchent dans la poussière. Le 4e bataillon fournit une garde pour surveiller cette immense foule qui sait d'ailleurs très bien s'organiser et s'enfermer derrière les palissades qu'elle dresse elle-même. Dans la dernière semaine les Allemands étaient extrêmement démoralisés. Ils avaient mal supporté l'évacuation tardive des meilleurs cadres, ne comprenaient pas vraiment la cause de leur défaite et l'idée même de la captivité leur faisait horreur. Le comportement des Italiens était différent. Ils avaient tenu jusqu'au dernier moment, pour l'honneur du drapeau, et se jugeaient quittes. La captivité ne les effrayait pas outre mesure, depuis vingt ans ils s'étaient accoutumés à tout. Dans la zone assignée au 2e corps américain on capturera 38 000 hommes sur un total supposé de 238 000 [66]. C'était la première grande victoire après Stalingrad et l'assurance que l'Axe serait battu. Les batailles de la Méditerranée ne tiennent pas une grande place dans l'historiographie de la deuxième Guerre. Elles furent mieux jugées à l'époque où elles se déroulaient. Depuis, les spécialistes sont les seuls à avoir compris leur intérêt expérimental : adaptation des forces américaines à la guerre moderne, retour des armées françaises, coopération internationale, coopération interarmées, majestueuses joutes aéronavales, élaboration des techniques de débarquement à grande échelle.

Le 18 mai, le journaliste F. Musard a déjeuné à la table du commandant Durand avec les officiers et la marraine Françoise Rosay : "Fleurs sur la table, serveurs en gants blanc (...)

Belle tenue, belle humeur, voilà qui pourrait être leur devise..." [67]. Le 20 mai, au grand défilé interallié de la victoire à Tunis, le CFA défile après les maghzen. Ce jour-là, les Tunisois acclament le commandant de la demi-brigade, l'amiral Buiza et sa 9e compagnie "Étrangère" choisie pour cette consécration. C'est un hommage rendu à ceux qui n'ont pas cessé de souffrir depuis cinq ans et qui, par ailleurs, défilent remarquablement. Ils avancent au dernier rang de l'infanterie française, "les applaudissements s'intensifient plus encore, ils saluent le passage des Corps francs en tenue anglaise, armés de mitraillettes..."[68].

La victoire avait eu son prix. Au cours des deux journées du 26 et du 27 février le CFA avait perdu 191 hommes dont 170 tués et disparus. Il en avait encore perdu 155 dont 90 tués et disparus pendant le mois de mars. Au cours de l'offensive finale, entre le 23 avril et le 8 mai, les pertes s'élevaient à 345 hommes dont 131 tués. Ramenées en hommes par jour de combat, ces pertes sont comparables à celles subies par le Corps expéditionnaire français en Italie pendant la grande bataille du mois de mai 1944.

Le dernier mot du général Manton S. Eddy.

Q G de la 9° DI
US Army

13 mai 1943

À LA 9° DIVISION D'INFANTERIE,
AUX TROUPES QUI LUI SONT RATTACHÉES
ET AU CORPS FRANC D'AFRIQUE

Vous avez encore accompli votre mission. Vous aviez pris position face à l'ennemi à l'entrée de la vallée de Sedjenane. Les troupes de l'Axe étaient placées sur des positions préparées à l'avance. Quant à vous, vous aviez à surmonter des obstacles que vous n'aviez jamais rencontrés ; vous étiez obligés de traverser des terrains impraticables, des secteurs où les approvisionnements ne pouvaient suivre et où les blessés ne pouvaient être transportés, sinon par des mulets ou à dos d'homme.

L'ennemi avait espéré que votre avance serait contrariée par les taillis, par le terrain montagneux, par des champs de mines étendus et un relief escarpé... Par delà et malgré tous ces obstacles, pendant 17 jours, vous avez avancé vers l'objectif en repoussant un ennemi luttant désespérément sur une étendue de plus de 32 miles.

C'est ainsi que vous avez pris BIZERTE, une des premières places fortes de l'Axe en Afrique du Nord. Par votre avance, vous n'avez pas seulement forcé l'ennemi à se replier, vous avez aussi rendu possible la capture de nombreuses unités ennemies qui opéraient au sud de notre secteur.

C'est donc avec un sentiment de fierté et de reconnaissance que je vous félicite très sincèrement pour cette tâche que vous avez si bien remplie.

Je sais que je puis compter sur vous pour toutes les missions à venir avec le même résultat que celui que vous venez d'obtenir.

M.S. EDDY
Major Général

US Army

Notes du chapitre 6

1. Le colonel Devinck était le chef de cabinet du général Giraud.

2. Béthouart (1968) op. cit., pp. 164-176.

3. SHAT, 12P258.

4. Le RICM donnera lieu à la constitution d'un régiment de reconnaissance sous les ordres du Lt Cl Le Puloch.

5. SHAT, 11P257, note Magnan à Giraud, 2 mars 1943.

6. SHAT, 11P257, rapport Durand du 30.03.1943.

7. SHAT, 11P257, note Blaizot du 9.04.1943. On peut en déduire que le 1er régiment de chasseurs parachutistes devait, selon les plans initiaux , être composé de jeunes des Chantiers encadrés par des sous-officiers coloniaux.

8. Témoignage écrit Benyamine (1995).

9. Daillier (1978) op. cit., p. 97.

10. Les douahïrs étaient en principe une force de police rurale, comme les goums du Maroc et les maghzen de Tunisie. Il s'agissait en réalité d'un camouflage.

11. Renseignements communiqués par le Cl Pinelli (anciens de la 9e DIC).

12. Duvollet (1983) op. cit., p. 219.

13. SHAT 11P258, JMO Brigade CFA.

14. Témoignage écrit Benyamine (1995).

15. Daillier (1978) op. cit., p. 316.

16. Journal de marche d'André Fedida publié dans la revue du bataillon médical n° 13 de la 2e DB.

17. Hebert (1945) op. cit., p. 49.

18. Ordioni (1972) op. cit., p. 623.

19. Françoise Rosay avait décidément un instinct très sûr. Elle écrit à P. Ordioni, le 28 août 1942 "... on me dit mille choses" et envisage de s'installer au Maroc vers le 15-20 octobre, ce qu'elle fit (Ordioni, 1972, op. cit., p. 357).

20. Directive Eisenhower à Alexander du 17.02.1943

21. Alexander (1949) op. cit., p. 98.

22. Directive générale Alexander du 14.03.1943.

23. Les généraux Patton et Bradley ont obtenu du Gl Eisenhower que le 2e CAUS se présente dans le secteur nord au complet de ses quatre divisions : 1ère DIUS (Gl Terry de la Mesa Allen), 9e DIUS (Gl Manton S. Eddy), 34e DIUS (Gl Charles W. Ryder), 1ère DBUS (Gl Orlando Ward remplacé par Harmon) soit, avec les éléments de corps d'armée, 92 000 hommes. Le général Anderson, qui estimait que le secteur ne permettait pas de ravitailler plus de 38 000 hommes souhaitait limiter l'effort américain à l'intégration de la 9e DIUS au 5e corps britannique. Mais l'opinion et l'armée américaines voulaient que leur part dans la victoire fut visible ; ils firent l'effort logistique nécessaire (Bradley, 1952, op. cit.).

24. Alexander (1949) op. cit., pp. 129-138.

25. SHAT, 5P50, note Juin à Bradley du 23.04.1943.

26. Blumenson (1968) op. cit., p. 273. Les autres raisons qui influençaient Rommel : faire face à Montgomery et baisse évidente de moral.

27. Bradley (1951) op. cit., p. 106.

28. US Army (1943) *To Bizerte with the 2nd corps*, Historical div. US War Dpt., p. 54.

29. C-Ration : rations de campagne ; K-Rations : rations de combat.

30. NAAFI : Coopérative anglaise au service des trois armées de Sa Majesté.

31. Elgozy (1985) op. cit., p. 138.

32. Ober Kommando der Heer. Commandement supérieur de l'armée de terre.

33. Rommel (1953) op. cit., pp. 107, 112-113.

34. L'Air Marshall Arthur S. Tedder commandait les forces aériennes du théâtre méditerranéen, le Gl Carl A. Spaatz celles de l'Afrique du Nord-Ouest et le Gl James A. Doolittle la force stratégique. Les forces aériennes tactiques de Tunisie dépendaient du Néo-Zélandais Conningham.

35. Témoignage Fedida (1996).

36. Témoignage du Lt Cl (R) Guy von Dorpp, fils de Joseph (1995).

37. Bouvet (1954) op. cit., pp. 23-39.

38. Que l'on appelle "Purple heart boxes" ou "Boites pour médaille des blessés".

39. Bouvet (1954) op. cit., p. 33.

40. Lettre de Joseph von Dorpp à Mme Durand, le 30.01.1952, en hommage au colonel Durand qui a été tué à Sousse (Tunisie), le 22.01. 1952.

41. Texier, des Commandos d'Afrique, sera le premier tué français du débarquement de Provence (Bouvet, 1954, op. cit., p. 35)

42. Montanari (1993) op. cit., p. 779.

43. Témoignage Vinciguerra (1995).

44. Duvollet (1983) op. cit., p. 223.

45. Egretaud (1973) op. cit., p. 95, citant Wanty E. (1968) *L'art de la guerre*.

46. Giraud, 4.06.1943. Fournier, Puech-Sanson, Rose, Billaud, von Dorpp, Deveza et le docteur Marill ont été blessés.

47. Giraud, 2.07.1943.

48. Giraud, 4.06.1943.

49. La 2e demi-brigade n'est pas engagée. Son 4e bataillon assure le service des arrières. Le 4e et le 5e pourvoient aux recomplètements.

50. Le colonel Bouley, qui avait été attaché à l'Etat-major du Gl Weygand à Alger, était maintenant officier de liaison du Gl Mast auprès de l'armée américaine. Il fut nommé chef d'état-major du Gl de Larminat en décembre 1943.

51. La 6e division blindée britannique arrive à Tunis le 6 mai au soir.

52. *Les Dernières Nouvelles*, 15 mai 1943.

53. Éditions des 28, 29, 30 avril, 1er et 2-3 mai.

54. Éditions des 29 avril, 1er mai, 2-3 mai, 4 mai.

55. Éditions des 4, 5, 6 et 7 mai.

56. Cinquante ans plus tard, Marchal ne se souvient plus de l'anecdote et la porte au crédit de l'imagination du journaliste.

57. En fait commandé par Baïer, un autre vieux lièvre.

58. Connu dans les annales de l'armée US sous le nom de “Mouse Trap”, piège à rats.

59. Promotion 1919-1920 “Les Croix de Guerre”. Magnan était de la promotion 1920-1921 “Les derniers de la Grande-Guerre”. Pour ces deux promotions le concours était ouvert aux jeunes officiers de réserve bacheliers et décorés de la croix de guerre.

60. “Le stellette” symbolisent l'armée pour les italiens ; porter l'uniforme se dit “portare le stellette”.

61. Bradley considère que Eddy fut l'un des meilleurs généraux de l'armée américaine. Il commandera encore la 9e DIUS en Sicile et dans le Cotentin. Le Gl Gilbert R. Cook, commandant du 12e corps, étant atteint d'une grave maladie de cœur, son commandement est remis à Eddy qui prendra Tours, Orléans et Nancy (le 15 septembre 1944). Le 12e corps est engagé dans les Ardennes le 22 décembre, début mars il avance sur Bitburg et atteint Oppenheim le 22 mars. Eddy doit renoncer à son commandement le 19 avril 1945 pour affection cardiaque.

62. Note à Magnan, 28.04.1943.

63. Bradley (1952) op. cit., p. 95.

64. JMO 11e compagnie.

65. Gouberville (1971) “Le Corps franc d'Afrique. 1942-1943”. *Revue Historique des Armées*, N° 1971/4, p. 56.

66. Chiffre invérifiable à 50 000 hommes près (Montanari, 1993, op. cit., p. 550).

67. *Les Dernières Nouvelles*, 23 mai 1943.

68. *La Dépêche*, 21 mai 1943.

7

La dissolution

Armée nouvelle et projet Magnan

Les lampions sont éteints, le CFA est rassemblé à Medjez-El-Bab avant de rejoindre ses nouveaux cantonnements. Le 25 mai l'état-major de la brigade est à Alger (1, rue Joinville) avec l'intendance (75-77 rue de Constantine) et le Dépôt (56 boulevard Thiers). La compagnie de QG, la compagnie auto et le 1er bataillon sont à Bouira. Les autres formations campent en Kabylie ; l'état-major de la 1ère demi-brigade et le 3e bataillon à Tikjda, le 2e bataillon à Maillot. L'état-major de la 2e demi-brigade, le 4e et le 6e bataillons sont à Sidi-Aïch, le 5e à Akbou.

Tout le monde n'est pas à l'ordinaire. Les gens du pays étant en permission ou en convalescence, les cantonnements sont surtout peuplés d'étrangers et d'évadés de France. *L'Écho d'Alger* relate une quête effectuée en faveur des familles, le 3 juin. Le 19, on a procédé aux obsèques du sous-lieutenant Badin, administrateur civil en Kabylie et fils d'un avocat - commandant de réserve - bien connu à Alger. Le 14 juillet a eu lieu le Gala Tricolore du CFA au Parc de Galland. Pour l'heure les populations algériennes se reconnaissent dans le Corps franc d'Afrique. Quelle sera sa place dans l'armée nouvelle ?

Depuis son évasion, le général Giraud veut libérer la France à la tête d'une armée puissante et moderne. Des plans avaient déjà été établis en 1941 par le capitaine Beaufre ; après l'arrestation de celui-ci, ils seront actualisés par le colonel Jousse. Dans les derniers jours de novembre 1942 l'affaire est immédiatement confiée au général Prioux. Les Américains étaient d'accord, en principe, pour équiper deux corps d'armée français, mais Giraud voulait plus et en n'acceptant pas les atermoiements de son entourage ou des Américains, il sut - à cette occasion - communiquer une énergie qu'il serait injuste de nier. La mise en place de cette armée exigea un travail intense, des modifications nombreuses, la recherche de solutions efficaces à des problèmes considérables[1]. Il ne manquait pas d'officiers de haut-rang et de brevetés d'état-major car on avait convaincu les Allemands qu'ils étaient nécessaires à la défense de l'Empire. Il ne manquait pas d'indigènes pour étoffer la troupe. Mais on manquait cruellement de cadres subalternes et de spécialistes. Avec le sens de l'organisation qu'on lui connaît, l'amiral Darlan avait immédiatement ordonné la création de fortes écoles de cadres. En outre, la nouvelle armée devait se conformer à un modèle américain déconcertant tant il paraissait moderne et rigide : on comprenait vite que la distribution des ressources humaines allait poser de gros problèmes et qu'il faudrait faire flèche de tout bois, recourir d'abord aux européens d'Afrique du Nord, à l'encadrement de qualité des troupes coloniales, aux volontaires étrangers et aux évadés de France par l'Espagne. Aux difficultés que l'on avait évaluées à l'origine allaient s'ajouter deux difficultés nouvelles : le nombre élevé des formations faisant appel à une forte qualification technique et l'apparition des Forces Françaises Libres.

À la fin de la campagne de Tunisie, le climat politique était toujours aussi mauvais. À l'imbroglio du 8 novembre avaient succédé l'imbroglio du 24 décembre (attitude dictatoriale de Giraud après la mort de Darlan) et l'imbroglio du 14 mars (discours libéral de Giraud). L'arrivée de De Gaulle le 30 mai donnait le signal d'une bataille politique qui allait durer de juin à octobre. Les Alliés se demandent sérieusement s'ils peuvent continuer à équiper une armée française aussi réticente à se conformer aux objectifs avoués du monde libre et ils exercent une certaine pression politique sur le général Giraud[2]. La revue de la victoire qui s'est déroulée à Tunis a été le symbole de la désunion des Français. Les FFL n'ont pas voulu défiler avec "les vichystes" et sont restés dans les rangs de la 8e armée britannique. La partie était mal engagée, ceux que l'on attendait avec impatience tournaient le dos au commandant en chef et se posaient en concurrents. À cette opposition assez ostensible s'en ajoutaient d'ailleurs bien d'autres suscitées par les querelles de boutons, de carrières et les nécessités techniques. L'exemple du Corps franc nous offre une opportunité toute particulière d'apprécier une situation dont on comprend bien qu'elle ait fait l'objet d'une certaine discrétion.

Après la victoire de Bizerte, les officiers du CFA étaient loin d'imaginer le sort qui attendait leur brigade. La dispersion d'une telle troupe, porteuse d'une telle espérance, a semblé sacrilège à ceux qui en faisaient partie. Le général Magnan a déploré qu'on ne l'ait pas suivi lorsqu'il a voulu rallier dans son entier le Corps franc à de Gaulle[3] ; le général Giraud, le commandant Bouvet, le lieutenant Elgozy se sont montrés sévères à l'égard de Magnan[4]. Leurs prises de positions ne sont pas exemptes d'esprit partisan et de sérieuses lacunes.

Dans les jours qui ont suivi la prise de Bizerte, le chef du Corps franc se consacre avec son état-major à la mise au point d'une nouvelle organisation. Il s'inspire du projet Monsabert de décembre 1942. Le CFA constituerait une brigade indépendante composée d'un état-major, de deux demi-brigades légères à trois bataillons chacune et de moyens importants de soutien et de support (Génie, Transmissions, Train, services médicaux, etc.), en tout 8 704 hommes. Où trouver tout ce monde ? Le 20 mai il n'y a que 4 983 présents. Le recrutement CFA a été fermé aux mobilisables le 23 mai et les bureaux ouverts à Bizerte (capitaine Coquin) et à Tunis (lieutenant Elgozy) ont un piètre rendement[5]. Comme en décembre, on envisage de faire appel au recrutement étranger : 800 Espagnols et 800 Yougoslaves auxquels s'ajouteraient 2 500 de ces jeunes évadés de France qui commencent à arriver d'Espagne.

Le projet Magnan a trouvé un écho favorable auprès de l'État-Major Général "Guerre" qui a élaboré un contre-projet prévoyant la constitution d'une brigade à six bataillons avec Génie, Transmissions, Train, Forces terrestres antiaériennes, services et Intendance. L'effectif théorique est au total de 6 146 hommes[6]. L'EMGG pense que cette brigade pourra être incorporée au 1er corps de débarquement qui sera commandé par le général Juin et comprend déjà les trois divisions d'infanterie nord-africaine en voie de modernisation. Les généraux français sont assez surpris par les dosages qu'on veut leur imposer et particulièrement par la faiblesse relative du nombre des bataillons d'infanterie. De plus, ils estiment que la campagne de Tunisie a bien montré l'intérêt des formations rustiques sur le théâtre méditerranéen. L'EMGG s'efforce donc de constituer une réserve d'infanterie ad hoc et envisage de constituer un corps de montagne composé d'une division marocaine, des Tabors et du Corps franc. Ce corps pourra utiliser des armes françaises, anglaises et américaines[7]. Mais Magnan fait rapidement savoir à l'état-major de Juin les difficultés d'exécution liées à cette directive, ses remarques sont répercutées à l'EMGG[8].

Le premier problème concerne l'encadrement. Au lendemain de Bizerte, Magnan, souhaitant que le nouveau Corps franc soit commandé par des officiers "jeunes et de tout premier ordre", a fait un sérieux écrémage. Il est vrai que la moyenne d'âge des officiers était plus élevée que la moyenne de leurs qualifications, mais ils étaient là depuis le début et connaissaient bien leurs hommes. Le colonel Falleur et le capitaine Simon sont remis à la disposition de la Coloniale. Le général de Monsabert reprend à la 3e DIA le lieutenant-colonel Jamilloux, le commandant Durand, le capitaine Collomb et le lieutenant Vrillon. Un certain nombre de contrats sont résiliés, ce qui provoque un effet fâcheux. L'état-major du CFA est imprudent ; il se débarrasse d'officiers de l'armée d'Afrique habitués aux populations qui constituent le Corps franc et il n'est pas sûr de les remplacer car l'État-Major général ne lui a rien promis.

Pourtant il va falloir trouver les 268 officiers qui figurent sur les tableaux d'effectifs théoriques du projet Magnan ; ils n'étaient que 158 le 15 mai et ne seront plus que 110 le 15 juin après les départs dont nous venons de parler. Pour remplacer les officiers supérieurs qui sont partis, le général Magnan demande au général Devinck que lui soient affectés le lieutenant-colonel Brissaud-Desmaillets et le commandant Clair, tous deux du 7e RTM, ainsi que les chefs de bataillons Pianet (6e RTS), Signard (du Centre d'Organisation et d'Instruction des Troupes Coloniales de Mostaganem), Amilhat et Guflet (de l'Infanterie Coloniale d'AOF)[9]. Voilà beaucoup de coloniaux... et ce n'est pas fini.

Il y a ensuite le problème des hommes. Pour matérialiser la vocation franco-étrangère de la brigade indépendante, il est d'abord décidé que le 3e bataillon sera intégralement espagnol, les non-espagnols du 3e passant au 1er et les Espagnols des autres bataillons passant au 3e[10]. Le capitaine Buiza doit sillonner l'Oranais à la recherche de compatriotes[11]. Le lieutenant espagnol Van Baumberghen est chargé par le général Magnan de lui apporter sa croix de guerre avec palme. Buiza accueille le lieutenant par ces mots : "Écoute Bamba ! la guerre, j'en ai assez. Alors va dire à Magnan que je m'arrête, que je mets la croix de guerre sur la cheminée et que j'épouse une directrice d'école de Mostaganem". Le recrutement yougoslave est destiné au 5e bataillon vers lequel on a dirigé deux cents prisonniers slovènes ou dalmates mobilisés contre leur gré dans l'armée italienne. Mais ils viennent d'apprendre qu'une armée nationale yougoslave va être constituée au Caire et préfèrent s'y rendre. Enfin, de nombreux volontaires n'ont pas oublié leur gaullisme et leur ralliement à la France Libre va prendre des proportions considérables.

Les "mutations spontanées"

Les hommes du Corps franc ont été parmi les premiers à tirer des conclusions immédiates de l'échec politique de la réunion d'Anfa au cours de laquelle de Gaulle et Giraud ont affirmé leurs divergences aux yeux du monde. *Edouard Samuel* était réfugié au Maroc en 1942. Ancien chef de publicité de la revue Marianne, il faisait partie d'une l'intelligentsia de gauche qui était assez présente à Casablanca [12]. Il vivait de menus travaux : cours d'anglais et d'allemand, secrétariat chez un avocat puis emploi au Bureau des Ports. Comme il était connu de la police, il fut interné brièvement avec quelques amis dans les jours qui suivirent le débarquement. Il s'engagea au Corps franc le 2 janvier et fut affecté au 5e bataillon. C'est là qu'il fit la connaissance du commandant Soulé-Susbielle "homme sympathique, assez âgé" et du capitaine Lallement "bon légionnaire, dur, strict, chaleureux : un type formidable". Comme sergent de réserve, Samuel avait été chargé de l'instruction des recrues. Il suivit les tribulations inconfortables du bataillon de Casa à Taza, Guercif et El Ksob où il y avait un barrage à garder [13]. En avril on demanda au 5e de fournir une compagnie pour la Tunisie ; Lallement fut chargé de la constituer, mais Samuel ne fut pas retenu du fait de ses fonctions d'instructeur ; en effet, les nouvelles recrues ne cessaient d'arriver. Samuel se cacha donc dans le convoi en partance pour Tabarka où, sans autre forme de procès, on l'affecta à la compagnie de commandement du 1er bataillon, le 13 avril[14].

Le commandant Bouvet ne déteste pas les échanges d'idées avec des garçons intelligents et Samuel comprend vite que leurs opinions diffèrent. Après être entré à Bizerte parmi les premiers, Samuel et le vélite Klotz enfourchent une motocyclette italienne abandonnée, se rendent à Tunis, trouvent le QG des Français Libres et expliquent à Fleury et au capitaine Viazzi que les corps francs sont prêts à rejoindre les FFL, il suffit de venir les chercher. Après un bref temps de réflexion, les FFL fournissent des véhicules qui se rendent discrètement à Bizerte et font le plein de volontaires [15]. Peut-on douter de ce témoignage ? Certes non. Le général Magnan avoue que 250 vélites ont quitté les rangs avant la fin du mois de mai. À vrai dire, le CFA fait relâche ; de nombreux officiers ont été blessés ; tous ceux qui n'ont pas eu la moindre permission depuis janvier sont dans leurs familles ; le retour programmé du Corps franc au sein de l'armée crée une réelle confusion administrative.

En réalité les recruteurs FFL avaient été actifs dès le mois de mars, au moment de l'arrivée de Leclerc et Koenig en Tunisie. Les volontaires Français et Tunisiens prêts à reprendre la lutte se joignent aux gaullistes dont les exploits et la belle allure font le meilleur effet. Les tirailleurs maintenus en inactivité pendant la campagne se présentent normalement dès qu'ils voient des officiers français. Le 22 mai, le général de Larminat a rendu visite au général Juin pour mettre au point les modalités de recrutement des Forces Françaises Libres en Afrique du Nord. Il n'y a pas eu d'accord. Le général Giraud refuse tout arrangement et demande même aux autorités alliées de retirer les FFL du territoire de la Régence. Il a réitéré sa demande avec force sur l'estrade du défilé de Tunis où les Français Libres ont eu l'aplomb de défiler dans les rangs de l'armée britannique. Avec l'accord de Churchill, McMillan a demandé à Anderson de remettre les *Free French* à la disposition de la 8e armée qui les renvoie en Cyrénaïque puis en Tripolitaine où ils resteront jusqu'à fin août.

Ce camouflet irrite fortement les gaullistes qui organisent leur riposte. André Fradin (du mouvement Combat), le commandant Grossin, les colonels Jousse et Morlaix organisent le départ de ceux qui veulent rejoindre les Français Libres. Les hommes sont rassemblés dans une ferme près de Champlain avant d'être acheminés vers la Tripolitaine[16]. Le centre d'accueil de Combat se donne beaucoup de peine. L'aspirant Bauthamy travaille avec le capitaine Balensi et d'autres anciens du Corps franc dans le cadre du réseau Fradin-Grossin. La sœur de Bauthamy, Madeleine, qui tient une agence de publicité en face de la Fac, prête ses locaux. Les candidats Français Libres sont vêtus en hâte de tenues anglaises dans l'arrière boutique. Ils sortent de là d'un air dégagé et marchent vers un carrefour où les attendent des camions anglais qui les mèneront au Caroubier, et de là en Libye

Le succès n'était pas garanti. *Jean Ghenassia*, engagé au Corps franc à 16 ans, avait fait la campagne de Tunisie et, permissionnaire à Alger, s'était enquis des moyens de rejoindre la DFL.

"On m'a dit que si je voulais la rejoindre, des camions nous embarqueraient, tel jour à telle heure, au carrefour de la route Douera-Cheragas. J'y vais. Quelle cohue ! On était plus de deux cents (...) Des camions arrivent. On se réjouit, qui est-ce qui descend des camions ? Des gardes mobiles..."[17].

Ghenassia trouva plus tard un moyen plus sûr et fît campagne avec la 1ère DFL.

Le lendemain du défilé de la Victoire, les Alliés accèdent au vœu du général Giraud et renvoient les Français Libres en Libye.

Headquarters,
First Army,

BRITISH NORTH AFRICAN FORCE.

21 May 43.

My dear General,

The LARMINAT and LECLERC detachments have already received orders to return to their cantonments area near SOUSSE. They should have returned there last night.

With reference to our conversation yesterday, I spoke to General EISENHOWER and to General ALEXANDER and I think you will find these detachments are shortly sent back into CYRENAICA or elsewhere, under orders of 8 Army.

Yours sincerely

Kenneth Anderson

GENERAL H. GIRAUD.

Et puis il y a des initiatives “sauvages”. Fin mai le général Lelong, de la 1ère DFL, cherche des hommes pour combler les vides. Il demande au commandant O'Cottereau de voir à Alger Geneviève Decugis qui a beaucoup de contacts avec les résistants. Elle estime que de nombreux résistants, incorporés ou non, sont prêts à rejoindre les FFL. On répète l'aventure du Cap Matifou en créant un camp improvisé à la ferme Gastaud, près de Rouiba. Des isolés, venant du Corps franc et d'ailleurs, se présentent, on leur fabrique de faux papiers, on procède à leur immatriculation, des camions les acheminent vers Sabratha jusqu'à ce que l'amiral Muselier, informé du trafic, fasse cerner le camp par des gardes mobiles et en obtienne la reddition[18].

Le général Catroux, qui assure depuis février la liaison entre Londres et Alger, est assez fâché de ces manœuvres et exige que René Capitant et les généraux gaullistes y renoncent ; Catroux est désavoué par le général de Gaulle. Le général de Larminat comprend aussi que l'armée d'Afrique est un trop gros morceau pour être grignoté ainsi ; il exhorte le général de Gaulle à ne plus différer son arrivée à Alger pour que s'établissent enfin des rapports raisonnables entre Français et que les Américains n'interrompent pas les livraisons de matériel destinées à l'armée nouvelle[19]. Mais le général de Gaulle estime que les conditions ne sont pas encore réunies ; la parole n'est pas aux militaires mais aux politiques, soutenus par la presse. Le Bureau de Presse de la France Combattante ne cesse de fulminer contre les vichystes d'Alger et les Américains. La presse gaulliste d'Alger mène une campagne vigoureuse appuyée par les journaux contestataires : *Alger Républicain, Combat, Le Canard Sauvage*[20]. Lorsque le général Eisenhower menace d'intervenir dans le différend politique il provoque un nouveau déchaînement antiaméricain.

Spécialement préoccupé par ses attributions militaires, le général Giraud est très sensible aux campagnes de "débauchage" au sein des forces armées. Par note du 8 juin signée Devinck, reprise et complétée le 20 juin par Giraud lui-même, "est interdite l'incorporation dans une unité quelconque de tout homme ayant irrégulièrement quitté son corps ou ayant reçu un ordre d'appel auquel il n'a pas encore obéi ; tout recrutement clandestin doit être immédiatement suspendu" [21]. On a découvert 600 déserteurs dans une ferme des environs, Bouvier-O'Cottereau a engagé 150 hommes du 7e régiment de chasseurs d'Afrique de Van Hecke (gaulliste lui-même), on a appréhendé 60 hommes en instance d'embarquement sur des camions au Bois de Boulogne...[22]. "Mutations spontanées" commente philosophiquement le général de Larminat.

Paradoxalement, tandis que *Combat* gagnait une bonne part des populations à la cause gaulliste, les Forces Françaises Libres obtenaient des résultats faibles sinon négatifs, contribuant plutôt à décourager certaines bonnes volontés. Les choses prenaient une tournure telle que le général de Larminat dût donner une large diffusion à une note dans laquelle il exhortait ses compagnons "à considérer sans arrière-pensée comme un camarade de combat tout Français qui n'a cessé de considérer l'Allemand comme l'ennemi et de se préparer à le combattre dès que l'occasion se présenterait" [23]. Il est hors de doute que les nombreux résistants locaux de son Quartier-Général ne goûtaient pas l'insolence des "pékins de Londres" et ne comprenaient pas les orientations tactiques du Grand Charles.

Giraud ne voit dans ce désordre que la main de la "politique" qu'il déteste. Il prétend que les recruteurs gaullistes usent de tous les artifices pour attirer les volontaires : argent, alcool et femmes. L'appareil militaire s'en tient à cette explication car il n'en cherche pas d'autres. La discipline "qui nous a tant manqué" est le remède absolu. L'état d'esprit des hommes n'est pas pris en compte. Nous sommes bien loin en cela des Anglais ou même des Allemands. Pourtant l'aigreur du commandement et l'inconfort matériel sont ressentis d'une manière assez générale.

Un rapport succinct du 2e bureau du XIXe Corps, signé du général Koeltz, décrit l'atmosphère qui règne au cours de cet été 1943. Il reflète l'amertume à l'égard des Alliés dont les livraisons de fournitures et de vêtements ont pris beaucoup de retard. Les prisonniers de guerre semblent mieux traités que les soldats français. Il y a aussi un malaise provenant du "classement" entre unités destinées au Corps expéditionnaire et troupes de souveraineté [24]. Il y a aussi des polémiques à caractère politique entretenues par la presse. L'esprit particulariste des FFL est dénoncé. Les officiers de réserve se plaignent d'être maintenus à l'échelon inférieur de leur grade tandis que leurs familles ne bénéficient ni des distributions de vivres ni des coopératives d'alimentation réservées aux familles des officiers d'active. Les officiers d'actives sont inquiets de la diminution des indemnités. Les sous-officiers européens déplorent l'état de l'habillement et les sous-officiers indigènes se demandent ce qu'il adviendra d'eux dans une armée qui privilégie les techniciens spécialisés. La troupe est mal habillée, mal nourrie et souffre du manque de permissions.

Mais à par ça, nous dit le général, le moral reste bon [25]. Ce n'est pas de l'humour involontaire, la perspective de jours meilleurs est largement partagée. Il est vrai que les corps francs ont eu un choc en quittant le régime britannique pour la gamelle nationale. Plus de NAAFI, de cigarettes *Player's Navy Cut*, de droguerie et d'épicerie fine. Maintenant : pois chiches et haricots charançonnés. On regarde chaque matin le battle-dress et les brodequins en se demandant combien de temps il faudra encore les faire durer. Pire, les couverts qui ont été perdus ne peuvent être remplacés ; on verra plus loin les conséquences de ce genre de détails. De telles contingences n'ont pas seulement influencé les tièdes ; la plupart des engagés du CFA avaient un idéal gaulliste et les mauvaises conditions de vie n'étaient pas de nature à le leur faire oublier.

Avec près de 1 000 ralliés sur les 2 000 mentionnés par Giraud dans sa note du 20 juin 1943 on voit que le Corps franc d'Afrique est au centre du débat.

Mésentente, discorde, échec

Les obstacles se multiplient pour l'état-major du Corps franc d'Afrique ; assailli par les difficultés, le général Magnan succombera, comme avant lui le général de Monsabert. Mais la nature des obstacles a changé. Aux ralliements à la France Libre s'ajoutent les impératifs fixés par les autorités militaires et certaines difficultés que l'EM-CFA s'est créé à lui-même par naïveté politique et maladresse psychologique. La survie du Corps franc était impossible, mais on ne le savait pas au mois de mai et il est bon d'essayer de comprendre les événements qui le frappent car on comprendra ainsi une bonne part des désordres qui caractérisent la période comprise entre juin et octobre 1943.

Le général de Gaulle est arrivé à Alger le 30 mai. Le Comité Français de Libération Nationale a été constitué le 3 juin, mais la question du Haut-commandement n'est pas réglée. De Gaulle accepte que Giraud commande les armées à condition qu'il soit soumis au pouvoir politique représenté par le CFLN. Ce retour à une forme de légalité républicaine ne convient ni à Giraud ni - pour le moment - au président Roosevelt qui est prêt à suspendre le réarmement de nos forces. L'affaire s'envenime entre le 10 et le 20 juin. Le 19, Eisenhower adresse à de Gaulle une sorte d'ultimatum auquel celui-ci répond en lui rappelant vertement l'aide de la France aux États-Unis en 1917 , mais il faut bien se résoudre à un compromis. Le commandement des armées sera bicéphale, avec la constitution d'un *Comité militaire permanent* présidé par le général de Gaulle et dont le général Giraud sera membre avec les chefs d'état-major : Juin pour l'AFN et l'AOF, Larminat pour les autres territoires libérés. Le Corps franc est placé sous les ordres de Juin avec effet du 1er juin. Larminat a été nommé général de corps d'armée le 25 mai, ce qui en fait un sorte de Grand-Maître de la Coloniale.

Magnan a établi son projet de brigade indépendante le 23 mai ; il a reçu une contre-proposition assez positive de l'EMGG le 8 juin, elle est complétée le 19 juin ; il la récuse le 24 juin considérant que la brigade proposée n'a pas une autonomie suffisante. De son point de vue, l'effectif théorique ne doit pas descendre au dessous de 7 713 hommes et par ailleurs certaines exigences doivent être satisfaites sans délai : affectation massive et immédiate de cadres d'active, élimination des éléments inaptes, recomplètement des effectifs, livraison de matériel de cuisine et de campement. En effet, plusieurs bataillons cantonnent dans la nature, sans tentes. Les hommes n'ont même plus de couverts et mangent avec leurs doigts dans des gamelles collectives. Les vainqueurs de Bizerte en sont revenus aux conditions de vie du camp d'internement : aucun chef ne peut supporter cela. Magnan insiste sur le fait qu'il ne pourra conserver ses gens que sur la base de ses propositions du 23 mai[26].

La note reflète la mauvaise humeur de l'état-major du Corps franc. Les motifs invoqués sont exacts et il y a tout un ensemble de circonstances annexes. La subordination du CFA à une force de montagne hétéroclite ne peut satisfaire les officiers du Corps franc ou attirer au Corps franc de nouveaux officiers. On a transmis au général Blaizot les demandes de mutations adressées par Magnan car elles concernent de nombreux coloniaux. Comme en avril, le général Blaizot réagit négativement. L'organisation des divisions coloniales ne permet pas d'effectuer de nouveaux transferts. Blaizot, qui tient ses comptes, rappelle que le CFA a reçu depuis l'origine plus de 20 officiers et 60 sous-officiers de la Coloniale. Il accepte de muter Fonde, du 5e RTS, régiment de souveraineté, mais ne cédera aucun officier du 4e et du 6e RTS que l'on doit intégrer à la 9e division d'infanterie coloniale[27]. Enfin, les mauvaises conditions de vie réveillent le gaullisme latent des vélites. Pour faire bonne mesure, Magnan confirme dans une note du 20 juin que la France Libre a attiré 10 officiers, 76 sous-officiers et 634 hommes du CFA. Ce qu'il ne dit pas c'est que le commandant Soulé-Susbielle a lui-même envoyé 400 de ses hommes aux FFL et qu'une compagnie entière du 4e bataillon en a fait autant, sous-officiers et officiers compris.

Cette note provoque le 27 une réaction très vive de Giraud, toujours sensibilisé par les “désertions”. Il ne comprend pas l'impuissance de Magnan à freiner l'hémorragie, fait remarquer que 20 officiers et 121 sous-officiers évadés de France ont été attribués au CFA auquel on va encore affecter 30 sous-officiers des troupes coloniales[28]. Où passent-ils donc ? Le CFA n'est-il pas devenu un centre de transit vers les gaullistes ? Le commandant en chef a de bonnes raisons de le croire. On vient de lui apprendre qu'à l'arrivée du dernier bateau, une voiture du Corps franc évoluait sur le port de Casablanca, tapissée de croix de Lorraine, déployant une banderole où l'on pouvait lire[29] "Un seul but - un seul chef - de Gaulle" et le général Giraud avait très mal reçu ce pastiche de son mot d'ordre : "Un seul but, la Victoire".

Il est vrai que les jeunes évadés de France ne comprennent rien à ce qui se passe ici et font savoir haut et fort qu'ils ont traversé les Pyrénées pour aller "chez de Gaulle". Le Corps franc "porte la Croix de Lorraine", il est donc gaulliste[30]. Le général Juin avait accepté que le CFA soit prioritaire dans le recrutement des évadés à condition qu'il ne maraude pas dans les rangs de l'armée d'Afrique. Le Corps franc, semble-t-il, avait abusé de cette faculté. Le lieutenant Blanchard, du 8e RTM, l'a appris à son détriment. Chargé par le général Dody d'attirer à la 2e division d'infanterie marocaine quelques spécialistes qui lui faisaient défaut, Blanchard a fait chou blanc. Il a constaté que le CFA disposait au camp de Mediouna d'une officine de propagande composée d'un lieutenant et quatre hommes. Affiches et opuscules présentaient le CFA, vainqueur de Tunisie et libérateur de Bizerte, comme une troupe de choc déjà équipée pour débarquer en France. C'est une armée moderne où personne ne s'arrête aux vieilles routines, où l'on ne perd pas son temps en exercices de maniement d'arme et d'ordre serré, où l'on n'est pas obligé de saluer les officiers, où l'on est à l'abri des "collaborationnistes". "Bref, s'engager au Corps franc d'Afrique, c'est entrer de plain-pied dans la Gloire (...) on pourrait en conclure que le Haut-Commandement, se défiant de sa propre armée, veut se constituer une garde prétorienne...". Ainsi, des 400 évadés qui sont passés par Mediouna, un seul a choisi les tirailleurs. "Et c'est pourquoi - ajoute Blanchard - je n'ai pu susciter aucun engagement dans la 2e DIM"[31].

Karcher, un Sudète qui a fait de bonnes études à Vienne, avait quitté l'Autriche dès 1938. Après mille aventures, il arrive à Casa en juin 1943 et souhaite s'engager aux Forces Françaises Libres. Au bureau du CFA on lui explique qu'il s'épargnera les fatigues du voyage vers la Tripolitaine en s'engageant ici, car "au Corps franc on est tous gaullistes"[32]. Dans le même temps Juin apprend que le CFA se livre à un débauchage massif de légionnaires, le fait savoir à Giraud et obtient que le Corps franc ne reçoive plus d'évadés.

Le général Magnan ne peut plus éviter de se situer en fonction du débat politique qui s'engage. S'il veut conserver l'indépendance du CFA il est obligé de tenir compte de l'opinion de ses hommes. En première approximation les sympathisants gaullistes et les étrangers antifascistes dominent. Leur place est chez les FFL. Les officiers d'active peuvent avoir d'autres motivations, mais le général a bien en main ses coloniaux et doit penser que cela suffit. Puisque la France Libre a besoin de renforts, Magnan entre en contact avec Larminat et commence à envisager un transfert collectif du Corps franc vers la France Libre.

Le commandant Bouvet n'accepte pas cette solution. Tous les vélites ne veulent pas rallier le gaullisme et les officiers n'ont pas de renseignements sur les besoins réels des FFL. Ensuite, les anciens sont agacés de se voir supplantés par les coloniaux. Ne minimisons pas cette susceptibilité. La tâche est immense et, dans ces conditions, l'état-major du Corps franc est enclin à encourager la constitution d'une équipe homogène, faite d'officiers habitués à travailler ensemble et ayant les mêmes réflexes. Sur ce plan les coloniaux et les africains diffèrent. Un instinct obscur rassemble les "képis bleus" contre les "képis noirs". Bouvet, qui est resté au Corps franc, est hors de lui. Après les départs de juin, il pouvait s'attendre à être promu ; on le nomme adjoint d'un colonial fraîchement débarqué, le commandant Campos-Hugueney, qui prend le commandement de la 1ère demi-brigade. Le camouflet aurait été ressenti par n'importe qui, et comme Bouvet n'était pas d'un naturel patient il fallait s'attendre à une réaction de sa part et se douter qu'elle serait partagée par beaucoup d'anciens combattants de Tunisie qui supportaient mal le cours des événements et cherchaient désespérément une alternative.

Ils se tournent évidemment vers celui qui les avait attirés au CFA, le général de Monsabert, le "képi bleu" par excellence. Celui-ci est tenu au courant de ce qui se passe par Jamilloux, Durand, Fourastier, Vrillon, Collomb. Monsabert avait quitté le CFA en février pour les raisons que nous connaissons. Lui, si attentif à conquérir la loyauté de ses subordonnés, leur avait été infidèle. Il était conscient d'avoir une dette à leur égard et n'était pas homme à laisser les siens dans la peine. Sa 3e division d'infanterie algérienne franchissait les rudes étapes qui devaient en faire une division motorisée moderne ; les opportunités ne devraient pas manquer ; il les cherche.

Comme tout se sait, l'état-major du CFA prend des dispositions pour empêcher les képis bleus d'user de leur influence sur les volontaires qui leur seraient sentimentalement attachés. Par note secrète du 30 juin, il prépare un remaniement visant à dissocier les formations existantes et à constituer quatre nouveaux bataillons sur des bases ethniques. Après Bizerte, Putz a été nommé chef de bataillon et commandant du III/CFA, mesure juste et judicieuse car Putz avait été l'un des meilleurs officiers de la campagne ; de plus, sa grande expérience de la guerre et des hommes en faisait un intermédiaire de choix entre le commandement et une troupe aussi bigarrée. Il est toujours présent et attentif. Alors que les ralliements aux FFL atteignent 15 % aux 1er et 2e bataillon, ils ne dépassent pas 3 % dans son 3e bataillon. Il est tout pour ses hommes, et surtout pour les étrangers. Internés ou ex-légionnaires, ceux-ci se méfient des volte-faces de la politique française ; ils préfèrent serrer les rangs. Ceux qui sont passés à la Légion sont des volontaires étrangers de 1939 ou des déserteurs ; ils ont laissé des traces dans les registres. S'ils rallient la France Libre, on les affectera à la Légion et comme chacun sait que les légionnaires finissent toujours par se retrouver ensemble, et que la Légion a trop bonne mémoire, ils se méfient.

Dans le cadre du remaniement, Putz a pour mission de fusionner les 1er et 3e bataillons en un bataillon franco-espagnol. Les choses avancent difficilement. Il faut envoyer certains officiers et les étrangers non-espagnols au 4e bataillon tandis que les musulmans partent pour le 2e. Son encadrement étant insuffisant, il souhaite le renforcer en faisant nommer aspirants les sous-officiers espagnols qui pourront faire valoir leurs états de service dans l'armée républicaine. Fixant les conditions dans lesquelles son nouveau bataillon pourra âtre constitué, Putz nous donne une image fidèle de l'état dans lequel se trouve le Corps franc. Le moral reste bon, dit-il, malgré les conditions de vie très dégradées, le manque de cigarettes et de lames de rasoir. La discipline est forte, la tenue est très belle (sauf les chaussures). Putz souhaite qu'on améliore la solde des anciens combattants espagnols, il insiste pour qu'on fournisse des gamelles individuelles et des couverts, qu'on affecte des moyens de transports pour le ravitaillement, qu'on rétablisse les permissions (les charmes de Tikjda sont déjà épuisés), et qu'on puisse mettre la troupe en situation de se "livrer à ses distractions favorites et normales pour l'homme"[33].

Trouver une solution

De toutes façons l'affaire Corps franc commençait à prendre mauvaise tournure. Le comité militaire permanent décide de régler le différend sans délai. Une mission est envoyée les 29 et 30 juin à Bouira, Maillot, Akbou et Tikjda. Elle établit un inventaire précis des ressources du CFA. Elle constate la présence de 4 182 hommes avec un pourcentage d'absents variant de 14 à 50 % selon les bataillons. Comme il faut défalquer de ce nombre 200 Yougoslaves réclamés par leur gouvernement en exil, il reste de quoi constituer au mieux trois ou quatre bataillons. Les rapporteurs constatent que, sauf exceptions, le moral et la discipline sont élevés, la présentation remarquable, l'ardeur combative toujours vive[34].

Il faut donc faire vite et s'entendre sur des bases raisonnables. La solution qui semble la plus praticable s'apparente à la procédure imposée par les britanniques après le cessez-le-feu du 11 juillet 1941 en Syrie[35]. L'accord signé le 14 juillet 1941 à Saint-Jean-d'Acre permettait aux militaires de Syrie et du Liban de choisir entre le rapatriement en France et l'incorporation aux FFL. Un accord comparable est signé le 9 juillet par les généraux Juin et Larminat. Les vélites ont le choix entre "Giraud" et "de Gaulle". Il y a de bonnes raisons de penser que Juin et Larminat se soucient peu de la pérennité du Corps franc. Ils se préoccupent surtout de renforcer leurs formations respectives avec des cadres et des soldats éprouvés, comme le souhaite d'ailleurs le comité permanent. Mais Monsabert et Magnan ont chacun une responsabilité morale dans l'affaire ; ils ont à cœur de l'assumer.

Monsabert avait trouvé sa solution. Sa division s'entraînait en vue des débarquements et l'organisation opérationnelle des *Landing Teams* prévoyait des unités de *Rangers*. Alors pourquoi ne pas reprendre l'aventure des commandos de la première heure en l'actualisant ? Ralliement pour ralliement, la "bande à Monsabert" était tout à fait prête à détrousser le Corps franc de Magnan au profit de la 3e division d'infanterie algérienne. La bande se compose de Jamilloux, Bouvet et de plusieurs anciens du 8 novembre : le colonel Vette, le lieutenant L'Hostis, la famille d'Astier. C'est un peu le retour aux sources. Elle a constitué un bon dossier. Par note du 10 juillet, le général Juin fait savoir que les optants "Giraud" seront mutés à la 3e DIA en vue de constituer un commando. Le général entend que cette formation soit utilisée à des missions de repérage, d'éclairage, de sabotage, de neutralisation ; en outre, elle servira à instruire et coordonner les sections d'éclaireurs de la division. Jamilloux, Collomb et Fourastier sont désignés pour "représenter les intérêts de la 3e DIA"[36].

De même, l'équipe désignée par Larminat (Magnan et Flipo) émet le 12 juillet une proposition qui déclare que le CFA sera constitué en une brigade de 3 bataillons dans le cadre des FFL et rattaché "à l'une ou l'autre des deux DFL". La proposition est vague et sa sincérité a été mise en doute. Flipo a rejoint les FFL lorsque son camarade Monsabert a quitté le Corps franc. Rien ne le retenait plus au CFA. "Tu comprendras mes raisons", a-t-il dit alors à son “bon vieux”. C’est un spahi et la mainmise des coloniaux a eu le don de l’irriter. “Tu verras qu’ils finiront par coller une ancre sur l’insigne du CFA !”. Il a été affecté au QG 75 du général de Larminat. Il appliquera sans état d’âme les orientations de son chef et de Leclerc qui sont inspirées par un schéma bien défini.

Conformément aux vœux du QG 75, l’EM-CFA modifie à la hâte les dispositions antérieures pour constituer une brigade motorisée de type anglais à 3 bataillons avec des éléments rattachés constituant un quatrième bataillon [37]. Les chefs de bataillon sont Putz (I/CFA), d’Armagnac (II/CFA), Sicardon (IV/CFA) et Signard (VI/CFA). Le 1er et le 3e doivent fusionner sous les ordres de Putz les éléments français et étrangers des deux bataillons, le 2e recevra les musulmans qui étaient en Algérie et en Tunisie, le 4e se composera de jeunes évadés de France avec un encadrement de circonstance, le 6e - composé de Marocains à 70 % - n’est pas remanié [38]. L’annonce de ces changements provoque le désordre et l’inquiétude ; le jour de l’option rien ne sera fait...

Juin, alerté par un rapport du 13 juillet, avise aussitôt Larminat des faits qui suivent : 1. le général Magnan a interdit l’accès des cantonnements du CFA aux officiers du général de Monsabert ; 2. le personnel du CFA quitte ses cantonnements avec armement et véhicule pour des destinations inconnues ; 3. des officiers FFL se rendent dans les cantonnements pour faire du recrutement ; 4. le général Magnan procède à des mutations pour éliminer les éléments fidèles au général Giraud ; 5. le général Magnan a fait savoir que le CFA serait constitué en régiment et passerait à la division Leclerc “avec Musique et Drapeau”. Le général Juin ajoute à l’intention de Larminat : “Si ces faits sont vérifiés, je mettrais immédiatement le général Magnan à votre disposition et je ferai assurer le commandement du Corps franc d’Afrique jusqu’à sa dissolution par le colonel Vette”[39]. Le rapport qui a ému Juin est tendancieux. Il mélange vérités, médisances et calomnies. La question est vite réglée et le général Magnan est habilité à présider aux opérations d’option et de liquidation[40].

Cependant les intentions du commandant du Corps franc sont claires. Comme Bouvet et les autres, il est hostile à l’idée même de l’option. Il lui semble plus simple de remettre à la disposition de la 3e DIA tous les cadres qui veulent en être et amener ceux qui restent aux FFL en corps constitué. On a demandé par avance aux chefs de bataillons de faire la liste des “Giraud” et celle des “de Gaulle”. Le libre choix et le vote ne sont pas des pratiques essentiellement militaires et d’ailleurs personne n’a plus voté en

France depuis belle lurette. Les cadres sont indignés de ces pratiques électorales où un homme pourra choisir autrement que son chef et où seront conviés des indigènes qui n'ont jamais voté et à qui l'on donne de curieuses idées.

À ce propos il convient de citer l'incident soulevé par le lieutenant Bouchard d'Esquieu, chef de la 11e compagnie du 6e bataillon. "Pour dissiper le malaise moral qui nous étreignait tous", dit-il, ses chefs lui ont déclaré que le CFA ne serait pas dissous et que le Comité de Libération Nationale l'avait affecté en entier à l'une des divisions du général de Gaulle. Bouchard et ses hommes avaient applaudi. Jugez de la fureur du lieutenant quand il apprend, le 17 juillet, qu'il y a un accord vieux de huit jours selon lequel le Corps franc serait dissous et son personnel soumis à option. "Je ne suis ni agent électoral, dit-il, ni président de Soviet (...) cette introduction dans l'Armée et surtout chez les soldats et sous-officiers marocains de nos vilaines mœurs électorales est une honte". Et il demande à être relevé[41].

Le général Juin n'est pas décidé à laisser des subalternes contourner l'un des rares accords conclus entre Larminat et lui. Avec ses dons d'anticipation habituels il s'attendait à des difficultés d'application. Il avait donc convoqué à Alger Jamilloux dont il connaissait les talents politiques. Après la campagne, Monsabert avait fait chercher dans les villes et les douars de Tunisie les permissionnaires du 4e RTT pour les soustraire aux tentations de la France Libre[42]. Il est probable que Jamilloux, qui commandait alors en second le 4e, n'était pas étranger à l'affaire ; Juin lui confie maintenant la mission d'aller dans les cantonnements du Corps franc pour défendre l'armée d'Afrique. "Bonne chance - avait-il conclu - et tâchez de réussir pour éviter que les soldats de Giraud se rebellent contre les troupes FFL de De Gaulle et que des incidents graves se produisent. Les Alliés n'ont pas tellement confiance en nous. Il faut éviter la cassure"[43].

Jamilloux avait donc pris son bâton de pèlerin. C'est ainsi que Van Baumberghen, dit Bamba, et les officiers du "bataillon franco-espagnol" ont eu la visite d'un beau colonel, élégant, revêtu d'une belle tenue américaine, roulant dans une belle jeep, suivi de beaux camions. Le colonel a promis ces beaux habits, ces beaux camions, un bel armement et un grade de plus à tous ceux qui viendraient "chez Giraud". Mais, ajoute Bamba, les hommes du bataillon n'ont rien accepté de toutes ces largesses et sont partis "chez de Gaulle" à 90 %.

Il se livre aussi une bataille féroce pour la conquête du dépôt. Jamilloux demande au général Juin : 1. que le dépôt de guerre et ses annexes soient conservés aux forces d'AFN et d'AOF ; 2. que le colonel Vette garde le commandement du dépôt ; 3. que le drapeau du CFA soit conservé par le dépôt ; 4. que l'insigne du Corps franc, choisi par le général de Monsabert, soit celui des commandos ; 5. qu'une unité administrative soit mise à la disposition du lieutenant colonel Jamilloux ; 6. qu'un certain nombre de véhicules en état de marche soient mis à sa disposition [44].

Mais le chef du Corps franc a déjà remplacé le colonel Vette par le lieutenant-colonel Vincent et il a demandé à celui-ci de prendre possession des locaux et de faire en sorte que ceux qui ont décidé de rejoindre la 3e DIA soient "considérés comme étrangers" au CFA. Jamilloux et Vette rendent compte à Juin [45] qui réagit. Larminat répond qu'il trouve judicieux que le général Magnan prenne possession de locaux qui lui conviendront parfaitement, à lui Larminat, après la dissolution du CFA. Et il ajoute : "en raison des procédés de racolage direct employés par le général de Monsabert et ses subordonnés, je désire, dans toute la mesure du possible, éviter les contacts dans un même casernement partagé entre deux autorités"[46].

L'option et la dispersion

Il faut en finir, le lieutenant-colonel Jamilloux, agissant au nom du général Juin, et le commandant Paris de Bollardière, agissant au nom du général de Larminat ont été chargés, le 15 juillet, d'organiser les modalités de l'option. Ils doivent faire respecter la plus stricte neutralité, empêcher que l'un ou l'autre des "partis" fasse prévaloir quelque avantage que ce soit, empêcher les officiers de faire pression.

Inutile de dire que ces précautions ne furent que moyennement appliquées et qu'elles étaient en partie inutiles car les choix étaient déjà faits. D'ailleurs, les délais étaient trop brefs pour que l'on puisse procéder à un scrutin sérieux ; le "vote" sera exécuté au pas de charge. Les juges disposent de deux jours pour faire voter plus de 2 000 hommes à travers toute la petite Kabylie :

- Le 20 juillet,
  - 3e bataillon, 9 heures à Akbou,
  - 4e bataillon, 11 heures à El Kseur,
  - 6e bataillon, 15 heures à Sidi-Aïch.

- Le 21 juillet,
    Transmissions, 8 heures à Tala-Rana,
    2e bataillon, 9 h 30 à Maillot,
    QG et 1er bataillon, 14 heures à Bouira.

En principe, les deux officiers délégués doivent faire un speech suffisamment anodin pour n'influencer personne, s'asseoir à deux tables placées à distance respectueuse et enregistrer les noms de ceux qui se présentent à eux. Les témoignages renvoient des impressions variables. Il est vrai que ce genre de souvenir ne mérite pas d'être gravé dans les mémoires. Les gaullistes ont en général oublié car l'affaire leur semblait trop banale. Les gaullistes convaincus, qui n'admettaient pas que l'on mette en cause la prépondérance du général de Gaulle, avaient quitté le Corps franc en vagues successives ; ceux qui étaient encore là étaient des gaullistes "natures" qui ne comprenaient pas que l'on mette en cause la prépondérance du Général. À première vue, le 6e bataillon - qui a voté à Sidi-Aïch - était tellement gaulliste que ceux qui n'étaient pas d'accord semblent avoir eu de la peine à se retrouver "chez Giraud". Le sergent Pierre Azémard prétend qu'on a recommencé le vote quatre fois[47].

Nous avons déjà parlé du cas des étrangers qui s'en remettaient à Putz pour ne pas reprendre le chemin de Sidi-Bel-Abbès. À Akbou, le commandant avait longuement expliqué à ses vélites le sens du vote et, pour plus de sûreté, avait demandé à Bamba de traduire en espagnol pour que l'on soit sûr de s'être bien compris et que l'on aille bien vers la table "de Gaulle".

Le lieutenant Bonnard se souvient de l'option de Bouira. Il avait été démobilisé à Bizerte en 1940. Adjoint au Contrôleur civil, il avait pris le maquis pour ne pas être ramené en France et s'était engagé au CFA en mai. On l'a orienté vers le bataillon Bouvet avec 99 nouvelles recrues. Bouvet avait d'ailleurs été son instructeur au peloton des EOR de Saint-Cyr en 1931. Son expérience de l'occupation germano-italienne lui rendait insupportables les disputes auxquelles il assistait. Le vote avait lieu sur un court de tennis situé face à la mairie et à l'école. Entendant les anciens compagnons d'armes échanger des insultes, il eut un vertige et s'agrippa au grillage, complètement démoralisé. Le directeur d'école vint lui prodiguer quelques mots d'encouragement et Bonnard partit, l'esprit vide, dans la file. Il voulait, simplement, participer aux combats de la Libération avec le chef qu'il connaissait, Bouvet. Ses recrues bizertines l'avaient suivi, à une près, et il vit avec soulagement des "vieux" de Tunisie comme Aquilina, Bordier et leurs hommes marcher vers la même table[48].

Indéniablement, la force du groupe élémentaire et l'attachement aux chefs déterminaient les choix. Il y avait ainsi, pour aller "chez Giraud", une grande partie des anciens que la campagne avait étroitement soudés : Bietti, Guiseppi, du Bellocq, Chiusano, Cipriano, Fernandez, Bertagna-Lombard. Pour Georges du Bellocq, soldat de métier bien affûté, servir comme commando avait plus d'attrait que faire partie de ce qui paraissait devoir être à l'origine un régiment d'infanterie comme les autres. Le jeune Drié (19 ans) avait suivi les copains. Jean-Charles Ségaux, blessé en février, a aussi suivi ses chefs : Bouvet, Rigaud, Bietti et ses camarades, les frères Pastor et Fernandez. Si l'armurier Assémat est parti aux FFL, c'était pour suivre son lieutenant.

De nombreux témoins n'ont pas participé à l'option. Permissionnaires ou convalescents, ils ont rejoint la formation de leur choix, à leur gré. Les "Giraud" se rendent au dépôt du Corps franc et les "de Gaulle" à la caserne Vallée où l'administration des Français Libres avait fini par s'installer. On recevait tous les sous-officiers au mess algérois du CFA, quelle qu'ait été leur option, à condition "qu'on ne fasse pas de politique"[49].

La récupération des non-optants constitue un enjeu qui fait comprendre la lutte pour le contrôle du dépôt. En mettant la main sur le dépôt, l'équipe Magnan espérait mettre la main sur les permissionnaires, les convalescents et les nouveaux engagés pour les orienter à sa guise[50]. Poussé dehors, le colonel Vette se cramponne. Il fait connaître dans une lettre personnelle adressée - semble-t-il - au général Juin, le traitement dont il est victime. Il n'a plus de bureau car le lieutenant-colonel Vincent a pris le sien. Il lui est interdit de se rendre au Palais d'Été ou d'entrer en contact avec le général de Monsabert ; les chauffeurs ont pour consigne de surveiller son kilométrage en mettant le compteur de sa voiture à zéro chaque matin, de rendre compte de chacune de ses visites en ville, de feindre une panne et de téléphoner chaque fois que Vette prétend sortir d'Alger.

La lettre du colonel Vette contient par ailleurs des précisions intéressantes. Le lieutenant-colonel Jamilloux, nous dit-il, a obtenu 1 100 options. "C'est un beau résultat si l'on tient compte de la propagande et de la pression faite avant son arrivée. L'effectif réel du CFA doit être actuellement de 2 500 hommes environ". Ce chiffre montre que plus de 1 000 hommes n'ont pas participé à l'option, et Vette d'ajouter : "je suis persuadé que si nous gardons le dépôt actuel, le chiffre des options pour la division Monsabert sera facilement doublé dans un mois. Je m'y emploierai de mon mieux et j'espère bien réussir". Ce n'est certes pas l'antigaullisme qui fait parler ce très vieux résistant mais les mauvaises manières qui ponctuent fâcheusement toute l'affaire. Elles ne sont pas le seul fait des uns. Parmi les entorses imputables aux autres il y a l'affaire des Kabyles. Le lieutenant Fourastier amène en entier sa 10e compagnie au général de Monsabert. Cette compagnie deviendra tout simplement la compagnie de QG de la 3e DIA (83/25) qui, participant en Italie à des opérations meurtrières, ne se contentera pas de jouer les utilités.

À peine rentré des États-Unis, Giraud demande que ceux qui ont choisi la 3e DIA et sont localisés en région algéroise se dirigent vers Hussein-Dey tandis que les autres se regrouperont à Bouira avant de partir pour Dupleix. Les optants FFL rejoindront la Tripolitaine via Djidjelli. Le commandant en chef compte bien maintenir les Français Libres en exil et l'EMGG met gracieusement la 1ère DFL à la disposition de l'Armée de Sa Majesté[51]. Mais, après la décision du CFLN de fusionner les armées françaises, le 2 août, le général de Larminat demande au général Koenig d'envoyer au plus tôt le cadre du Régiment du Tchad (environ 600 officiers, sous-officiers et spécialistes) pour l'amalgamer au CFA[52].

Au bout du compte, on peut estimer que deux tiers des vélites opteront pour "de Gaulle". Les officiers de réserve se sont souvent portés vers "de Gaulle", ce qui était dans le droit fil de leur adhésion au Corps franc. Les officiers d'active étaient confrontés à un dilemme particulier. Ils étaient déconsidérés aux yeux de l'armée d'Afrique, ils avaient manqué à la discipline le 8 novembre, fait acte d'insoumission en s'engageant au CFA, avaient mené au feu des hommes jugés douteux et avaient - selon certains - besoin d'être rappelés à l'ordre. Ils risquaient donc d'être confinés dans des emplois bureaucratiques ou des régiments de souveraineté et être ainsi privés de l'opportunité de libérer la France, ce qui était alors considéré comme la pire des sanctions. Rien ne prouvait qu'ils seraient mieux accueillis dans les rangs de la France Libre, composés d'une nombre réduit d'unités solidement encadrées par de bons professionnels et fortement soudées par un esprit de corps fortifié par des épreuves peu communes.

On comprend que le commandant Bouvet se soit fait le porte-parole de ceux qui pouvaient craindre que l'amalgame avec les FFL conduise à un certain nombre de rejets qui ramèneraient les exclus vers des asiles inconfortables. Dans ces conditions, l'offre du général de Monsabert, chef de la première division de l'armée nouvelle, était une planche de salut. Le général Magnan, de son côté, n'était pas prêt à suivre des officiers généraux qui l'avaient sévèrement condamné pour un esprit de résistance que partageaient, d'une façon ou d'une autre, tous ses subordonnés. Pour garantir leur avenir, il estimait que le mieux était de les amener en corps constitué dans une grande unité gaulliste.

Nous parlerons aux chapitres suivant des unités issues du Corps franc. Elles n'ont pas absorbé tous les vélites. Les 1 000 hommes disparus en mai et juin ont été affectés aux deux divisions françaises libres dans des proportions que nous ignorons. Par ailleurs, d'autres aventures ont pris forme. L'une d'elles concerne le 3e bataillon d'infanterie de l'Air devenu *3rd Special Air Service Battalion* puis 3e régiment de chasseurs parachutistes.

Les généraux de Gaulle et Giraud avaient demandé aux Alliés d'accepter la participation de forces françaises pour le débarquement qui aurait lieu au nord de la Loire. Parmi elles devait figurer un régiment de parachutistes. Un 1er bataillon d'infanterie de l'Air avait été constitué autour des anciens paras de la France Libre - ils étaient sous les ordres du commandant Bourgoin - mais il fallait trouver des volontaires pour un autre bataillon, tâche rendue difficile par la création du 1er régiment de chasseurs parachutistes en Afrique du Nord. Le commandant Bouvier O'Cottereau est chargé de cette mission. En plus d'un certain nombre d'anciens du Corps franc, le *Special Detachment* lui fournira quelques hommes, d'autres viendront d'Alger ou du Moyen-Orient. En septembre, lorsque les gaullistes sont autorisés à retourner en Afrique du Nord. O'Cottereau ouvre un bureau de recrutement à Rouiba. Fin octobre 1943, il embarque avec ses recrues pour Liverpool. En arrivant au camp de Camberley, O'Cottereau apprend qu'il doit céder ses hommes au commandant Chateau-Jobert, dit Conan, qui vient tout droit de la 13e demi-brigade de la Légion étrangère.

Le régiment de parachutistes doit être commandé par le lieutenant-colonel Durand, l'ancien commandant de la 1ère demi-brigade du Corps franc. Revenu auprès du général de Monsabert il a commandé provisoirement le 3e RTA de juin à septembre 1943[53], et s'est ensuite porté volontaire pour être parachutiste. Entre temps, les Alliés avaient décidé d'intégrer les deux bataillons de parachutistes français d'Angleterre dans une brigade spéciale commandée par le général anglais MacLeod et Durand - nommé commandant de l'infanterie de l'Air en Grande-Bretagne - devra se contenter d'organiser et d'entraîner les SAS français commandés par Bourgoin et Conan[54]. Le capitaine Pierre Puech-Sanson commandera l'un des squadrons de Bourgoin[55] et le remplacera par la suite à la tête du *4th SAS Btn*, devenu le 2e régiment de chasseurs parachutistes dont la tradition et la fourragère rouge ont été reprises par le 1er régiment de parachutistes d'infanterie de marine.

Bourgoin avait perdu un bras au cours d'une opération menée de concert avec un détachement du SD, dans le nord de la Tunisie. Puech-Sanson était soigné à Alger en même temps que lui. Bourgoin lui parle de l'intention du commandement de constituer en Grande-Bretagne un régiment de parachutistes de la France Libre et lui demande quels sont ses projets. Puech-Sanson saute sur l'occasion. Sa situation administrative est d'ailleurs sans défaut puisque son nom figure sur les contrôles FFL de Londres depuis juillet 1940. Ils conviennent d'attirer à eux les bons soldats et tout Alger s'amuse de voir Bourgoin, conduisant d'une main et à fond de train sa jeep sable sans pare-brise, interpeller les bidasses de bonne apparence pour les inciter à le suivre en Angleterre.

Le BCRA recueillera plusieurs officiers du Corps franc, dont Georges Marchal qui sera parachuté pour organiser des maquis dans le Massif central. Nous savons aussi que le capitaine Larribère devait être envoyé en France par le général Giraud pour entrer en contact avec... les communistes et leur fournir les indicatifs du débarquement de Provence. Jacques Soustelle s'en inquiète, apprend que Camille Larribère - futur député d'Oran à l'Assemblée constituante de 1945 - est un militant actif du parti communiste, et s'oppose à l'opération. Dans un livre récent le petit-fils du général, Henri-Christian Giraud, a confirmé la réalité de cette mission, mais avec un autre but : "Il s'agit de prendre contact avec les FTP et de les informer de ce que les forces armées attendent d'eux et, conjointement, de recueillir un bilan le plus précis possible des effectifs et de l'armement FTP"[56].

Nous avons dû relater des faits moins sublimes que les combats qui les avaient précédés, mais qu'il est impossible de négliger. Ils sont le résultat d'une suite d'inconséquences qu'il est injuste de porter au débit des acteurs. En définitive, le général Magnan et son état-major pouvaient-ils faire mieux ? Pouvaient-ils faire autre chose ? À bien peser les faits tels qu'ils ressortent des archives, rien ne le prouve. Un demi-siècle plus tard il faut convenir que la survie du Corps franc était impossible. Le CFA, produit de circonstances particulières, devait disparaître dans le cadre d'une armée française légitimée par l'existence du Comité Français de Libération National.

Le dit et le vécu

A l'examen, la question des "ralliements", "désertions", "mutations spontanées" ou "débauchages" justifiait-elle tout le bruit qu'elle a provoqué ? L'Histoire le dira mais les volontaires du Corps franc en donnent une version bien moins que tragique et fournissent un bon exemple de la distance qui peut exister entre les faits et l'interprétation qu'on en donne. Engagés pour combattre, négligés par l'armée tant qu'elle n'avait pas besoin d'eux, ils se sentaient libres après la victoire de Bizerte. Ils réalisaient après coup la singularité de leur aventure et se jugeaient capables d'en vivre une autre, aussi héroïque et la moins ennuyeuse possible.

Félix Cote a été transporté dans l'Algérois fin mai avec le 1er bataillon. Il laisse son sac sous un hangar et rentre chez lui à Blida. Après quelques jours il va le reprendre, ne le retrouve pas, en prend un autre. Pas d'officiers ni d'ordres, il se considère comme démobilisé. Se promenant à Alger il rencontre des camarades avec qui il parle de l'avenir. Il y a le choix. On dit que Bouvet a créé un bataillon de commandos où l'entraînement est terrible : marche, tirs, nage, "on jette à l'eau même ceux qui savent pas nager". Si on préfère, on peut aller "chez de Gaulle", il suffit d'être à tel café, à cinq heures du soir. De là on vous conduit à une ferme de Rouiba et de là en Libye. C'est le choix de Cote. Après plus d'un mois, pendant lequel il se rend à la ferme par intermittence, il est embarqué en camion puis débarqué en un point du désert libyen où des officiers gaullistes viennent faire leur choix, interrogent sur les antécédents, repartent avec leurs recrues. Tout le monde ne trouve pas preneur, l'ex-sous-marinier Cote est laissé pour compte. Arrive O'Cottereau, l'organisateur du périple, qui s'étonne de trouver beaucoup moins de monde que signalé au départ de Rouiba. "Où sont les autres !" demande-t-il, furieux. "Mais, mon commandant, ils ont suivi des officiers qui...". "J'en parlerai au général de Gaulle", fulmine O'Cotterau en repartant avec sa maigre quotité.

Dans le désordre ambiant, le sous-lieutenant *Pierre Buisson* se rend à Alger où il rencontre des amis qui avaient participé au débarquement allié. Ils le mettent en contact avec le réseau de *Combat*. Par ce canal, Buisson rejoint les FFL avec une trentaine de vélites de sa compagnie venus lui demander conseil. Il poursuivra la guerre au 22e bataillon de marche nord-africain de la 1ère DFL. *Pierre Bauthamy*, organisateur actif des "départs", doit lui-même s'échapper précipitamment par avion lorsque les sbires de Muselier veulent détruire le réseau.

Jacques Salbaing, étudiant à l'Institut polytechnique de Grenoble, a été surpris au Maroc par le débarquement pendant qu'il effectuait un stage. Il est mobilisé et passe au camp des élèves-officiers de Médiouna. Nommé aspirant, il est affecté au 13e RTS d'Alger qui semble à ce moment-là voué "à la souveraineté"[57]. Salbaing, comme Alexandre Sanguinetti, prend le parti de fuir. Il rencontre en ville le lieutenant Laroche, officier d'approvisionnement du VI/CFA, qui lui fait savoir que son bataillon va rejoindre Sidi-Aïch, dernière étape avant l'incorporation à la "colonne Leclerc". Salbaing se mute spontanément au CFA où il est cordialement accueilli par une population qui lui semble plutôt marquée à gauche[58].

Remis de ses blessures de Kef Zilia, *Félix Tilly* a aussitôt rallié les FFL[59]. Il a été affecté au 1er régiment de marche des spahis marocains qui l'a désigné pour faire partie de l'encadrement de son 10e escadron, garde personnelle chargée de la sécurité du chef de la France Libre et du décorum sans lequel on n'est rien sous le ciel d'Afrique. Le 1er RMSM avait aussi accueilli deux autres aspirants du CFA de la première heure, les lieutenants Gendron et Aynes.

Avoir choisi le Corps franc, c'était faire de cette guerre son affaire personnelle. Pourquoi alors la faire autrement que l'on souhaitait ?

Notes du chapitre 7

1. Lire à ce propos : KASPI A. *La mission Jean Monnet à Alger. Mars-octobre 1943.* Éditions Richelieu, 1971 ; VERNET J. *Le réarmement et la réorganisation de l'armée de terre française* (1943-1946). Vincennes, Service historique de l'armée de terre, 1980 ; GAUJAC P. *L'Armée de la victoire.* Lavauzelle, 1985.

2. Kaspi (1975) op. cit., pp. 75 et 152-153.

3. Paillat (1967) op. cit., p. 282.

4. Voir Giraud H. (1949) *Un seul but, la Victoire*, Julliard, pp.182-183 ; Gmeline P. (1980), citant Bouvet dans *Commandos d'Afrique*, Presses de la Cité, pp. 17-19 ; Elgozy (1985) op. cit., p. 202.

5. Les bureaux de recrutement du CFA en Tunisie ont été ouverts respectivement les 10 et 11 mai 1943 (SHAT, 11P258).

6. SHAT, 11P257, note Prioux (*Très Secret*), du 8.06.1943.

7. SHAT, 11P257, note Giraud du 14.06.1943.

8. SHAT, 11P257, note Sevez du 11.06.1943.

9. SHAT, 11P258, note EM-CFA du 11.06.1943. Le 7e RTM, durement éprouvé pendant la campagne de Tunisie, n'est pas désigné pour faire partie du corps expéditionnaire.

10. SHAT, 11P257, note Magnan du 29.05.1943.

11. SHAT, 11P257, note Magnan du 22.05.1943.

12. *Marianne* était une revue dirigée à l'origine par Emmanuel Berl en étroite relation avec Alexis Léger "qui lui inspira sa précoce lucidité sur le problème allemand" (Droz J. *Histoire de l'antifascisme en Europe* 1923-1939).

13. Les saboteurs allemands avaient été assez actifs au début de la campagne, se livrant à des destructions d'ouvrages d'art sur les arrières.

14. L'habitude de monter dans des camions où ils n'avaient rien à faire était le sport favori des volontaires.

15. Témoignage écrit Samuel (1996).

16. Paillat (1967) op. cit., p. 280.

17. Chemouilli H. (1973) "Pétainisme et Gaullisme en Algérie", *Les Nouveaux Cahiers*, N°53, Été 1973, p. 65.

18. Témoignage verbal de Jacques Zermati (1996).

19. Charbonnières, Girard de (1984) *Le duel Giraud-de Gaulle*, Plon, pp. 149 et 166.

20. Adès L. (1979) *L'aventure algérienne* (1940-1944), Belfond, pp. 180-190.

21. SHAT, 5P1.

22. Pendar K. (1967) *Alger 1942*, La Table ronde, pp. 285-288.

23. SHAT, 9P185, note de Larminat du 15.06.1943.

24. SHAT, 5P50, note Blaizot du 19.05.1943. L'emploi du terme "régiment de souveraineté" était si mal accepté que le général Blaizot avait dû y substituer celui de "régiments type spécial AFN ou AOF".

25. SHAT, 9P184.

26. SHAT, 11P257, note Magnan du 24.06.1943.

27. SHAT, 7P54, note Blaizot du 2.07.1943.

28. SHAT, 11P257, note Giraud du 27.06.1943.

29. Voir aussi Levisse-Touzé C. (1991) *L'Afrique du Nord, recours ou secours*, septembre 1939, juin 1943, Thèse d'État, Paris I, p. 876.

30. La Croix de Lorraine n'a jamais été réglementaire ni distribuée

au CFA à notre connaissance. Mais son port n'était plus interdit à l'arrière depuis le printemps.

31. SHAT, 7P54, note Blanchard à Dody du 15.07.1943.

32. Témoignage audio Karcher (Mémorial Leclerc).

33. SHAT, 11P257, Rapport Putz du 5.07.1943.

34. On trouvera en annexe l'analyse des fiches ayant servi de base à ce rapport.

35. Gaujac (1984) op. cit., p. 38.

36. SHAT, 7P54, note Monsabert du 11.07.1943.

37. Le Gl Giraud ne veut concéder aucun matériel américain aux gaullistes et les Français libres "font comme si" les Anglais allaient continuer à les équiper.

38. SHAT, 11P257, note Magnan du 13.07.1943.

39. SHAT, 7P54, note Juin à Larminat du 13.07.1943.

40. SHAT, 7P54, note Juin du 18.07.1943.

41. SHAT, 1K228, lettre Bouchard d'Esquieu à Cdt Signard.

42. Témoignage du général Pardes, qui fut en Italie le chef d'état-major du Gl de Monsabert (*Hommage*, 1978) op. cit., p. 100.

43. *Hommage* (1978) op. cit., pp. 69-70.

44. SHAT, 7P54, note Jamilloux à Juin du 19.07.1943.

45. SHAT, 7P54, notes des 17, 18, 20.07.1943.

46. SHAT, 7P54, note Larminat à Juin du 18.07.1943.

47. Gmeline (1980) op. cit., p. 20.

48. Témoignage écrit Bonnard (1995).

49. SHAT, 11P257, note Vette

50. SHAT, lettre Vette du 23.07.1943.

51. SHAT, 7P46, note Gl Leyer à Gl Smith (AFHQ) du 7.08.1943.

52. SHAT, 11P21, note Larminat à Koenig du 11.08.1943.

53. Date de prise de commandement du Cl Gonzalès de Linarès.

54. Cette expérience permettra au colonel Durand de créer le CETAP, Centre école des troupes aéroportées de Pau, en 1946.

55. Attachée au Corps aéroporté interallié la brigade SAS comprenait deux bataillons anglais (1er et 2e SAS), deux bataillons français (3e et 4e SAS) et un squadron belge.

56. Giraud H.-C. (1989) *De Gaulle et les communistes*, Albin-Michel.

57. En fait, le 13e RTS fera partie de la 9e DIC et débarquera à l'île d'Elbe et en France.

58. Salbaing J. (1992) *Ardeur et réflexion.* La Pensée Universelle.

59. Puech-Sanson et Tilly ont été faits Compagnon de la Libération.

8

Suites et conclusion

Le groupe des commandos d'Afrique

Le commandant Bouvet avait recueilli les optants "3e DIA". Dans son *Histoire politique de l'Armée française*, M. Planchais nous dit que "le bataillon s'en fut, comme les vieilles bandes de jadis, à la recherche d'un général qui les embaucherait (...) durant près d'un mois, le Corps franc parcourut ainsi l'Algérie, survivant par ses propres moyens avant d'être finalement repêché par le général de Monsabert en vue de constituer les *Commandos d'Afrique*".

Il s'agit plutôt d'une image. Le général de Monsabert avait agi suffisamment vite pour que "ses enfants" n'aient pas eu à courir les routes pour le trouver. Pendant que sa division s'entraînait aux techniques de débarquement à Arzew et Port-aux-Poules [1] le général avait étudié l'organisation *Rangers* et soumis au général Juin un projet inspiré des modèles alliés en vue de constituer un groupe de commandos de 1 061 hommes fortement encadré[2]. C'est exactement ce qu'il fallait. L'option avait donné 1 100 hommes et la mainmise sur le dépôt du Corps franc par les colonels Jamilloux et Vette pouvait ajouter un appoint substantiel. On se souvient des escarmouches de juillet à ce sujet ; elles n'avaient plus raison d'être depuis que les gaullistes avaient obtenu la caserne Vallée. Réunis à Boufarik puis à Dupleix, les commandos s'en furent à Oujda toucher leur matériel et leur habillement américains et revinrent à Dupleix.

Mais tout n'était pas dit. L'EMGG avait au départ une opinion mitigée en ce qui concerne les restes du Corps franc. De plus, il estimait que les formations spéciales, commandos et parachutistes, consommaient trop d'européens et de cadres. Il comprenait mal l'emploi de ces formations auxquelles il fallait tant d'officiers (deux fois plus que pour les tirailleurs), tant de médecins et, pour un entraînement qui semblait abusif, tant de munitions, d'explosifs, de vêtements et de vivres. D'une certaine façon aussi, l'État-Major semblait douter (comme les instructeurs anglo-américains) de l'aptitude de nos volontaires à mener une forme de guerre aussi sophistiquée. Ajoutons que le général Juin gardait encore une vieille dent contre le Corps franc et ses successeurs. Passant l'inspection de la 3e DIA en juillet il remarque que le général Giraud a prescrit de faire livrer "au Bataillon franc de la 3e DIA", 2 500 collections d'habillement américain ainsi que l'armement individuel en rapport, ce qui ne correspond "ni aux effectifs de ce bataillon, ni à ses besoins vrais". Comme cette largesse affectait directement les moyens destinés à son 1er corps de débarquement et comme Juin est excédé qu'on lui passe par-dessus la tête à tout propos, il demande "de la façon la plus pressante" au commandant en chef "de s'abstenir d'ordonner directement des mesures d'exécution ou de détails à des unités subalternes"[3].

Juin estime par ailleurs qu'il y a trop de prélèvements d'officiers sur les régiments d'infanterie et exige l'arrêt immédiat de ces départs. Du coup, Monsabert demande à Jamilloux de faire un compte-rendu permettant à Juin d'apprécier l'origine exacte des officiers du groupe de Commandos et les besoins supplémentaires. L'effectif prévoit 33 officiers. Il y en a actuellement 30 dont 22 sont issus du CFA. Parmi eux, 7 ne font pas l'affaire. Le XIXe Corps en fournit 5 et la 3e DIA un seul (dont la qualité d'officier est d'ailleurs discutée)[4]. Il reste donc 12 postes à pourvoir[5].

Aux combattants de Tunisie se joignaient de nouvelles recrues. En fait il y eut au total 2 000 candidats dont 700 furent finalement retenus[6]. Ainsi toutes les bonnes volontés étaient bienvenues. On reprochait aux commandos et aux parachutistes leur propension à recruter ailleurs. La création des quatre bataillons de paras a donné lieu à des accusations justifiées. Le commandant Gambiez, chef du bataillon de choc créé fin mai, avait aussi été pris la main dans le sac. Il avait envoyé un capitaine faire de "la propagande" au 6e et au 5e régiments de chasseurs d'Afrique. Les résultats avaient été limités, mais le général Dario, commandant du corps blindé, avait vivement exprimé son mécontentement. Il mettait dans le même sac les officiers qui recrutaient au profit de "formations d'une obédience particulière" et ceux qui recrutaient au profit "d'unités spéciales". Le 6e RCA, retour de Syrie, n'était pas réceptif à ces sollicitations. Par contre, le 5e RCA était plus vulnérable ; il était mal remis des dissensions du débarquement, des sentiments maréchalistes de certains de ses cadres et du travail à la chaîne imposé aux chasseurs qui montaient sur les quais d'Alger le matériel américain destiné à la nouvelle armée française[7]. Après son installation en Corse, il semble que le Commando Bouvet ait cherché à attirer les mobilisables du département, ce qui valut à son chef de sévères réprimandes du général Martin, commandant du 1er corps d'armée. Bouvet s'indigna aussitôt de "la campagne de médisance" mené contre son commando[8].

Le groupe comptait peu d'officiers ayant combattu en Tunisie, mais parmi eux il y avait Bouvet, d'Armagnac, Bordier, Aquilina [9], Goutermanoff, le docteur Meunier et Suzanne Tillier (dite Suty). Parmi les autres on citera Jean-Bernard d'Astier - le fils d'Henri - et deux évadés, le futur général Ducournau et le docteur Daverne.

André Daverne était un sympathisant gaulliste échappé de la zone occupée après maintes péripéties. Très mécontent de l'attitude des autorités françaises du Maroc avant et après le débarquement, il avait signé le 15 décembre 1942 un engagement au Corps franc. C'est à Taza qu'il fit la connaissance du capitaine Ducournau, "un pyrénéen sec, nerveux, leste et bondissant", et tous deux furent affectés aux Commandos d'Afrique. Daverne avait prouvé son hostilité au vichysme, mais n'avait pas aimé les méthodes de "débauchage" des gaullistes. Il se demanda un moment s'il n'aurait pas dû, malgré tout, rejoindre la 2e DB. Il n'eut pas à le regretter car, à son avis, l'aventure vécue avec les commandos valait mieux que la perspective d'être affecté à un bataillon médical de Grande Unité[10].

Pierre Mazilier s'est engagé à Sousse peu après la libération de la perle du Sahel. Mais Sousse était encore coupé du nord et il lui fallut attendre le 20 mai pour atteindre Tabarka. Mazilier était fils d'officier. Son père s'était engagé le 23 août 1914, avait terminé la guerre comme lieutenant à titre définitif, était passé par Saint-Cyr dans la même promotion que Durand et Falleur, "Les Croix de Guerre". Le jeune Pierre avait toujours entendu parler des groupes francs ou des nettoyeurs de tranchée. Dans son esprit, c'était cela le Corps franc et c'était là qu'il fallait s'engager. Le 14 juin il était à Bouira après un séjour assez ennuyeux à Sidi-Aïch. Affecté à la section Bonnard, bataillon Bouvet, il assiste au rituel de l'option et suit Bonnard. Avec l'étiquette Commando, Mazilier entrait dans la nouvelle catégorie des groupes francs et des nettoyeurs. Les anciens, comme Bietti et la meute des sections d'assaut, semblaient bien effrayants mais, pour faire honneur au cirque Bouvet, il fallait se mettre à leur niveau[11].

Dans l'ensemble, avec quelques différences dans le dosage, le groupe des commandos d'Afrique rassemblait les mêmes populations que le CFA : métropolitains, Pieds-noirs, Corses, Berbères, légionnaires et "dynamiteros" de la guerre d'Espagne. Le contingent des anciens sous-officiers de la Légion était particulièrement fourni avec Andronikoff, Grande, Texier, Signorelli, Derek, de Cherchemont. On ne sait pas pourquoi Nadalès, aumônier de la compagnie Buiza et vétéran des brigades internationales, avait opté "Giraud". On en avait fait tout naturellement l'aumônier du groupe. Un beau jour, le capitaine Ducournau, catholique fervent, sert la messe et s'étonne du rituel inattendu du père Nadalès. Il en fait part à Bouvet qui ordonne aussitôt une enquête de gendarmerie. Prévenu on ne sait comment, le "père" prend la fuite avec la caisse de la cantine. Le groupe était en grand émoi. Beaucoup de commandos avaient confessé à Nadalès des péchés qui ne devaient pas tous être véniels et le faux prêtre avait même marié le capitaine Roumy.

À la fin de l'été, le commando avait fait mouvement sur Noisy-les-Bains (près d'Oran) avant de se rendre à Staouëli, dans les cantonnements libérés par le bataillon de choc Gambiez parti en Corse. Il y avait eu un changement d'orientation ; le groupe ne faisait plus partie de la 3e DIA, il restait en Algérie à la disposition du commandant en chef. La division Monsabert embarquait pour l'Italie en novembre avec le lieutenant-colonel Jamilloux qui était encore persuadé qu'on allait lui donner le commandement des commandos d'Afrique de Bouvet et "des groupes francs des régiments de la 3e DIA". Le général Juin confia à Jamilloux le centre d'instruction des troupes de complément en provenance d'Algérie et de Tunisie. "Cette affectation, je la digérai mal", dit-il, mais il s'en tira fort bien et poursuivit ce travail après le débarquement en Provence dans le cadre de l'armée de Lattre[12].

De son côté le GCA fut embarqué pour la Corse afin d'y parfaire son entraînement et obtenir sa "qualification". Au cours de la formation qui se poursuivait dans l'Île de Beauté, le Captain J. Mc Neil, du N°9 Commando, avait émis une opinion qui mérite d'être mentionnée dans la mesure où elle porte un certain jugement sur l'armée française de 1943. De son point de vue, les officiers manquent de formation sur les méthodes de guerre utilisées sur les différents fronts ; les jeunes officiers sont bons mais agissent selon des stéréotypes : ils sont plus enclins à renverser les obstacles qu'à chercher des alternatives en cas d'échec ; les sous-officiers sont enclins à laisser les officiers faire leur travail à leur place. Cette dernière remarque pourrait surprendre car les sous-officiers avaient été remarquablement prompts à l'initiative en Tunisie.

Mais les choses changeaient rapidement et la complexité de l'action commando pouvait entraîner une timidité temporaire vis-à-vis des nouvelles méthodes. Le *captain* faisait suivre ses observations d'une longue liste de défauts qui furent redressés dans les semaines suivantes[13].

Le groupe tenta un débarquement sur l'Île de Pianosa le 18 mars 1944, mais l'état de la mer fît suspendre l'opération qui fut reprise en mai avec succès. Le GCA était aussi du débarquement de l'Île d'Elbe (17-19 juin). Les exploits qu'il a réalisés lors du débarquement de Provence entre le 15 et le 21 août ont été souvent relatés : escalade des calanques entre Rayol et le Cap Nègre, prise de la batterie de Mauvannes et du Fort du Coudon. Les anciens du CFA se sont fait remarquer ; on a surtout cité Ducournau, Bonnard, du Bellocq[14] ; l'assistant de Fourastier à l'école de montagne, Daboussy, était premier de cordée dans l'escalade des calanques. Ces exploits ont été immortalisés dans un documentaire où les anciens tenaient leur propre rôle[15] et dans un film de fiction - *Les démons de l'aube* - où l'acteur Georges Marchal avait la vedette. Ce film combinait d'ailleurs la prise de Cap Ferrat par le SD en novembre 1942 et le débarquement de Provence.

A l'Île d'Elbe, et dans la bataille qui suivit le débarquement, le lieutenant-colonel Bouvet recevait ses ordres du général Magnan : à la guerre comme à la guerre ! Edouard Samuel, qui était à l'état-major du général Brosset[16] à ce moment-là, croisa Bouvet sur une route et chacun évita de se voir. Mais il y avait désormais assez à faire pour tout le monde et la triste ambiance de l'été 1943 n'était plus qu'un vilain souvenir.

Après la remontée du Rhône, le général de Lattre fit jumeler un bataillon de FFI à chacun des trois commandos de son Armée. Le 3e groupement de choc du lieutenant-colonel Bouvet comprenait les commandos d'Afrique et le bataillon FFI Désiré. Le groupe a ensuite été engagé en octobre dans la région de Cornimont, près de Salins-les-Bains. Le corps Béthouart lance le 14 novembre l'opération qui devait conduire à la prise de Belfort. Opérant à la gauche de la brigade de choc Gambiez, le GCA s'empare du Fort du Salbert et de Valdoie. L'adjudant-chef Rocca s'est distingué. Le 21 janvier 1945 le groupe est durement frappé, près de Giromagny, et perd 381 hommes.

En janvier 1945, il restait bien peu d'anciens de Staouëli et bien moins d'anciens du Djebel Sema ou de Kef Zilia. Les jeunes FFI qui les remplaçaient avaient autant d'ardeur que les vélites des premiers jours et aussi peu de métier. Finalement le groupement a trempé ses fanions dans les eaux du Rhin, à Neuf-Village, dans la nuit du 17 au 18 mars 1945. Après l'armistice, chacun est rentré chez soi. De retour à Caen, André Daverne a dû essuyer la remarque d'un ami : "Vous nous avez ramené les juifs et les francs-maçons !".

Comme nous l'avons remarqué, les commandos d'Afrique avaient été entraînés pour des missions identiques à celles du bataillon de choc Gambiez. Une troisième formation de même type, les *commandos de France*, fut constituée le 17 août 1944 à Sidi-Ferruch par Henri d'Astier de Lavigerie qui en recevra le commandement fin 1944. Avec leurs compléments FFI, ces formations ont permis la création de six bataillons placés sous les ordres du colonel Gambiez. Elles ont reçu dans leurs rangs de nombreux résistants algériens[17].

Ceux qui n'ont pas été libérés en 1945 sont partis pour l'Indochine. Suzanne Tilly, l'intrépide Suty, était avec eux. Des étrangers sont tout de même revenus à la Légion pour vivre le calvaire de l'Empire. Il y eut aussi des anciens commandos en Corée. Inutile de le cacher, les pieds-noirs du Corps franc et des commandos se sont engagés avec détermination, dix ans plus tard, dans le combat pour l'Algérie française.

Le nouveau régiment du Tchad

De leur côté, les optants "de Gaulle" allaient fusionner avec les célèbres combattants de la Colonne Leclerc dans le cadre, pensait-on, d'une division motorisée. Aucun d'eux ne savait que le général de Gaulle prévoyait la création d'une division blindée entraînée dans la perspective de prendre Paris. Le 16 mai 1943, la Force L (pour Leclerc) devient 2e Division Légère Française Libre. Cette division se composait d'une brigade blindée (colonel Malagutti) et d'une brigade d'infanterie (lieutenant-colonel Dio). La brigade blindée était très maigre. La brigade d'infanterie disposait d'un bon encadrement avec, au premier rang, les commandants Vézinet, Massu et Barboteu. La troupe est constituée de Tchadiens du régiment de tirailleurs sénégalais du Tchad. Le général Leclerc est prévenu depuis juillet de la mission que va lui confier le général de Gaulle [18]. Il évalue à 1 500 Français (dont 190 officiers) et 2 370 indigènes nord-africains l'appoint nécessaire à la constitution d'une division blindée légère[19].

La décision du 2 août 1943 par laquelle les généraux Giraud et de Gaulle conviennent de fusionner toutes les forces françaises crée quelques interrogations qui obligent Leclerc à demander à de Gaulle si ses intentions concernant la création d'une division blindée Française Libre n'ont pas changé. La réponse vient sous la forme d'un ordre de mouvement pour être à Djidjelli le 1er septembre. Les 4 698 hommes de la 2e DLFL partent de Sabratha le 17 août. Ils ont laissé sur place les fidèles Tchadiens qui seront incorporés à d'autres formations de la France libre.

Par un mémorandum Giraud-de Gaulle du 18 septembre 1943, les dirigeants de la France Combattante demandent au général Eisenhower d'intégrer aux forces concentrées en Grande-Bretagne en vue du débarquement "au nord de la Loire" : une division blindée, un régiment de parachutistes, des commandos, plusieurs navires et 5 ou 6 groupes d'aviation. Ce mémo, resté secret, était inconnu des rouages de l'armée[20].

Une DM du 24 août transforme la 2e DLFL en 2e DB. Il ne s'agit plus d'une petite division légère mais d'une grosse division de 300 chars, dotée de moyens considérables. Pour les cadres du général Leclerc la tâche est exaltante et angoissante. L'infanterie de la division allait être constituée par un *régiment de marche du Tchad* résultant de l'amalgame des cadres de la brigade Dio avec le Corps franc d'Afrique. L'opération se fait aux alentours du 15 septembre. Au départ, le général Leclerc semble avoir été un peu inquiet de l'épouvantable réputation faite aux vélites. Il aurait préféré des nord-africains dont il avait eu l'occasion d'apprécier les qualités au début de sa carrière. Par contre le commandant Massu ne paraît pas avoir été embarrassé. Il a trouvé à Djidjelli des hommes ardents et impatients de libérer la France. Il constitue sa 5e compagnie avec ceux du Maroc et la 6e avec ceux d'Algérie.

La 7e du CFA devient, tout simplement, la 7e du II/RMT[21] ; elle comptait à sa création 136 vélites[22] ; elle eut pour chef le capitaine Fonde dont les exploits militaires et les talents littéraires sont bien connus des anciens de la DB ; l'un de ses chefs de section sera le lieutenant Guigon, blessé dans les rangs du RICM à l'occasion du coup de main sur la Résidence de Rabat, le 8 novembre 1942. Les 17 half-tracks de la compagnie portaient d'ailleurs des noms qui rappelaient tous la campagne de Tunisie et certains évoquaient les grands moments du Corps franc : Bizerte, Maison Forestière, Ferryville, Tabarka, La Calle, Cap Serrat, Djebel Abiod[23]. Le II/RMT avait alors 530 Français, 140 indigènes et 58 étrangers dont 27 Italiens[24].

Le III/CFA, fusionné avec le bataillon de marche n°8, sera placé sous les ordres du commandant Putz qui conserve avec lui de nombreux officiers de réserve du Corps franc : le docteur

Benyamine, les capitaines Larribère et Grall, les lieutenants Marchal, Rose, Boyer, Duparc, les sous-lieutenants Granell, Cau, Leclert, les aspirants Charlec et Kron. La 9e compagnie du CFA devient la 9e du III/RMT. Commandée par le capitaine Raymond Dronne elle allait être, s'il est possible, encore plus espagnole qu'elle n'était sous Buiza : chez Leclerc, on ne l'appelait plus que *"la nueve"*[25]. La 10e compagnie, placée tout d'abord sous les ordres de Marchal, fut ensuite attribuée au capitaine Sarazac. En dehors du 3e bataillon, le RMT recevait aussi le docteur Alcay, le capitaine Derré, le lieutenant Djambekoff, les sous-lieutenants Sanchez et Madollel, l'aspirant Larsen.

Tout n'avait pas été simple car l'amalgame se produisait après les réorganisations menées de mai à juillet et l'option avait créé bien des vides. Les recrutements effectués à la va-vite en Tunisie et en Algérie après Bizerte n'avaient pas donné de bons résultats. Tout était à refaire. Les premiers contacts avaient parfois donné lieu à quelques hésitations, chose normale entre gens qui avaient vécu des événements bien différents. Comme tous les chefs de bataillon de l'armée nouvelle, ceux du RMT devaient rédiger mensuellement un Rapport sur le moral qui faisait le point des comportements et des mesures à prendre. C'est ainsi que les vélites incorporés au I/RMT font l'objet d'un jugement mitigé dans le rapport du 30 septembre ; les recrues engagées après Bizerte passent pour être de piètre qualité. Le II/RMT a été sérieusement "épuré", pour employer un terme dont on usait alors à tort et à travers. Le III/RMT fait l'objet de critiques mineures ; les autorités de la DB sont surtout agacées de voir les Espagnols porter encore - en novembre 1943 - un insigne aux couleurs républicaines avec l'assentiment de leur chef de bataillon.

Les solutions sont vite trouvées car le climat d'ensemble est extrêmement positif. Après un temps d'adaptation relativement bref, la bonne humeur et l'enthousiasme dominent. Le dynamisme ambiant, la livraison d'un équipement décent et d'un matériel splendide encouragent les marsouins du RMT à affronter les épreuves imposées par l'entraînement. Les efforts ont porté leurs fruits ; au début de 1944 tout est en ordre, le RMT est en passe de devenir le régiment modèle de la nouvelle armée. De nombreux évadés de France et des jeunes pieds-noirs, engagés pour la durée de la guerre, sont venus recompléter les formations de combat. Mais plusieurs officiers ont été dépités. L'encadrement est assez abondant pour que l'on puisse se passer des services de plusieurs anciens du CFA. Les lieutenants Meyer et Boyer n'ont pas été retenus. Le lieutenant Marchal, un saint-cyrien qui avait si bien

L'infanterie de la colonne Leclerc reçoit l'ordre de rejoindre Djidjelli pour s'amalgamer au Corps franc.

GENERAL DE LARMINAT

ALGER, le II août 1943

NOTE
pour le Général KOENIG

I°) - Nécessaire envoyer au plus tôt le cadre du Régiment du TCHAD (environ 600 Officiers et Sous-Officiers) pour s'amalgamer avec le C.F.A. (région Bougie).

2°) - Nécessaire prévoir une dotation suffisante d'essence et munitions (25 Pers) d'instruction, pour le séjour de la Ière Division à SOUSSE, où elle aura à se mettre au point.

Le Général de Corps d'Armée

DE LARMINAT

mené sa compagnie de Sedjenane à Bizerte, est supplanté au commandement de la 10e compagnie par un capitaine, ce qui est normal. Avisé de ces surnombres, le BCRA effectue des tournées de recrutement et enrôlera ainsi Marchal et Larribère.

La division Leclerc était stationnée à Temara, au Maroc. C'est là qu'elle s'entraîna et trouva sa cohésion. Elle embarqua pour l'Angleterre en avril 1944 et fut transportée en Normandie en août. On piaffait d'impatience. Raymond Dronne, estimant que le matériel de la nueve ne sortait pas assez vite des Landing ships, s'en prit à Van Baumberghen : "Bamba, j'en ai marre de toi et de tes Espagnols ! On est en France, ici. Je n'ai qu'à taper du pied et des milliers de jeunes Français viendront s'engager au RMT !". Dronne allait un peu vite. On aurait encore besoin des Espagnols jusqu'au dernier coup de feu.

L'histoire de la 2e DB a été trop bien faite pour que nous puissions ajouter aucun élément nouveau. Rappelons seulement que le général Bradley l'avait incorporée au 15e corps d'armée (Haislip) de la 3e Armée américaine (Patton). Elle a été engagée dans la forêt d'Ecouves, entre Alençon et Argentan le 12 août et a contribué à la déroute de trois divisions blindées[26]. Le 23 août, le sous-groupement Putz arrivait en région parisienne par La Croix-de-Berny et, dans la nuit du 24, Dronne conduisait quelques chars et un faible détachement de la 9e compagnie jusqu'à l'Hôtel-de-Ville.

Les 12 et 13 septembre, les mânes du Corps franc se réveillent à l'occasion des combats acharnés qui se livrent à Dompaire et Remiremont. Du 17 au 27 novembre, la DB se dirige vers Strasbourg par Saverne, s'empare de la ville et subit aux côtés de la 1ère armée française les rigueurs du mois de janvier 1945 en Alsace.

Le palmarès des anciens du Corps franc de la 2e DB est remarquablement éloquent. Rappelons quelques figures. Le lieutenant Rouslan Djambekoff, né en 1901 à Nalchik (Russie), combattait déjà à 17 ans dans les rangs de l'armée blanche où il fut officier à 19 ans ; légionnaire en 1939, engagé au CFA en 1942, il s'est mis en valeur au Djebel Abiod et devant Tunis ; artisan actif de la fusion avec le RMT, il passe au 1er bataillon avec lequel il fait la campagne de France ; en 1945, il est capitaine et commande la 13e compagnie du IV/RMT, affectée au groupement de marche de la 2e DB en Extrême-Orient ; il totalisera 14 citations. Le général Jean-Julien Fonde, dit "La Bagarre", de la coloniale, commandant de la 7e compagnie pendant une partie de la campagne de France poursuivit sa carrière en Indochine. Le général Edmond Grall, autre colonial, ex-chef de la compagnie de commandement du II/CFA, Grand Officier de la Légion d'honneur, a été cité 19 fois, dont 12 à l'ordre de l'Armée. Parmi les "grands" citons aussi le commandant Pierre de Castellane - du III/RMT - ancien de 14-18, alpiniste, rugbyman, toujours en pointe malgré ses 49 ans.

Le lieutenant Guigon et le sous-lieutenant Larsen ont tous deux été tués à Dompaire, le 13 septembre 1944. Auguste Rose, sérieusement blessé au Djebel Sema avait, en septembre 1943, laissé une nouvelle fois sa femme et ses trois enfants à Cherchell pour marcher avec Putz ; il sera encore blessé en France. Nous retrouvons aussi le sous-lieutenant Henri Détailleur - 3 fois blessé, 8 fois cité - l'adjudant-chef Marcel Guichard, encore sur la brèche en Indo, Michel Musnier, le tringlot qui a organisé le déplacement record de 4 000 véhicules de Royan à l'Allemagne, le capitaine

Amouyel, du groupe de réparation, le capitaine Lanotte, de la compagnie de QG, le lieutenant Toulemonde, des transmissions.

Dans le livre qu'il a fait paraître en 1969, réédité en 1982, le général Fonde a décrit le parcours de sa 7e compagnie de Skhirat à l'Allemagne [27]. On retrouve le médecin auxiliaire Touati, Marcel Teboul - professeur à Oran-, le légionnaire Deconninck et la famille Bassous. On apprend que Bassous père et fils devaient être rayés des contrôles. Bassous père est trop âgé (plus de 40 ans), Bassous fils est trop jeune (17 ans seulement). Mais les Bassous ne se sont pas laissé intimider et, au terme d'une véhémente négociation, on a gardé le fils. Le 13 septembre, à Dompaire, sur le chemin d'Epinal, ceux de Tunisie ont retrouvé Hasso von Manteuffel qui conduit cette fois trois brigades blindées contre les flancs de Patton [28]. La DB s'est chargée de la 112e PZB et l'a mise hors de combat. Mais les corps francs ont laissé au champ d'honneur Guigon, Gollat le Roumain, Muracciole, Smaïn Ben Daoud. À Blette, le 1er novembre, c'est le sergent Billaud, le sergent-chef Paquier et Ouadoudi Ben Mohamed qui sont blessés, Ouadoudi n'en réchappera pas. Le 21 novembre, aux portes de Strasbourg, Djambekoff est blessé, son compagnon de Tunisie, le médecin-capitaine Alcay, résistant des toutes premières heures, est aussi atteint en lui portant secours. Jacques Sebagh, déjà blessé devant Bizerte, sera de nouveau blessé le 4 janvier à Achen. Le sergent-chef Joseph Unterfurtner, ancien légionnaire, 47 ans, "antinazi viscéral", est foudroyé le 21 janvier au nord de Strasbourg [29].

Le 3e bataillon (Putz) faisait équipe avec le 501e régiment de chars de combat et le groupe du 64e régiment d'artillerie d'Afrique dans le groupement tactique "V". Là aussi les vieux du Corps franc avaient affiché leurs marques sur les half-tracks. La nueve avait peint en blanc Madrid, Terruel, Brunete, Guadalajara, Guizpuscoa. A la 10e, Teisseire avait baptisé les véhicules de sa section du nom des victoires de Tunisie. Les premiers tués : Carayon, Sanchez, Pujol, Amsellem sont du CFA. Les chefs de section Montoya et Teisseire sont blessés à Paris. Le 1er octobre, à Xaffevilliers, la 11e compagnie est éclairée par les spahis d'un peloton commandé par Gendron, un corps franc de la première heure. Le lieutenant Gendron est porté disparu, le populaire François Zidani est tué. Kron a été tué le 7 décembre à Badonviller. Le 28 janvier, à Grussenheim, un obus allemand met fin à l'étonnante carrière du lieutenant-colonel Putz que le général de Gaulle avait décoré lui-même de la rosette, le 27 septembre, à Nancy. Putz sera fait Compagnon de la Libération. Sur les 176 morts du bataillon, 47 au moins sont des Espagnols du CFA [30].

Le 5 mai 1945, on constitue un détachement pour monter au nid d'aigle de Hitler. Il comprend un bataillon de la *101st Airborne Division*, un peloton démonté du 1er RMSM et "la nueve". Depuis le Djebel Abiod, le défilé triomphal de Tunis, la place de l'Hotel-de-Ville de Paris, la 9e compagnie n'avait connu que la victoire.

Sitôt après, les volontaires du 4e bataillon suivront leur général et le colonel Massu en Indochine. Fonde, Grall, Djambekoff et Guichard en étaient.

Réflexions sur le retour des armées françaises dans la guerre

La brève histoire du Corps franc d'Afrique peut surprendre. Derrière les boutades déplaisantes et les éloges emphatiques, derrière les frères de la côte et les soldats de l'An II, derrière les réprouvés de 1942 et les vainqueurs de Bizerte, apparaît une réalité politique et sociale significative. L'histoire de cette troupe de circonstance ne se comprend pas en elle-même. Il faut l'expliquer par l'histoire d'un environnement confus, habituellement simplifié en allégant une forme de continuité nationale que les contemporains récusent. Même lorsqu'elle ne l'exprime pas directement, notre chronique met en valeur un certain nombre d'à-côtés qui lui sont inhérents.

L'idée selon laquelle l'armée d'Afrique attendait avec impatience l'occasion de reprendre les armes pour libérer la France n'est pas admise par la plupart de ceux qui ont vécu cette triste période. Elle fait fi des souffrances morales et matérielles de ceux qui n'ont accepté ni la défaite ni aucune de ses conséquences. Évidemment, il était de bonne politique de limiter l'ampleur du drame en le réduisant à quelques frictions momentanées et bien compréhensibles qui auraient vite cédé la place à une franche union contre l'envahisseur. Nous avons vu cependant que l'armée française n'avait pas été imperméable aux mots d'ordre de la Révolution nationale, que cette Révolution était influencée par des idéologies venues d'ailleurs et qu'elle excluait beaucoup de gens en fonction de critères liés à ces idéologies et aux mauvais souvenirs des années 1930. En 1942, au moment des derniers grands succès de l'Axe, les esprits étaient troublés. À la frustration de la défaite s'ajoutait, après le débarquement en Afrique du Nord, la frustration d'avoir mal évalué les chances du "camp de la Liberté". Il en restait encore quelque chose au printemps 1944.

L'histoire du Corps franc montre assez bien le désarroi des

institutions et le trouble des responsables. Ceux qui sont impatients d'agir en sont réduits à chercher par eux-mêmes les moyens de le faire. De novembre 1942 à octobre 1943 il faut se résigner ou se lancer dans des aventures embrouillées. Les gaullistes de la première heure sont probablement injustes lorsqu'ils pensent que, pour les résistants d'Afrique du Nord, "c'était trop facile". Ce ne fut pas facile du tout.

Notre étude de cas donne des réponses à quelques questions que nous avons transformées, chemin faisant, en hypothèses. Avons-nous appris quelque chose de plus sur les mentalités des populations d'Afrique du Nord, de leurs chefs et de leurs volontaires ? Connaissons-nous avec une certaine précision les composantes sociales du Corps franc ? Sommes-nous mieux renseignés sur les causes des choix effectués par les volontaires de novembre 1942 ? Le Corps franc nous enseigne-t-il quelque chose sur le comportement des armées françaises en Tunisie et après ?

Les mentalités

En Afrique du Nord, le gouvernement de Vichy a contre lui les gaullistes, les anglophiles, les germanophobes, les républicains, les juifs et les francs-maçons. Il est soutenu par ceux qui se soucient d'abord de maintenir la présence française et de s'opposer aux entreprises de l'Axe vis-à-vis des indigènes, risque qui n'est certes pas négligeable. Après le 8 novembre, l'affaire se joue entre les partisans du Maréchal, ceux du général de Gaulle et ceux qui choisissent de ne prendre en considération que l'effort militaire.

Le régime bicéphale de juin 1943 impose un nouveau clivage qui est assez mal compris par les patriotes candides. Les intentions profondes du général de Gaulle échappent à la plupart. Le gaullisme est prêt à faire une certaine place aux exclus du régime de Vichy, mais reste méfiant et sélectif.

Les disputes personnelles, suscitées par l'enchevêtrement d'événements mal dominés, tiennent une place que les chroniqueurs préfèrent omettre. Les brouilles sont fréquentes, généralement aveugles. Le général Beaufre parle d'expérience de ces écarts et des difficultés qui s'ensuivent[31]. Elles s'atténueront lorsque l'on commencera à se convaincre que les Français de la métropole ont vraiment choisi et que le devoir consiste à suivre sans réticence les orientations du Comité Français de Libération Nationale présidé par le général de Gaulle.

L'histoire du Corps franc réserve une surprise ou du moins une demi-surprise : l'omniprésence du général Juin de novembre 1942 à octobre 1943. Il joue un rôle visible dans la création et la dissolution du CFA. Le Corps franc, certes, n'est pas une affaire d'État, mais il peut être le ferment de multiples difficultés. Chaque fois qu'il sera nécessaire le général intervient conformément à sa manière : recherche d'une bonne information préalable, analyse, action par petites touches jusqu'à obtenir le résultat voulu. Les mémoires du maréchal-académicien ne rendent pas vraiment compte de l'action extrêmement ample de cet acteur important, influent et discret.

Il y avait de tout au Corps franc. En dehors de ceux que nous avons présentés il y aurait eu des doriotistes ou des SOL en peine d'absolution. C'est possible mais indémontrable. On ne prête qu'aux riches. Par contre, on peut dire que beaucoup de volontaires ont cru voir à leurs côtés des hommes moins engagés qu'eux et les ont jugés réactionnaires. Les bourgeois, les militaires de carrière, les chefs scouts, les jeunesses catholiques, les Compagnons et les Chantiers de la jeunesse devaient être à leurs yeux des PPF camouflés. Les petits groupes ethniques ou sociaux qui s'étaient constitués à un niveau généralement inférieur à celui de la compagnie formaient autant de foyers politiques qui construisaient leur doctrine au jour le jour. Du fait de leur engagement, les vélites affichaient un certain non-conformisme et n'étaient pas disposés à suivre aveuglément les mots d'ordres officiels, généralement conçus en des termes opposés à leurs instincts libertaires.

Il est intéressant de noter l'influence des volontaires sur leurs cadres d'active, du moins ceux qui étaient mêlés à la troupe. Flipo, Jamilloux, Durand, Bouvet ont toujours soutenu avec ferveur les vélites, malgré les déboires qu'ils leur avaient causés à l'origine. L'encadrement professionnel avait tiré le meilleur de ces hommes dont la tournure d'esprit ne coïncidait pas toujours avec les habitudes militaires. Les uns et les autres s'étaient livrés à une sorte de donnant-donnant où chacun avait beaucoup appris. Cet acquis se révélera utile lorsque les anciens officiers du CFA devront présider à de nouvelles organisations et ensuite procéder à l'amalgame des FFI[32].

Les composantes

Indépendamment de la dimension politique, l'histoire du Corps franc ouvre la porte à une réflexion sociologique. Le groupe élémentaire y est très fort, conséquence directe d'une absence de préparation et de mixage. Le recrutement des bataillons et des compagnies est ethnique et local comme le démontrent les dénominations officieuses des compagnies : “Marocaine”, “Étrangère”, “Kabyle”. À l’intérieur des compagnies, on se groupe par affinité. Au début, les officiers ont carte blanche pour constituer leurs bandes. Elles peuvent se composer de gaullistes qui seront prompts à rejoindre la France Libre, ou de pieds-noirs liés par l’esprit de clocher aux traditions de l’armée d’Afrique, ou d’étrangers que nos sautes d’humeur politiques ont rendu méfiants. Français de toutes origines, Nord-Africains, étrangers antifascistes rivalisent d’ardeur et affirment un rare mépris du danger. Ils sont venus pour le montrer. Les Israélites partagent ces valeurs guerrières et ne s’identifient pas en tant que communauté. Ils sont Français de France, ou Français d’Afrique du Nord ou sujets du Sultan, ou étrangers, ou apatrides et leur diversité culturelle l’emporte sur leur identité religieuse. Leur motivation est politique car ils combattent pour l’abrogation des lois discriminatoires, le rétablissement du décret Crémieux et - s’agissant des étrangers - l’accession à la nationalité française.

Les rares militants politiques de gauche sont discrets et disciplinés mais les sympathisants, plus nombreux, sont tout le contraire. De ce point de vue le Corps franc reflétait les conflits des années précédentes ; c’était du Malraux des années trente. Sous toutes ses formes il était en réaction violente avec les tendances politiques de la Révolution nationale. Le rôle d’abcès de fixation qui lui avait été dévolu à l’origine était parfaitement assumé.

Les choix

Le Corps franc nous aide à analyser le problème des “ralliements”, des “désertions”, des “débauchages” ou des “mutations spontanées”. Mieux, il est qualitativement et quantitativement au cœur de ce débat. Dans le cadre de nos habitudes militaires, de tels changements de drapeau sont inadmissibles. Pour Giraud et tous ceux qui s’efforçaient de reconstituer l’armée, il s’agissait d’une trahison pure et simple. Officiellement, les esprits devaient se débarrasser des traces de la défaite. Il fallait se consacrer exclusivement aux tâches militaires, oublier tout ce qui venait de se produire. Le commandant en chef, suivi des anciens vichystes et de certains vieux républicains, pratiquait ce que les psychologues appellent l’omission répressive.

On souhaitait à l’origine la création de trois corps d’armée.

Mais il fallait trouver les hommes, les cadres, les spécialistes nécessaires à une armée infiniment plus moderne que celle de 1939, et à tous points de vue. Les combattants allemands et anglais étaient animés d'une grande confiance à l'égard de leurs camarades et de leurs supérieurs. Ceci encore était nouveau pour nous. Notre armée était soumise aux règles de l'obéissance passive et aux grands concepts éthiques et esthétiques du début du siècle. La débâcle militaire et politique bouleversait toutes les habitudes.

Trop de gens ne pouvaient accepter, après tant d'erreurs et d'injustices, de suivre des hommes qui avaient, selon eux, failli à leurs responsabilités. Leur imposer de sacrifier leur vie dans un cadre qu'ils n'acceptaient pas constituait une démarche franchement erronée. Rien ne pouvait empêcher les partisans de De Gaulle, les exclus du régime vichyste, les condamnés politiques de rejoindre la France Libre. L'argent, l'alcool et les femmes n'ont rien changé à l'affaire ; les recruteurs qui maniaient de tels arguments ont surtout obtenu des résultats fâcheux en engageant des hommes qu'il fallait rapidement écarter, ou en provoquant des réflexes d'opposition.

Il fallait laisser les choses suivre leur cours ; nous verrons les généraux Catroux, Juin, Larminat, Koenig en convenir in fine. Nous avons vu également que les choix n'étaient pas forcément inspirés par des attitudes politiques. Les besoins des Forces Françaises Combattantes étaient variés et les normes antérieures à 1942 ne convenaient pas. On vit donc d'étranges transhumances, incontrôlées, d'un bord à l'autre, d'un corps à l'autre et d'une spécialité à l'autre. Nous avons même pu juger de l'intensité de certaines querelles issues de circonstances triviales et comment elles étaient relayées par un esprit de chapelle auquel il ne faut pas nier quelques vertus.

C'est ainsi que les Forces Françaises en arrivèrent, par l'initiative individuelle et l'évolution graduelle du commandement, à une forme d'organisation où les hommes, les sous-officiers, les officiers n'étaient plus séparés par les différends que les événements avaient produits à satiété. La confiance mutuelle qui se formait entre ceux qui s'étaient choisis fut la base de la cohésion et de l'efficacité de la nouvelle armée.

Le soldat français en Tunisie et après

L'expérience du Corps franc peut-elle nous apprendre quelque chose sur les capacités militaires des forces françaises en Tunisie et après ? À première vue on pourrait penser qu'entre ce corps de volontaires improvisé et la vieille armée d'Afrique il n'y avait pas de comparaison possible. Effectivement, les régiments d'Afrique du Nord avaient été réorganisés en 1941 et avaient retrouvé une certaine solidité. Mais le CFA du printemps 1943 avait beaucoup gagné en expérience. Il avait été recomplété avec de bons éléments et avait reçu un armement léger mais adéquat dont il avait eu le temps d'apprendre le maniement. Le vélite n'était plus inférieur au tirailleur ou au légionnaire. S'il avait moins de discipline, il avait beaucoup d'élan. Certes, les officiers subalternes étaient des réservistes et surtout des meneurs d'hommes, mais ils avaient auprès d'eux des sous-officiers confirmés. Les officiers supérieurs étaient presque tous d'active et le CFA avait sa part de brevetés. L'un dans l'autre on peut donc dire que le Corps franc était devenu représentatif de notre Armée.

Comme le XIXe corps, le CFA avait combattu avec plus de ténacité et de courage que de science. Les officiers de carrière, africains ou coloniaux, avaient vécu leur dernière expérience positive pendant la guerre du Rif, 17 ans plus tôt. S'ils possédaient la connaissance du terrain, ils ignoraient l'essentiel de la guerre moderne. Dépourvus depuis toujours de moyens efficaces de transport et de transmission, entraînés depuis 1940 à effectuer des opérations de type primitif, ils manœuvraient avec une extrême lenteur. Le char et l'avion étaient des adversaires contre lesquels ils étaient presque passifs. Ils ne possédaient pas encore les clés de la coopération interarmes telle qu'elle devait se pratiquer en 1943.

La campagne de Tunisie avait permis de tirer un trait sur bien des concepts surannés. Rappelons à ce propos un avis non sollicité du général Noguès peu après le débarquement. De son point de vue, il ne fallait plus partir en guerre avec des divisions "type normal", semblables à celles que nous avions installées en 1940 sur la ligne de Mareth et beaucoup trop lourdes à son gré, car l'avenir était aux divisions allégées[33]. Les volumes et la technicité des matériels nécessaires aux divisions de l'armée nouvelle laissèrent nos états-majors pantois ; ils découvraient leur retard. C'est dire l'ampleur de la révolution et l'importance de l'effort accompli entre juillet 1943 et avril 1944. Le mérite en revient sans aucun doute aux équipes qui entouraient les généraux Prioux, Leyer, Juin, de Lattre et les divisionnaires inflexibles qui avaient la charge d'élever notre armée au niveau des exigences alliées. D'avril à août, les épreuves complémentaires et les examens de passage se multiplièrent et les Français, fermement décidés à se comporter en bons élèves, obtinrent les résultats voulus.

Si le Corps franc avait été brillant au cours de la campagne de printemps, il le devait à l'ardeur guerrière des hommes, à la valeur des sous-officiers, à la formation militaire d'un nombre grandissant de volontaires, venus en général du Maroc, à l'organisation mise en place par le colonel Magnan avec des officiers de qualité, au support parfait des Grandes Unités britanniques puis américaines qui avaient pris le CFA en charge. Ces éléments préfigurent par bien des aspects l'armée française au combat en 1944.

En définitive il nous semble que le Corps franc représente un moment non-négligeable de la formation de l'armée de la Libération. Cette armée, quoi qu'on dise, n'était pas exactement notre armée de toujours. Les Africains et les Coloniaux gardaient leurs traits traditionnels, mais un nouvel état d'esprit se forgeait autour de l'Arme blindée et des forces spéciales. L'armée de la Libération avait ses engagés, ses appelés d'Afrique du Nord, ses volontaires mais, depuis 1940, ce sont les volontaires qui avaient matérialisé l'esprit de résistance, contraignant les autres à les rejoindre et à les égaler. De ce point de vue, le Corps franc est bien le chaînon manquant entre la France Libre et la Grande armée de la Libération. L'ambition de cette étude était de le montrer et d'ajouter quelques explications à l'existence d'une troupe dont il ne restera bientôt plus qu'un monument et quelques sépultures au cimetière de Gammarth - entre Carthage et la mer -, une inscription au monument érigé près du quai d'Orsay à la mémoire des combattants de la campagne de Tunisie et un poême, plutôt touchant, d'un politicien expérimenté qui savait que ses compagnons d'armes n'en avaient pas fini

Demain d'autres combats suivront, sanglants, sans fin ;
Des hommes auront chaud, ils auront froid et faim.
La douleur et la mort, rivalisant de zèle,
Inlassables, pourront appesantir leurs ailes
Sur ceux que la Patrie élit pour son rachat.

Mais la paix reviendra !
Les blés remûriront, la terre stimulée
Tapissera de fleurs l'opulente vallée ;
La Victoire fera, dès l'hiver accompli,
S'ébattre le printemps et renaître l'oubli.

Les hommes - fasse Dieu que les nôtres survivent,
Au gré des souvenirs que les troupes revivent,
Abreuvant leur faconde à notre humour gaulois,
Conteront des récits, vanteront leurs exploits,
Et, faisant triompher la force ou la justice,
Dévideront les fils de l'histoire qui se tisse.

Mais combien de soldats revenus se tairont ?
Ceux que ne grise pas le succès fanfaron !
Ils se tairont, sachant, et ne s'en plaignent guère,
Les jeunes l'ont appris des vieux de l'autre guerre,
Que si prompt est l'oubli dans la course des jours,
Qu'on est héros d'une heure et manchot pour toujours...

Ils se tairont encore, si beaux qu'ils aient été,
Parce que le silence ajoute à la beauté ;
Que chacun prend sa part d'une gloire unanime,
Que l'exploit le plus pur est l'exploit anonyme.

Ils se tairont enfin pour que l'on dise d'eux
Ce qu'ils ne disent pas mais qu'on lit dans leurs yeux,
Un mot, un simple mot, prestigieux, magique,
Un mot de flamme :
Ils étaient du Corps franc d'Afrique.

Marcel Duclos
Membre de l'Assemblée Consultative
Capitaine au CFA

(Extrait de l'Algérianiste, N°63 de septembre 1993)

Notes du chapitre 8

1. Centres d'entraînement organisés près d'Oran par les Américains.

2. Le tableau d'effectif donne 28 officiers, 156 sous-officiers, 877 hommes (SHAT, 7P59).

3. SHAT, 5P51, Compte-Rendu Juin à Giraud du 28.07.1943.

4. C'est le blidéen Plas, juge d'instruction, farouche défenseur du Gl de Monsabert dans ses moments difficiles.

5. SHAT, 5P51, note Jamilloux à Juin du 15.08.1943.

6. Bouvet (1954) op. cit., p. 46.

7. SHAT, 12P91.

8. SHAT, 7P59, note Bouvet du 26.05.1944.

9. Aquilina (dit Totor), sera maire-adjoint d'Alger.

10. Daverne A. (sd), *Souvenirs de guerre dédiés à mes petits enfants*, Inédit. M. Daverne a été par la suite professeur à la faculté de médecine de Caen.

11. Témoignage écrit Mazilier (1995).

12. Hommage (1978) op. cit., p. 70.

13. SHAT, 12P91.

14. Bouvet G. (1969), "Les commandos d'Afrique", *Historia: 2ème guerre mondiale*, Tallandier, pp. 2065-2068.

15. Dans le documentaire, les commandos portent le casque des motorisés alors qu'ils avaient au combat le casque français 1926.

16. Brosset commandait alors la 1ère DFL, malencontreusement rebaptisée 1ère division motorisée d'infanterie.

17. Au “choc”, Arguillère et Tiné ; aux commandos de France, Mario Faivre.

18. Joxe L. (1981) *Victoires sur la nuit - Mémoires 1940-1946*, Flammarion, p. 145.

19. SHAT, 5P21, notes Leclerc à de Gaulle en date du 2.08.1943.

20. Béthouart Gl (1968) *Cinq années d'espérance*, Plon, p. 230.

21. Massu J. (1974) *Cinq ans avec Leclerc*, Plon, p. 87.

22. Information communiquée par J. Salbaing (1995).

23. Fonde J.J. (1969) *J'ai vu une meute de loup*, Nathan, pp.17 et 23.

24. Blanckaert S. (1982), *Soldats étrangers et armées en exil*, Blanckaert, Dunkerque, p. 32.

25. Dronne R. (1984) *Carnets de route*, France-Empire, p. 246.

26. Les 2e, 9e et 116e Panzerdivision.

27. Fonde J.-J. (1969) op. cit.

28. Il s'agissait pour la Heer d'expérimenter un nouveau type de brigade centré sur des chars Panther. Von Manteuffel avait pris l'affaire en main.

29. Fonde (1969) op. cit.

30. Amicale du III/RMT (1987) *Le 3e bataillon du régiment de marche du Tchad*, textes rassemblés par S. Borochovitch, président de l'Amicale.

31. Beaufre (1965) op. cit., pp. 442-451.

32. Magnan, Durand, Bouvet se trouveront dans cette situation. En moyenne les FFI étaient tout de même plus dociles que les volontaires d'Afrique du Nord.

33. SHAT, 5P51, note Noguès à Darlan du 15.11.1942.

CHRONOLOGIE

1942

NOVEMBRE

8

DÉBARQUEMENT ALLIÉ EN AFRIQUE DU NORD.

9

La Luftwaffe à Tunis-El Aouina. Mobilisation générale dans la division de Constantine. Première entrevue Giraud-Juin.

10

Cessation des hostilités.

12

Discussions Clark, Darlan, Noguès, Giraud, Juin à l'hôtel Saint Georges. Arrivée des Alliés à Bône.

14

Le général Giraud est nommé Commandant en chef des forces terrestres et Aériennes sous les ordres de l'amiral Darlan, Haut Commissaire en Afrique française.
Le général Juin, commandant des forces terrestres, donne l'ordre d'effectuer les rappels individuels nécessaires à la mise sur pied des unités de l'armée d'Afrique.

15

Constitution du “gouvernement Darlan”.

16

Les Alliés à Constantine.

17

L'amiral Darlan accepte de combattre au côté des Alliés.
Les responsables civils et militaires qui ont favorisé le débarquement allié font l'objet d'une amnistie individuelle.

18

Attaque allemande sur le Djebel Abiod. Mobilisation de la classe 39 dans la division d'Alger.

19

Les Français ouvrent les hostilités contre l'Axe.

21

Attaque anglaise dans le nord-tunisien.

25

CRÉATION DU CORPS FRANC D'AFRIQUE.
Mobilisation de la classe 39 au Maroc.

29

Mobilisation de la classe 39 dans la division d'Oran.

Bernard Pauphilet a constitué le 11 un centre de recrutement pour les volontaires désireux de combattre aux côtés des Alliés. Le Special Operations Executive britannique recrute certains d'entre eux.

DÉCEMBRE

1

L'amiral Darlan "amnistie" les Français qui ont contribué au débarquement Allié.

6

Échec de l'attaque anglaise dans le nord.

7

L'amiral Darlan donne l'ordre d'éloigner le CFA.

9

Mesures spéciales concernant les Israélites mobilisés.

18

Le Gouverneur Général prend des dispositions pour faciliter le recrutement du CFA dans les camps d'internés.

19
Départ du CFA pour Oued-Zenati (entre Constantine et Guelma).

22
Stabilisation du front de Tunisie.

24
ASSASSINAT DE L'AMIRAL DARLAN.

26
LE Gl GIRAUD SUCCÈDE A L'AMIRAL DARLAN.

29
Arrestation des "comploteurs judéo-royalistes".
Le CFA est soumis à enquête.

Le Corps franc est organisé par le Gl Goislard de Monsabert. Le French Commando N°1, rapidement nommé 1er bataillon léger du Corps franc d'Afrique, a été constitué à Alger en décembre 1942 sous les ordres des capitaines Bier, puis Balensi. Le 2e bataillon a été constitué à Oran, sous les ordres du Capitaine Mozzoli. Ces deux bataillons ont été rassemblés en une demi-brigade dont le commandement a été remis au chef de bataillon Durand le 15 janvier 1943.

1943

JANVIER

14
Commencement de la réunion d'Anfa.

19
Le commandant de la 1ère armée britannique attribue un secteur au CFA.

24
Accord allié pour le réarmement des troupes françaises.

FÉVRIER

3

Réorganisation du dispositif allié sur une base nationale.
Du nord au sud :
1.- 5e corps britannique (Allfrey), de Tabarka au Kef ;
2.- Corps d'armée français (Koeltz), du Kef à Thala ;
3.- 2e corps américain (Fredendall), de Thala à Tozeur.

4

La 8e armée britannique atteint la frontière tunisienne. Elle a été rejointe par la colonne Leclerc le 26 février.

14-25

Attaque de Rommel à Kasserine, repli général des Alliés.

15

Le Gl de Monsabert, commandant du CFA, est appelé à d'autres fonctions.

22

Le Cl Magnan remplace le Gl de Monsabert.

26

Offensive du Gl von Arnim dans le nord. Le CFA est attaqué par la division von Manteuffel.

Le 4e bataillon du CFA est formé au Maroc par le capitaine Cravero. Il sera commandé en mars par le capitaine Audras.

MARS

6

Rommel revient vers Mareth.

14

DISCOURS DE GIRAUD À LA SALLE PIERRE BORDES. LE RÉGIME DE VICHY EST ABOLI EN PRINCIPE.

15

L'Axe perd la maîtrise de l'air.

18

Fin de l'attaque de l'Axe dans le Nord-Tunisien.

20

La 1ère demi-brigade du CFA se réorganise à Tabarka.
La 8e armée (Montgomery) tient la ligne de Mareth.

28

Contre-attaque alliée dans le Nord-Tunisien.

29

La 8e armée entre à Gabès.

Le 3e bataillon du CFA est rassemblé en mars sous les ordres du capitaine Gaillard. Engagé le 10 mars, il participe aux combats défensifs et à la contre-attaque du nord-tunisien.
Le 5e bataillon est formé au Maroc, en mars, par le chef de bataillon Soulé-Susbielle. Il ne sera pas engagé. Le 6e bataillon est formé au Maroc, en mars, par le chef de bataillon Michaut. Il ne sera pas engagé. Le colonel Falleur a été nommé le 1er mars commandant de la 2e demi-brigade qui regroupe les 4e, 5e et 6e bataillons.

AVRIL

1

Début de l'offensive du 19e corps français en direction de la dorsale orientale.

6

La 1ère armée italo-allemande s'installe sur de nouvelles positions et recule jusqu'à Enfidaville

15

Remaniement du dispositif allié. Du nord au sud :
1.- 1ère armée britannique (Anderson)
    2e CA américain,
    5e CA britannique,
    9e CA britannique,
    19e CA français.
2.- 8e armée britannique (Montgomery)

19

Attaque de la 8e armée (Montgomery) et des Français Libres.

22
Attaque des corps britanniques de la 1ère armée.

23
Attaque du 2e corps américain (Bradley) et du CFA.

25
Attaque du 19e corps français (Koeltz) vers le Djebel Zaghouan.

MAI

1
La brigade CFA et les tabors réduisent les dernières défenses à l'ouest de Bizerte. Le 2e corps américain entre à Mateur.

6
La 6e DB britannique arrive à Tunis.

8
Le CFA entre à Bizerte.

13
Capitulation des forces de l'Axe.

20
Défilé de la Victoire à Tunis.

22
Débat Juin-Larminat sur le recrutement FFL en AFN.

30
LE GÉNÉRAL DE GAULLE ARRIVE À ALGER.

Le CFA avait immatriculé, au 15 mai 1943, 272 officiers, 565 sous-officiers et 5 351 soldats dont la moitié ont combattu en Tunisie.

JUIN

1
Le CFA est placé sous les ordres du Gl Juin (1er Corps de débarquement)

3
CONSTITUTION DU COMITÉ FRANÇAIS DE LIBÉRATION NATIONALE.

10
Conflit Giraud-De Gaulle sur la subordination du commandement au pouvoir politique.

15-19
Menaces américaines relatives au réarmement des forces françaises.

20
Réaction officielle du Gl Giraud aux ralliements en faveur de la France Libre.

22
CRÉATION DU COMITÉ MILITAIRE PERMANENT.
Giraud commande en AFN et AOF, de Gaulle a le commandement dans les autres territoires.

JUILLET

1
Départ du général Giraud pour les États-Unis et le Canada.

9
Accord Juin-Larminat prévoyant pour le CFA la possibilité d'une option entre l'armée d'Afrique et les FFL.

14
Le général de Gaulle prononce à Alger un discours qui fait présager un changement de constitution.

20
Projet d'organisation des forces françaises (12 divisions).

20-21
Exercice de l'option.

25
DISSOLUTION DU CORPS FRANC D'AFRIQUE.
Constitution du Groupe des commandos d'Afrique.

AOÛT

2

FUSION DES ARMÉES FRANÇAISES.
De Gaulle préside le Comité de défense nationale, Giraud est commandant en chef des forces françaises.

11

Le Gl de Larminat demande au Gl Leclerc de réaliser l'amalgame de son infanterie avec les éléments du CFA qui ont opté pour la France Libre.

17

Mise en disponibilité de 40 généraux.

SEPTEMBRE

1

Dissolution de 4 divisions françaises pour satisfaire aux demandes alliées en matière d'organisation.

17

La division Leclerc s'installe au Maroc.

18

Mémorandum de Gaulle-Giraud concernant la participation française au débarquement au nord de la Loire.

25

Signature d'un accord prêt-bail pour l'équipement des armées.

Le Régiment de Marche du Tchad a été constitué en septembre 1943 avec les éléments du Régiment de Tirailleurs Sénégalais du Tchad et du Corps franc d'Afrique.

Le Groupe des Commandos d'Afrique, initialement "Groupe des Commandos des Corps Franc d'Afrique de la 3e DIA", continue le CFA et a été définitivement organisé le 1er octobre 1943.

BIBLIOGRAPHIE

ARCHIVES DU SERVICE HISTORIQUE DE L'ARMÉE DE TERRE 1942-1943

1K228 - Fonds privé Gl Bouvet
1K380 - Fonds privé Gl Goislard de Monsabert
1P216 - Statut des Juifs
3U289 - Ordre de bataille allemand en Tunisie
5P1 - EM particulier du Gl Giraud - JMO et annexes
5P18 - Organisation du commandant en chef et des services dépendants
5P21 - Constitution de la 2e DLFL - 2e DB
5P50 - Commandant en Chef des Forces Terrestres - Gl Juin
5P51 - Organisation de la future armée
7P21 - EMGG. Tableaux d'effectifs et de dotations du Corps franc d'Afrique
7P46 - Organisation générale de l'armée
7P54 - EMGG. Création, ..., dissolution du CFA
7P59 - Organisation des petites unités
7P76 - Chantiers de Jeunesse, Compagnons de France, unités d'étrangers, unités de la marine
9P185 - Divisions territoriales
11P257 - Corps franc d'Afrique
11P258 - Corps franc d'Afrique
11P259 - Régiment de marche du Tchad
12P91 - Groupe des commandos d'Afrique

MÉMORIAL LECLERC, MUSÉE JEAN MOULIN

ARCHIVES ORALES

Interviews de MM. Van Baumberghen et Karcher

SOURCES IMPRIMÉES

Sauf indication contraire, le lieu d'édition est Paris

ABOULKER, Marcel (1945) *Alger et ses complots*. Les documents nuits et jours.

ALEXANDER, Maréchal (1949) *D'El Alamein à Tunis et à la Sicile* (1942-43). Lavauzelle.

ALGÉRIANISTE, L' (1993) "La victoire oubliée", n° 63, septembre 1993.

AMICALE DU III/RMT (1987) *Le 3ème bataillon du Régiment de Marche du Tchad*, 1943-45, textes rassemblés et présentés par Serge Borochovitch.

ASTIER DE LAVIGERIE, Jean-Baptiste d' (1991) *Qui a tué Darlan ?* Éditions de l'Atlanthrope,Versailles.

BAUER, Eddy (1962) *La guerre des blindés*. Payot.

BAUTHAMY, Pierre (1952 et 1984) *La Baraka. Du Corps franc d'Afrique à la 1ère DFL*. Inédit.

BÉTHOUART, Gl Marie (1968) *Cinq années d'espérance*. Plon.

BEAUFRE, Gl André (1965) *Mémoires*. Presses de la Cité.

BLUMENSON, Martin (1965) *La passe de Kasserine*. Presses de la Cité.

BOUVET, Georges (1951) "Le Corps franc d'Afrique. Marche sur Bizerte, 22 avril-9 mai 1943". *Revue Historique de l'Armée*, n° 1951/2.

BOUVET, Georges (1954) *Les ouvriers de la première heure*. Berger-Levrault.

BOUVET, Georges (1969) "Les Commandos d'Afrique", *Historia: 2ème Guerre Mondiale*.Tallandier.

BRADLEY, Gl Omar (1952) *Histoire d'un soldat*. Gallimard.

BROUÉ, Pierre et TEMIME, Emile (1961) *La Révolution et la guerre d'Espagne*. Les Éditions de Minuit.

CHAMINE (1952) *La querelle des généraux*. Albin-Michel.

CHARBONNIÈRES, Girard de (1984) *Le duel Giraud-de Gaulle*. Plon.

CHEMOUILLI, Henri (1973) "Pétainisme et Gaullisme en Algérie". *Les Nouveaux Cahiers*, N°53, Été 1973.

CLARK, Gl Mark (1952) *Les alliés jouent et gagnent*. Berger-Levrault.

COLLOQUE ALPHONSE JUIN (1990) École Militaire, 15 et 16 février 1990. Conributions du Dr E. Krautkrämer et de M. Spivak.

COOKRIDGE E.H. (1968) *Mettez l'Europe à feu... (Inside SOE)*. Fayard.

COUTAU-BÉGARIE, H. ET HUAN, C. (1989) *Darlan.* Fayard.
DAILLIER, Gl Pierre (1978) *Nous étions alors capitaines...* Nouvelles éditions latines.
DANAN, Yves-Maxime (1963) *La vie politique à Alger de 1940 à 1944.* Pichon-Durand-Auzias
DEPERRIE de BAYAC, Jacques (1968) *Les brigades internationales.* Fayard.
DHERS, Pierre (1958) *Regards nouveaux sur les années 1940.* Flammarion.
DRONNE, Raymond (1984) *Carnets de route.* France-Empire.
DURAND Romain C.A. (1998) “Le Corps franc d'Afrique et la reconstitution des armées françaises, novembre 1942-octobre 1943”, *Revue Historique des Armées*, n° 209, 4e trimestre 1997.
DURAND, Romain N. (1950) *Tunisie 1943. 1ère demi-brigade du Corps franc d'Afrique. Recueil des ordres et comptes-rendus.* Inédit.
DUVOLLET, R.P. Roger (1983) “Tunisie 1942-1943 avec Monsabert”, *Afrique du Nord.* Imprimerie vésulienne, Vesoul.
EGRETAUD, Claude (1973) *La campagne de Tunisie - Problèmes et controverses.* La Pensée Universelle.
ELGOZY, Georges (1985) *La vérité sur mon Corps franc d'Afrique.* Éditions du Rocher, Monaco.
ESQUER, Gabriel (1946) *8 novembre 1942.* Tunis, Charlot.
FAIVRE, Mario (1975) *Nous avons tué Darlan.* La Table ronde.
FAIVRE, Mario (1982) *Les chemins du Palais d'été.* Regirex France.
FONDE, Jean-Julien (1969) *J'ai vu une meute de loups.* Nathan. Rééd. de 1982 sous le titre *Les loups de Leclerc.* Plon.
GAUJAC, Paul (1985) *L'Armée de la Victoire.* 3 vol. Lavauzelle.
GIRAUD, Gl Henri (1949) *Un seul but, la Victoire.* Julliard.
GIRAUD Henri-Christian (1989) *De Gaulle et les communistes.* Albin-Michel.
GMELINE, Patrick de (1980) *Commandos d'Afrique.* Presses de la Cité.
GOSSET, Renée (1944) *Le coup d'Alger.* Montréal.
GOUBERVILLE, Antoine de (1971) “Le Corps franc d'Afrique. 1942-43”. *Revue historique de l'Armée*, n° 1971/4.
HEBEY, Jean (1945) *La bataille d'Alger pour la République par un témoin.* Saunier. Le nom de l'auteur n'a été connu que tardivement.
Hommage au général Goislard de Monsabert (1978). Avec des contributions du Cl Jamilloux, du Gl de Boishéraud, du Cl Goutard, du Gl Chambe, du Gl Guillaume, de P. Ichac, etc. Lavauzelle.

JARS, Robert (1957) *Les campagnes d'Afrique*. Payot.
JOXE, Louis (1981) *Victoires sur la nuit. Mémoires* 1940-1946. Flammarion
KAMMERER, Albert (1949) *Du débarquement africain au meurtre de Darlan*. Flammarion.
KARSENTY, Bernard (1973) "Les compagnons du 8 novembre", *Les Nouveaux Cahiers*, n° 31, Hiver 1972-1973.
KASPI, André (1971) *La mission de Jean Monnet à Alger. Mars-octobre 1943*. Éditions Richelieu.
KOELTZ, Gl Louis (1959) *Une campagne que nous avons gagné - Tunisie 1942-1943*. Hachette.
LARMINAT, Edgard de (1962) *Chroniques irrévérencieuses*. Plon.
LEVISSE-TOUZÉ Christine (1991) *L'Afrique du Nord, recours ou secours ?* Thèse d'État, Paris I Sorbonne.
LEVISSE-TOUZÉ Christine (1998) *L'Afrique du Nord dans la guerre (1939-1945)*. Albin-Michel.
MASSU, Gl Jacques (1974) *Cinq ans avec Leclerc*. Plon.
MAST, Gl Charles (1969) *Alger, 8 novembre 1942*. Plon.
MICHEL, Henri (1993) *Darlan*. Hachette. Ouvrage posthume.
MONTANARI, Mario (1993) *Le operazioni in Africa Settentrionale - vol. IV Enfidaville*. Stato Maggiore dell'Esercito, Roma.
MOREAU, Jacques (1985) *Les derniers jours de Darlan*. Pygmalion.
MORIN, C.J. (1989) "Le Corps franc d'Afrique et le G.C.A. - 1942-1943-1945" *Supplément aux Carnets de la Sabretache*.
ORDIONI, Pierre (1972) *Tout commence à Alger*. Stock.
PAILLAT, Claude (1967) *L'échiquier d'Alger*. Laffont.
PAUPHILET, Bernard (1945) *Compte rendu sur l'activité de B. Pauphilet*. Inédit.
PELLEGRIN, René (1973) *La Phalange Africaine. La LVF en Tunisie (1942-43)*. Inédit.
PENDAR, Kenneth (1967) *Alger 1942*. La Table ronde.
PLANCHAIS, Jean (1967) *Une histoire politique de l'armée française ; t. II, de De Gaulle à De Gaulle*. Le Seuil.
PRIOUX, Gl (1947) *Souvenirs de guerre 1939-1945*. Flammarion.
RAGUENEAU, Philippe (1986) "La vérité sur la mort de Darlan", *Historama*, janvier 1986
RAYMOND, Robert (1943) "Le Corps franc d'Afrique ? De magnifiques soldats de France" et autres articles dans *L'Écho d'Alger*, de novembre 1942 à mai 1943.
RICHARD, R. et SÉRIGNY, A. de (1945) *La bissectrice de la guerre*. La maison du livre, Alger.

ROULLEAUX-DUGAGE, Jacques (1945) *Deux ans d'histoire secrète en AFN*. Éditions du Milieu du Monde.
SALBAING, Jacques (1992) *Ardeur et réflexion*. La pensée universelle.
SCHMITT, Gl (1961) "Le général Juin et le débarquement en AFN", *Revue d'histoire de la deuxième guerre mondiale*, octobre 1961.
SOUSTELLE, Jacques (1947) *Envers et contre tout - Les complots d'Alger*, t.II. Laffont.
SPIVAK, M. et LÉONI, A. (1985) *Les forces françaises dans la lutte contre l'Axe en Afrique. La campagne de Tunisie 1942-43.* SHAT, Château de Vincennes.
TOMPKINS, Peter (1966) *Le meurtre de l'amiral Darlan.* Albin-Michel.
US ARMY (1943) *To Bizerte with the 2nd corps*. Historical Division US War Dpt.
VAN HECKE, Gl A.S. (1970) *Les chantiers de jeunesse au secours de la France*. Nouvelles éditions latines.
VERRIER, Anthony (1989) "Les Anglais ont-ils tué Darlan ?", *L'histoire*, avril 1989.
VIE ET MORT DES FRANCAIS (1971) Ouvrage collectif rédigé sous la direction de M. Jacques Meyer avec la participation de MM. Beaufre, Buis, Coulet, Gambiez, Soustelle pour les articles qui nous concernent.

ANNEXES

I. ÉLÉMENTS CONCERNANT LA RÉSISTANCE ALGÉRIENNE

Ne sont nommées que les personnes les plus souvent citées dans la documentation de la période. En italiques, celles qui sont liées à l'histoire du Corps franc.

LES PREMIÈRES ORGANISATIONS

Organisations en rapport avec Londres :
Commissaires Achiary et Bringard, Jean L'Hostis, Guy Calvet.
Mission Puech-Sanson (SR-FFL).
Réseau polonais Rygor.

Organisations en rapport avec le consul Robert Murphy :
Henri d'Astier, Abbé Cordier, R.P. Théry, R. Carcassone,
J. Aboulker.

Contre-espionnage de l'armée :
Colonel Chrétien, capitaine Dullin.

LE MOUVEMENT "COMBAT"

MM. René Capitant, Louis Joxe, Paul Coste-Floret, Duboucher, Louis Fradin, Bernard Pauphilet, le colonel de gendarmerie Tubert, le chef de bataillon Grossin.

LES CONJURÉS DU 8 NOVEMBRE - BRANCHE MILITAIRE

Conseillers : lieutenant-colonel Jousse, chef de bataillon Dartois, capitaine de frégate Barjot.

Délégué du général Giraud : général Mast.

Collaborateurs militaires : colonel Chrétien, chef de bataillon Dullin, général de Monsabert, chef d'escadron Lecocq, colonel Baril, lieutenant-colonel Vette.

Oran : lieutenant-colonel Tostain ◆ Constantine : colonel Lorber ◆ Tunis : chef de bataillon Granger (gendre du général Giraud) ◆Rabat : colonel Magnan ◆ Casablanca : général Béthouart, lieutenant-colonel Molle ◆ Meknès : colonel Devinck, colonel Lambert, lieutenant-colonel Kientz.

GROUPES D'ACTION DU 8 NOVEMBRE À ALGER

État-major général :
Henri d'Astier, lieutenant-colonel Jousse, Robert D. Murphy.

PC :
José Aboulker, Bernard Karsenty, Guy Calvet, Jean Athias.

Équipe volante de secours : colonel Tubert.

Police : Achiary, Bringard.

Groupement A (Vieille ville, Palais d'hiver, Division d'Alger, Amirauté) :
Dr Morali-Daninos.

Groupement B (Préfecture, XIXe Corps, Gouvernement Général, Radio-Alger) :
Dr Raphaël Aboulker (assisté d'Olivier Bokanowsky) ;
sous-groupements : capitaine Pillafort, Zermati, Dreyfus, Tilly (étudiants bretons).

Groupement C (Palais d'été) :
Me Maurice Hayoun.

Groupement D (Central urbain) :
Paul Ruff.

Groupement E (El Biar - général Juin ; colonne Voirol - général Mendigal) :
Henri d'Astier, Pierre Alexandre, Bernard Pauphilet et capitaine Bouin ; sous-groupement Sabatier.

II. LES FORCES TERRESTRES EN TUNISIE
(AVRIL 1943)

Les forces alliées - 18e Groupe d'Armées :
Général Alexander

1ère Armée Britannique : général Anderson

2e Corps d'Armée Américain : général Bradley
1ère, 9e et 34e DI,
1ère DB,
Brigade du Corps franc d'Afrique.

5e Corps d'Armée Britannique : général Allfrey
1ère, 4e et 78e DI,
25e Brigade blindée.

9e Corps d'Armée Britannique : général Crocker
1ère et 6e DB,
46e DI.

19e Corps d'Armée Français : général Koeltz
Divisions de marche d'Alger, d'Oran et du Maroc,
Groupement blindé Le Couteulx.

8e Armée Britannique : général Montgomery

10e Corps d'Armée Britannique : général Horrocks
56e DI,
7e DB,
1ère Division Française Libre.

30e Corps d'Armée Britannique : général Leese
50e et 51e DI,
4e DI Indienne.

Corps Néo-zélandais : général Freyberg
2e DINZ,
8e Brigade blindée,
Colonne Leclerc.

Les forces de l'Axe :
Général von Arnim

5e Armée Blindée *:* général von Vaerst

Division von Manteuffel (puis von Bulowius),
334e division de chasseurs de montagne,
Division Hermann Göring (Luftwaffe),
DI Superga,
Groupement parachutiste Barenthin (Luftwaffe),
20e division antiaérienne (Luftwaffe).

Deutsches Afrikakorps : général Cramer

10e et 21e DB allemandes.

(*30e Corps italien :* général Sogno, pour mémoire)

1ère Armée Italienne : général Messe

20e Corps d'Armée : général Orlando
DI Trieste,
DB Giovani Fascisti,
90e DL Allemande,
Brigade allemande de parachutistes Ramcke.

21e Corps d'Armée : général Berardi
DI Pistoia, DI Spezia,
164e DL Allemande.

Réserves d'Armée
DB Centauro,
15e DB Allemande,
19e division antiaérienne (Luftwaffe).

Renseignements concernant la composition des forces

Dans l'armée britannique les divisions d'infanterie sont à 3 brigades, les divisions blindées ont une brigade d'infanterie portée et une brigade de chars.

Dans l'armée américaine les divisions d'infanterie sont à 3 Regimental Combat Teams interarmes. La 1ère division blindée comprenait deux régiments de chars et un régiment d'infanterie portée ; elle ne fut pas soumise à la réorganisation de septembre 1943, basée sur 3 Combat Commands interarmes.

Les divisions françaises du XIXe Corps sont à 3 régiments d'infanterie, plus 1 bataillon de réserve. Elles n'ont pas de blindés et peu d'artillerie. La 1ère DFL à deux brigades de type britannique.

Les divisions allemandes et italiennes dépassent rarement 6 bataillons. Elles ne disposent, à partir d'avril, que d'un nombre réduit de chars, mais sont bien dotées en artillerie et en moyens antichars.

Le rapport des forces est environ de 2 contre 1 en faveur des Alliés en avril.

III. CHAÎNES DE COMMANDEMENT DU CFA

Le Corps franc était placé sous les ordres directs du général Giraud, commandant en chef. Il ne bénéficiait pas des moyens logistiques de l'armée française et possédait ses propres dépôts et bureaux de recrutement. Il est revenu sous le contrôle effectif de l'armée française d'AFN et AOF le 25 mai 1943.

Seule la 1ère demi-brigade a combattu en Tunisie. Pour l'emploi, les approvisionnements, l'équipement et l'armement, elle dépendait de la 1ère armée britannique. Sur le plan tactique elle a reçu ses ordres, de février à mars 1943, de la 139e brigade d'infanterie (brigadier Chichester-Constable). Cette brigade dépendait de la 46e division d'infanterie (général Freeman-Atwood), laquelle faisait partie du 5e corps d'armée (général Allfrey).

D'avril à la prise de Bizerte, la 1ère demi-brigade reçoit ses ordres de la brigade du CFA (colonel Magnan), attachée à la 9e division d'infanterie américaine (général Eddy), laquelle faisait partie du 2e corps d'armée américain (général Bradley).

De mai à sa dissolution en juillet 1943, la brigade indépendante du CFA est aux ordres du 1er corps français de débarquement (général Juin).

IV. ORDRE DE BATAILLE DE LA 1ère DEMI-BRIGADE DU CORPS FRANC D'AFRIQUE EN TUNISIE

Commandant de la demi-brigade :

Chef de bataillon DURAND, Romain Norbert.

État-major de la demi-brigade

Capitaine adjoint
jusqu'au 15 mars capitaine MIHAILOVITCH Milorad puis capitaine COQUIN René.

Officier de renseignement
jusqu'au 15 mars : aspirant GOUTERMANOFF Georges et aspirant GAVIGNET Henri ;
a/c du 16 mars : lieutenant LASSURGÈRE Marcel.

Approvisionnements
Adjudant DUMERVAL.

Officier de transmissions
Aspirant PESTRE Michel jusqu'au 15 mars puis lieutenant CHASSIN de MARCILLY.

Officiers de liaison
Lieutenant TINÉ, aspirant KOHLER.

Service de santé
Médecin-capitaine MEUNIER Roger ;
Pharmacien auxiliaire BEDJAI ;
Infirmières DE NOHEGA et POMEYROL ;
Ambulancières chefs d'équipe : TILLIER et MARTIN.

Aumonier
Père DUVOLLET Roger.

Affectation non précisée
Lieutenant AQUILINA ; adjudant EURIPE ;
adjudant MEURAUX.

1er bataillon

Commandement

Capitaine BALENSI Albert jusqu'au 27 mars puis chef de bataillon BOUVET Georges.

Adjoint
a/c du 13 mars : lieutenant COUDERC Lucien.

CHR
Aspirant DARMON Joseph ; Groupe E-M : aspirant SERRERO André.

Approvisionnements
Lieutenant LEVY Jean ; Officier des détails a/c du 28 mars : S/lieutenant BENILLOUZ Lucien

Service de santé
Médecins-lieutenants BENYAMINE Georges et MARILL François (blessé le 8 mars) ; médecin-auxiliaire MÉREAU.

Aumonier
Capitaine PRÉVOT.

1ère Compagnie

Commandant de Cie
Lieutenant MARCHAL Georges.

Chefs de section
Lieutenant RIBÈRE Marcel,
S/lieutenant ROSENTHAL Pierre (tué le 26 février),
aspirant BAUTHAMY Pierre (accidenté en avril),
aspirant BERGOGNAN Georges (a/c du 10 mars),
adjudant-chef DESSEAUX, adjudant-chef ROCCA.

2e Compagnie

Commandant de Cie
Lieutenant PUECH-SANSON Pierre (blessé le 27 avril).

Chefs de section
S/lieutenant ROSE Auguste (blessé le 27 avril),
S/lieutenant BUISSON Pierre (sergent, nommé sur le champ de bataille pour commander la compagnie sans officiers après le 27 avril),
Aspirant TILLY Félix (blessé le 26 février),
Aspirant VANHERSECKE Pierre (tué le 17 mars),
Adjudant GUISEPPI Frédéric,
À/c du 10 mars : aspirant HENRY Edouard.

3e Compagnie

Commandant de Cie
Lieutenant FOURNIER Louis (blessé et prisonnier le 26 avril)

Chefs de section
S/lieutenant CASEMAJOU Georges,
Aspirant BLAYFEDER Yankel,
Aspirant BONADE Luigi,
Adjudant-chef BENSADOU Youda (tué le 4 mai).

2e bataillon

Commandement
Jusqu'au 28 mars : capitaine MOZZOLI Barthélémy,
a/c du 29 mars : capitaine d'ARMAGNAC de CASTENET Georges.

Compagnie de commandement
Capitaine GRALL.

Adjoint
Lieutenant TOUBOUL André ;
Gpe d'E-M : aspirant CAHN Walter.

Approvisionnement
Aspirant CARCASSONNE Charles ;
Officier des détails : lieutenant ZERBINI Georges.

Service de Santé
Médecin-lieutenant ATTAL André,
Médecins-auxiliaires BENGUIGUI et TOURATY.

5e Compagnie

Commandant de Cie
Capitaine LARRIBÈRE.

Chefs de section
Lieutenant AARON Georges (jusqu'au 27 mars),
S/lieutenant BENICHOU Charles,
S/lieutenant COHEN Georges (tué le 11 mars),
S/lieutenant FOURÉS Robert (disparu le 17 mars),
Aspirant LAREDO Albert (disparu le 17 mars).

6e Compagnie

Commandant de Cie
Lieutenant MEYER (jusqu'au 5 mars) puis
Lieutenant REZNIK Albert (blessé le 24 avril).

Chefs de section
Lieutenant NAUDET René (blessé le 24 avril),
Aspirant LARSEN Georges.

7e Compagnie

Commandant de Cie
Capitaine ENKAOUA Charles (tué le 26 février) puis
Lieutenant BOYER Julien.

Chefs de section
Lieutenant ADIDA Salomon (disparu le 26 février),
Lieutenant ÉCOCHARD (disparu le 26 février),
Lieutenant GELIBTER Marcel (jusqu'au 22 mars),
Lieutenant SILVA DI PORTO Florentino,
S/lieutenant REPKINE (disparu le 26 février).

8e Compagnie

Commandant de Cie
Capitaine LALLEMENT René (blessé le 24 avril) puis
Lieutenant BORDIER Henri.

Chefs de section
Lieutenant MAY Georges (tué le 24 avril),

Lieutenant TOUBOUL André.

3e bataillon

Commandement

Capitaine GAILLARD Hector (jusqu'au 24 avril) puis
Chef de bataillon CHALUREAU (Tué suite à blessure du 4 mai) puis chef de bataillon GAILLARD.

Adjoint
Capitaine DÉRRÉ Philippe.

Compagnie de commandement
Lieutenant DUPARC René ;
Approvisionnements : lieutenant BERCEGOL Pierre ;
Officier des détails : lieutenant BENILLOUZ Jacques (jusqu'au 27 mars) puis
Lieutenant AARON Georges.

Service de santé
Médecin-lieutenant ASSAN Joseph (blessé le 1er avril) puis médecins-lieutenants ALCAY et JUIGNE Pierre,
Médecin-auxiliaire RUFFE Jean.

Affectation non précisée : S/lieutenant GRANELL Amado.

9e Compagnie

Commandant de Cie
Capitaine BUIZA Michel.

Chefs de section
Lieutenant DJAMBEKOFF Rouslan,
Lieutenant GELIBTER Marcel (a/c du 23 mars),
Lieutenant LIECHENSKY Alexandre (tué le 18 mars),
Lieutenant KASSENSKY Basile (blessé le 18 mars),
S/lieutenant SANCHEZ Nicolas.

10e Compagnie

Commandant de Cie
Capitaine FOURASTIER Maurice.

Chefs de section
Lieutenant MEYER (a/c du 6 mars) ,
Lieutenant PÉRRÉARD Camille (disparu le 26 février),
S/lieutenant BADIN Henri (tué le 23 avril),
S/lieutenant MARCO,
Aspirant GOUTERMANOFF Georges (a/c du 16 mars),
aspirant RUDOLF Gaston.

11e Compagnie

Commandant de Cie
Capitaine PUTZ Joseph.

Chefs de section
S/lieutenant CAU Louis,
S/lieutenant LECLERT Victor,
S/lieutenant MADOLLEL Alias (a/c du 5 mars),
aspirant CHARLEC Emile,
aspirant KRON Francisque,
adjudant MOHAMED BEN SAïD.

4e bataillon

Commandement

Chef de bataillon AUDRAS.

Adjudant-Major
capitaine CRAVERO.

3e Compagnie

Commandant de Cie
Capitaine BARRAUD.

Chefs de section
Lieutenant AMOYEL,
lieutenant CAJAN,
S/lieutenant REICHMAN.

V. COMPAGNONS D'ARMES ET ADVERSAIRES

Pendant la campagne d'hiver

Amis

Britanniques

138e brigade (Harding),
139e brigade (Chichester-Constable),
1st Parachute brigade (Flavell),
Commando No 1 (Trevor),
Commando No 6 (Mills-Roberts).

Franco-Britanniques

Special Detachment No 3.

Franco-Marocains

2e tabor.

Ennemis
(Div. von Manteuffel)

Allemands

Groupement Barenthin,
11e bataillon de pionniers parachutistes Witzig,
bataillons de marche A 30 et T4 .

Italiens

XVIe et XXXIVe bataillons du 10e bersaglieri.

Pendant la campagne de printemps

Amis

Américains

47e et 60e RI,
1er bataillon de Rangers,
62e bataillon d'artillerie de campagne,
894e bataillon de chasseurs de chars,
601e escadron de reconnaissance,
15e bataillon du génie.

Français et Marocains

4e tabor (Verlet), 6e tabor (Labataille) et, après le 1er mai, bataillon de fusiliers-marins de Bizerte (Maggiar).

Ennemis

Allemands

II/756e régiment de chasseurs de montagne,
II/962e RI,
Deutsche-Arabische Lehr Abteilung,
20e division antiaérienne (Luftwaffe - formée en Autriche et en Hongrie),
11e bataillon de pionniers parachutistes (Luftwaffe).

Italiens

I/10e et I/5e bataillons de bersaglieri.

VI. HABILLEMENT, ARMES ET DISTINCTIONS.

Habillement

Il était entendu, à l'origine, que le CFA serait habillé à la française. Mais le manque de ressources et l'affectation du Corps franc au 5e corps britannique militaient en faveur de l'attribution de collections anglaises. Celles-ci ne furent cependant perçues que par les unités engagées : état-major de la brigade et 1ère demi-brigade. A la 2e demi-brigade, seul le IV/CFA reçu l'équipement anglais. En attendant leur arrivée au front, les vélites étaient pauvrement vêtus au moyen des stocks MOB de l'armée d'Afrique : capotes, culottes, bandes molletières.

L'habillement britannique était exactement celui des soldats anglais les mieux équipés.

La fantaisie était limitée aux coiffures. Le paquetage comprenait l'élégant calot à deux boutons aux armes royales qui n'était apprécié que par les indigènes. La troupe avait reçu des calots à deux pointes, de laine bleue ou kaki. Les maîtres-tailleurs confectionnaient des calots à deux bosses, bleus avec un liseré blanc. Au repos, le bonnet de laine "commando" était particulièrement apprécié.

Les casques français étaient remplacés par le casque anglais pour l'EM de brigade et la 1ère demi brigade. Les officiers d'active préféraient garder leurs casques personnels du modèle général 1926 ou du modèle "motorisé" 1935.

Insignes

Les insignes de grade étaient portés à la patte d'épaule, même pour les sous-officiers et la troupe. Le seul insigne autorisé au front était un petit drapeau français porté à la partie supérieure de la manche gauche.

Un souvenir tenace veut que le Corps franc "porte la Croix-de-Lorraine". En réalité les Croix-de-Lorraine des vélites reflétaient leurs opinions personnelles, étaient de n'importe quelle facture et n'étaient portées qu'à l'arrière.

L'insigne réglementaire du CFA était un écusson du modèle général. Pour la troupe, il comportait un fond bleu moyen, une grenade rouge, deux soutaches blanches ; l'écusson était porté au col de la capote française. Les officiers étaient libres de porter un écusson saxe de fond bleu marine avec grenade de canetille or et deux (ou trois) soutaches blanches ; le port de cet attribut était rare.

Après la chute de Bizerte, la fantaisie, chère à nos soldats, engendra des profusions de Croix-de-Lorraine de tous formats et de badges, sans compter le drapeau aux couleurs républicaines espagnoles. Certains ont arboré un badge d'épaule "Tunisie", peu porté mais réglementaire pour l'ensemble de l'armée française.

Armement

A l'arrière, le CFA avait un armement français et au front un armement britannique, à l'exception de 2 compagnies : la 8e du II/CFA et la 3e du IV/CFA qui ont combattu avec des armes françaises.

Au front, l'arme individuelle était le fusil Lee-Enfield 303 mark IV. Les sous-officiers avaient des PM Sten du premier modèle. Il y avait dans chaque compagnie quelques PM Thompson. Les officiers recevaient des revolvers anglais.

L'arme collective était le FM Bren. Robuste et assez précis, il était inférieur aux mitrailleuses légères allemandes spécialement adaptées au terrain. Le CFA a reçu 4 mitrailleuses Lewis, qui étaient d'ailleurs dépassées. L'armement collectif comportait en outre 3 mortiers de 3 pouces par bataillon. Le matériel antichars était le fusil anglais Boyes, totalement inadapté.

Lorsque le CFA passa sous le contrôle américain, il reçut un complément de PM Thompson, des carabines pour les officiers et des bazookas mais aucune pièce d'habillement américain.

Drapeaux, fanions et distinctions

Les compagnies du CFA ont eu des fanions, au moins la 9e et la 11e. Le général Magnan a fait confectionner un drapeau, de modèle non réglementaire, qui a été présenté à la brigade le 5 juin 1943. Ce drapeau a été remis au service historique par le lieutenant Cau et se trouve maintenant aux Invalides.

Le I/CFA a été cité à l'ordre de l'Armée après son exploit de Kef-Zilia, le 26 février 1943. La 1ère demi-brigade n'a pas été citée pour la prise de Bizerte du fait des incidents survenus entre le 8 mai et le 25 juillet 1943.

Cette injustice flagrante a été réparée indirectement. En effet, les Commandos d'Afrique ont été cités une fois à l'ordre de l'Armée pour toute leur campagne de France et le régiment de marche du Tchad (qui succédait au régiment de tirailleurs sénégalais du Tchad) a été cité deux fois. La citation des Commandos et la première citation du RMT mentionnent que ces corps trouvent leur origine dans le Corps franc d'Afrique.

VII. CITATION DU 1er BATAILLON

Le général Leclerc, commandant de la 2e DB a fait notifier cette citation aux militaires ayant appartenu à l'ex-Corps franc d'Afrique le 30 mars 1944.

Le Général d'Armée, Commandant en Chef Français Civil et Militaire, CITE :

A L'ORDRE DE L'ARMÉE :

Le 1er Bataillon du Corps Franc d'Afrique

Unité magnifique d'entrain et de valeur guerrière indiscutable.

A été engagé, son organisation à peine terminée, et a fait preuve, dès le début de splendides qualités.

Le 26 Février 1943 a tenu tête, malgré un armement inférieur, à deux Bataillons ennemis puissamment armés et appuyés par l'artillerie lourde. A infligé des pertes sévères à l'adversaire grâce à ses feux bien ajustés.

Par une manœuvre hardie et habile a fait prisonniers 3 officiers et 380 hommes de troupe, s'emparant de 8 mitrailleuses lourdes, de 19 légères et d'un important matériel de guerre.

Le 8 Mars 1943, sur le Djebel AZIB et le Djebel HANECH a, malgré les pertes subies et après 49 jours passés en ligne dans des conditions extrêmement pénibles, victorieusement résisté à une violente attaque et contraint au repli un ennemi très supérieur en nombre qui a laissé sur le terrain 90 morts, 14 prisonniers valides et un important armement."

Fait au Quartier Général le 25 Mars 1943

le Général d'Armée GIRAUD,
Commandant en Chef Français Civil et Militaire

signé : GIRAUD

VIII. SITUATION AU 30 JUIN 1943

L'analyse des fiches établies par la mission envoyée par le général Juin pour évaluer le CFA présente une image exacte de cette formation à la veille de sa dissolution et permet de juger d'une situation qui, sans cela, échapperait complètement à l'entendement.

En théorie chaque bataillon devait comprendre 22 officiers, 113 sous-officiers et 732 hommes.
Sous le terme "Ralliés FFL" on entend les mutations spontanées antérieures à l'option de juillet 1943.

1er Bataillon (Bouira)

Commandant : chef de bataillon BOUVET
Officiers : 19 dont 5 d'active
Effectif présent en % du théorique : Officiers : 86 %, S/O : 66 %, troupe : 69 %.
En % du réel : Ralliés FFL : 14 %, autres absents : 30 %.
Étrangers : 0 %, Indigènes : 10 %.
Valeur d'ensemble : 75 % de l'effectif a combattu.
Moral : Bon, n'attendent qu'à partir au combat. Seraient difficiles à tenir s'ils devaient être maintenus en Algérie.
Équipement : pas de brodequins, pas de chaussettes, campement inexistant sauf toiles de tentes.
Matériel auto : 1 jeep.

2e Bataillon (Maillot)

Commandant : capitaine d'ARMAGNAC
Officiers : 12 dont 5 d'active
Effectif en % du théorique : Officiers : 55 %, S/O : 48 %, troupe : 54 %.
En % du réel : Ralliés FFL : 17 %, autres absents : 50 %.
Étrangers : 10 % ; Indigènes : 50 %.

Valeur d'ensemble : Bonne, le bataillon a participé de façon heureuse aux combats de Tunisie.
Moral : Assez bon. Niveau intellectuel assez élevé. Se tiennent au courant. Veulent absolument se battre. Esprit de bataillon et de compagnie très développé.
Équipement : Chaussures en mauvais état, pas de chaussettes, matériel de campement insuffisant.
Matériel auto : 1 jeep

3e Bataillon (Tikjda)

Commandant : chef de bataillon PUTZ
Officiers : 15 dont 7 d'active
Effectif en % du théorique : Officiers : 68 %, S/O : 54 %, troupe : 70 %.
En % du réel : Ralliés FFL : 3 %, autres absents : 50 %.
Étrangers : 25 % ; Indigènes : 10 %.
Valeur d'ensemble : Bonne, 70 % ont combattu en Tunisie, bons soldats, vigoureux.
Moral : Très bon.
Équipement : Pas de chaussures ni de chaussettes. Campement insuffisant. Manque de gamelles de quarts et de plats.
Matériel auto : 1 jeep, 1 moto.

4e Bataillon (El Kseur)

Commandant : chef de bataillon SICARDON
Officiers : 19 dont 1 d'active
Effectif en % du théorique : Officiers : 86 %, S/O : 93 %, troupe : 118 %.
En % du réel : Ralliés FFL : 25 %, autres absents : ?
Étrangers : 10 % ; Indigènes : 60 %.
Valeur d'ensemble : 25 % ont combattu, une grande partie du reste est à éliminer. Une compagnie entière est passée aux FFL.
Moral : En voie d'amélioration.
Équipement : Brodequins usagés, matériel de campement inexistant, en cours de livraison.
Matériel auto : 1 jeep, 1 moto, 4 camions de récupération en mauvais état.

5e Bataillon (Akbou)

Commandant : chef de bataillon SOULÉ-SUSBIELLE
Officiers : 7 dont 4 d'active
Effectif en % du théorique : Officiers : 32 %, S/O : 23 %, troupe : 18 %.
En % du réel : Ralliés FFL : 70 %, autres absents : 40 %.
Étrangers : 67 % ; Indigènes : 10 %.
Valeur d'ensemble : Assez bonne. Il reste essentiellement des Slovènes qui souhaitent rejoindre la Légion Yougoslave en formation au Caire. Les ralliements aux FFL ont été organisés par le chef du bataillon lui-même (400 hommes dont 5 officiers et 60 S/O).
Moral : Excellent (sic)
Équipement : Bon habillement. Manque de toiles de tente, de gamelles, quarts et bidons.
Matériel auto : 1 jeep, 1 GMC (Prêtés).

6e Bataillon (Sidi-Aïch)

Commandant : chef de bataillon LE VASSEUR
Officiers : 12 dont 2 d'active
Effectif en % du théorique : Officiers : 55 %, S/O : 69 %, troupe : 99 %.
En % du réel : Ralliés FFL : Non applicable ; autres absents : Non significatif.
Étrangers : 6 % ; Indigènes : 70 %.
Valeur d'ensemble : Bataillon marocain, excellent, vigoureux.
Moral : Frustré de n'avoir pas combattu, mal habillé, pas armé, se décourage, les meilleurs éléments veulent rejoindre Leclerc, fera un excellent bataillon.
Équipement : Vieil habillement français en drap. Pas de tentes.
Matériel auto : 1 jeep, 2 camions (prêtés).

656360 - Mai 2016
Achevé d'imprimer par